徐品 著

民国社交圈

MINGUO
SHEJIAOQUAN

道尽精英来路　问遍英雄出处
民国时期精英人群的社交地图

北方文艺出版社

图书在版编目（CIP）数据

民国社交圈 / 徐品著 . -- 哈尔滨：北方文艺出版
社 , 2018.10（2021.3 重印）
  ISBN 978-7-5317-4331-6

Ⅰ . ①民… Ⅱ . ①徐… Ⅲ . ①中国历史－民国－通俗
读物 Ⅳ . ① K260.9

中国版本图书馆 CIP 数据核字（2018）第 190421 号

民 国 社 交 圈
Min'guo Shejiaoquan

作　者 / 徐　品

责任编辑 / 安　璐　　　　　　　　封面设计 / 费文亮

出版发行 / 北方文艺出版社　　　　网　址 / www.bfwy.com
邮　编 / 150008　　　　　　　　　经　销 / 新华书店
地　址 / 哈尔滨市南岗区宣庆小区 1 号楼

印　刷 / 保定市铭泰达印刷有限公司　开　本 / 880×1230　1/32
字　数 / 197 千　　　　　　　　　印　张 / 10.25
版　次 / 2018 年 10 月第 1 版　　　印　次 / 2021 年 3 月第 2 次印刷

书　号 / ISBN 978-7-5317-4331-6　　定　价 / 69.80 元

序

中国历史，说到底就是一部精英人物之间的关系史。如果再进一步说，那就是精英家族以及他们之间的姻亲裙带、师友关系史。

中国的家庭从氏族社会开始，就是以包括同一血统的几辈人的关系为基础而结成的社会单位。春秋时期著名的政治家、思想家管仲在他的著作《管子·小匡》中就说："公修公族，家修家族。使相连以事，相及以禄。"由此可见家族在社会生活中的作用。

在中国，虽然几千年来都延续着封建的父系家长制，但是家族必定是以婚姻和血缘关系结成的亲属集团，所以女性就必不可少地成为了家族中的必要成员，甚至有时对家族的辉煌产生决定性的影响，于是裙带关系就应运而生了。

宋代赵升在《朝野类要》中说："亲王南班之婿，号曰西宫，即所谓郡马也，俗谓裙带头官。"也许这是中国最早关于裙带关系的描述了。

曹雪芹在《红楼梦》中将裙带关系描述得更加形象具体，他笔下的"贾、史、王、薛"四大家族之间的荣损关系，已经成为了封建社会中最重要的政治关系。

不过在中国历史上，以裙带关系辉煌到极致的人物，应该莫过于

"国舅"杨国忠了。

大唐天宝四年（745年），37岁的杨玉环终于被唐玄宗李隆基册立为贵妃，因为唐玄宗自废掉王皇后就再未立后，所以杨贵妃也就相当于皇后。然后，她的族兄杨国忠便飞黄腾达，升任宰相，并身兼40多个官职。

当社会发展到规模生产的阶段，除了血缘与婚姻关系，家族的壮大辉煌还来自于师友关系。正如费孝通先生说过的那样，中国的人际关系是：以己为中心，按照亲疏远近的原则来构建。一方面，通过家庭、宗族等血缘关系，获取权威性资源和配置性资源。另一方面，通过把没有血缘关系的人群加以拟血缘化，实现血缘关系对人们生活的更大范围的影响。

在明朝后期，崇奉"天地君亲师"在中国民间开始广为流行。清雍正初年，第一次以帝王和国家的名义，正式确定了"天地君亲师"的次序，并对其意义进行了诠释，特别突出了"师"的地位和作用。后来到了民国时期，"天地君亲师"又根据形势而衍变成了"天地国亲师"和"天地圣亲师"两种形式。所以"师友"关系也就成为了当时最重要的家族关系和人际关系。

清末以降，号称"门秀三千"的俞樾先生，成就了国学大师章太炎家族；章太炎又成就了著名思想家钱玄同家族；钱玄同又成就了中国语言学界"三巨头"之一的罗常培家族；罗常培又成就了名满天下的语言学家王力家族……由此可见，上下五千年的中国历史，其实就是在这些精英家族以及姻缘裙带、师友之间互相纠结、编织。"谈笑有鸿儒，往来无白丁"，应该就是他们的写照。

本书探究的精英家族裙带师友关系史，范围在清末至1949年之间。因为这100多年的时间里，是中国历史的大变革阶段，新与旧、科学与保守等矛盾异彩纷呈，于是精英家族以及他们的裙带、师友关系史，也遍布于国家政治、经济、军事、文化、科技等各个领域，从而展示出一幅无法复制的历史壮景。

　　本书所探究的精英家族裙带师友关系史，完全尊重历史原貌和客观事实，对以讹传讹的"八卦花边"不予收录，同时对事实无法证实或者有多种证实的加以解释。更要特殊说明的是，本书探究的精英家族裙带师友关系史，完全没有任何政治立场，更不涉及敏感问题，只是一部用通俗语言叙述清末民国重要人物家族关系的史料文本。

| 目 录 |

第一章
校花与才女的家族关系裙带图（上）

"月季夫人"的恩师与徒弟

古人无复洛城东，今人还对落花风。年年岁岁花相似，岁岁年年人不同。

从 1911 年武昌城头的一声炮响，到 1949 年的"百万雄师过大江"，在这短短的 38 年历史中，除了盛产军阀，还盛产名媛与精英，而且在这些名媛与精英的身后，无不飘曳着一条或者数条精美的裙带，它们上接清、明，下连后世，以至成为一条后世无法再现的亮丽风景线。

探求这条无法再现的亮丽风景线，也许要从一个现在看起来大家都不太知道的名媛开始。这条飘曳的裙带，起始于江苏的太仓。

江苏太仓，因吴王及春申君在此设立粮仓而得名，素有"鱼米之乡"的美称。元代开始在刘家港开创漕粮海运后，这里更是日益繁盛，成了万家之邑，自古就有"金太仓、银嘉定"的说法，于是，这里人文荟萃也就实属正常了。

1908 年 9 月 17 日，在太仓城厢镇新华西路一个书香门第的蒋氏家庭里，诞生了一个小女孩。于是，民国这条无法再现的亮丽风景线，就从这个小女孩开始了。虽然这个小女孩后来成了精英的女杰，但毕竟不是什么伟大的人物，所以她的出生很平常。

这个小女孩的曾伯祖父，也是曾经了得的人物，做过四品知州大人，当时他家的房产就占有几条街。但是到了她父亲蒋桐侯主持家业的年代，家道已经开始中落，只有一些薄田出租，全家的生计只能靠蒋桐侯当小学教师，挣些碎银子回家买米度日了。不过，蒋桐侯出身书香门第，他给这个女孩起了一个颇有文采的名字，叫蒋恩钿。

尽管蒋桐侯以教书为生，但是祖上的"余荫"毕竟强大，船破有帮，帮破有底，底破还有三千竹钉，所以蒋恩钿还可以过正常的老百姓生活。

在书香门第的熏陶下，聪慧的蒋恩钿从小就在祖母那里读了大量的古典文学作品，不过，她命运多舛，11岁时母亲不幸去世了，所以她在太仓读完小学、初中后，只得去当小学教师。

"塞翁失马，焉知非福。"这时，蒋桐侯又续弦了一个女人，也就是蒋恩钿的继母，她叫许蕴玉，是小康人家的女子。可以说，如果没有许蕴玉，蒋恩钿也许就一生终老于小学的三尺讲台，民国飘曳着的裙带也就要从另外一个名媛开始了。

但是上天还是赐给了蒋恩钿这样的机会。许蕴玉是一个粗通文墨的女性，她胸怀宽阔、慈爱善良。进入蒋家后，她感到很有才气的继女蒋恩钿读完初中就工作非常可惜，于是她冲破"女子无才便是德"的旧观念和当时女孩一般不读书的旧习惯，在蒋家家道开始中落的情况下，不但用自己的私房钱还让娘家人出钱，供蒋恩钿到苏州的振华女中读高中，于是蒋恩钿在这里便开始了民国裙带网的编结。

1906年的清政府还没到摇摇欲坠的程度，在这一年的2月21日，慈禧太后便面谕学部要"实兴女学"。这时，蒋恩钿在民国裙带网裙带上编织的第一个"结"便出现了，这个人物叫王季玉。

王季玉是美国麻省蒙特豪里尤克学院和伊利诺大学留学生，她的母亲叫谢长达（当时应该叫王谢长达），是清末的一代巾帼精英。

　　有了慈禧太后要"实兴女学"的"指示"精神后，谢长达就和陈星昭、蒋振懦等几个同样精英的朋友，在苏州织造署的旧址上创办了振华女中。这虽然只是一个小学加初中（后增加高中）的学校，但是在中国的教育史上，它的地位绝对不可小视。用著名教育家陶行知先生的话说："振华是数一数二的学校，是振兴女子教育最早的先锋。"

　　可以说陶先生并没夸张，因为从当时出任的校董和老师来看，这里有蔡元培、章太炎、李根源、竺可桢、费璞庵、胡敦复、贝时璋等等，应该说绝对达到清华、北大的级别了。

　　那个时代的女人能办一个学校，就已经是惊天动地的事儿了，但是谢长达却还有更惊天动地的事儿。辛亥革命武昌一声枪响，她又在沪、苏等地组织了女子北伐队并自任苏属队长，亲率女学生百余人积极参加筹募工作。

　　客观地说，振华女中的名气大振，应该说是在王季玉美国留学回国接任校长以后。而有着这些社会名流参与的振华女校，当然也就是编结精英社交网络的最佳地点了。

　　聪慧的蒋恩钿在振华女校里，得到了校长王季玉的青睐和呵护，当然，好学生哪有得不到老师喜欢的道理呢？

　　时间很快就进入了1929年，这时的清政府早已寿终正寝了。不过对于蒋恩钿来说，她辉煌生命中的春天刚刚到来。这一年，清华大学首次到南方招考女生，蒋恩钿通过考试被西洋文学系录取。金榜题名自然是喜事，可是蒋恩钿却感到为难，因为这时她家的经济状况实在无力再供她去清华读书了。怎么办？这时她的恩师王季玉出手了，为她筹集资金。

　　可以说，在蒋恩钿的辉煌生涯中，她的继母许蕴玉给了她摆脱平庸的机会，而她的恩师王季玉则给了她璀璨耀眼的机会。在恩师的帮助下，蒋恩钿进入了清华学府，她很快成了清华大学的"四大校花"之一。蒋恩钿辉煌生命中的春天开始了。有了春天的灿烂，便一定会有秋季的收获。

蒋恩钿在清华大学里，将她的精英社交网编结得灿烂多彩，民国无数的精英豪杰都将成为这张大网上的经纬线。

蒋恩钿在清华大学毕业后，留校当了老师，还找到了后来在上海开银行的丈夫。后来，她和丈夫走过那段战火纷飞的年代之后，就去了美国。

在大陆安稳后，蒋恩钿和丈夫又回到了北京。在这里他们和一位旅欧华侨吴赉熙成了朋友。这个吴先生也是位精英人物，他17岁入读剑桥大学，34岁就取得了7个学位，最高为医学博士。但是他的最大成就并不是医学，而是"花学"。

吴先生热爱月季花，他倾平生精力引进了国外200多个月季新品种。他又热情好客，所以每当他家的月季花开放，他就主动邀请客人来赏花，并亲自端上茶水，一年最多要举行9次赏花酒会。后来吴先生病重临终前，提出让蒋恩钿夫妇接替他的月季事业，蒋恩钿答应了。后来由于蒋恩钿夫妇从北京搬到天津居住，于是他们又把这些月季花运到了天津。

时光飞逝，很快就到了1958年，这时的民国政府也早已寿终正寝了。不过对于蒋恩钿来说，她辉煌生命中的收获季节到来了，精英社交网络上的经纬线也开始显现了。

这一年，时任北京市副市长的精英人物吴晗专程到天津看望清华的老同学蒋恩钿，又当面邀请蒋恩钿为迎接国庆10周年进行城市美化工作，并明确提出希望能在新建的人民大会堂周围建一个月季园。蒋恩钿经实地考察后，就把自己园中的月季花全部捐给了人民大会堂月季园。当然，她也因此得到了一个"美名"——月季夫人。

从清华校花变成月季夫人后，蒋恩钿的精英网络经纬线就更加炫目了。

蒋恩钿成为月季夫人后，好多喜欢养月季花的人都前来拜师，于是在月季花种植方面，她就成了好多精英人物的师傅。

她的第一个"徒弟"就是著名的物理学家、曾任过中国科学院副院长的吴有训。比师傅大11岁的吴有训，也是出身于小康家庭，他和蒋恩钿一样，如果没有得到外界的帮助，也许要终老于江西那个叫石溪吴村的小村庄里。

虽然一泡精子能决定一个人的命运，但是有时你要是能与有精英精子的人成为师生或者朋友或者姻亲，也一样可以精英，比如蒋恩钿和王季玉。这就是民国精英家族关系史中很重要的一个秘密。

1909年，吴有训的族叔从云南卸官归来，在家乡办起了一所兼授数理的新式私塾。在这里，吴有训开始对科学有了朦胧的认识。1916年，吴有训考入了中国最早成立的四大国立高等师范学校之一——南京高等师范学校。就是在这个学府里，吴有训遇到了决定他命运的恩师，在美国哈佛大学获得了博士学位的胡刚复先生。

在胡先生的提携与栽培下，吴有训考取了美国官费留学生，进入芝加哥大学物理系学习。吴有训在这里的外国老师也鼎鼎大名，他叫A. H.康普顿，是美国物理学家、诺贝尔物理学奖获得者。学过物理的同学都知道，有一种物理现象叫康普顿效应，那就是用他的名字命名的。

1927年，吴有训回国后，又回到了母校南京高等师范学校（这时已更名为"第四中山大学"）。在此时已经担任学校自然科学院院长的胡刚复的建议下，校方立即聘他为物理系的副教授兼系主任。

这时，又一个更大的机遇向吴有训招手了。当时，清华大学物理系主任叶企孙也正在千方百计为清华延聘人才，他很快就把关注的目光投向了吴有训。于是，他力邀吴有训北上清华担任物理系教授，为表示自己的诚意，他甚至将吴有训的薪金级别定在他本人之上。

这应该是很了不得的举动，在叶企孙这种求贤若渴的精神感召下，吴有训欣然应命，同时也和叶企孙成了近半个世纪的密友。

吴有训在培养"科技明星"上是好老师（他的著名学生有钱三强、葛庭燧、钱伟长、赵九章、杨振宁、李政道等），在学习种月季花上同样也是好学生。他在科学院住所的园子里大种月季，挖坑、浇水、施肥、剪枝、打药、除草，样样都是亲自动手，而且又按科学规律培育，养出的月季棵壮花大，所以屡屡受到师傅蒋恩钿的表扬。

除了大徒弟吴有训，蒋恩钿的二徒弟也是了不得的精英人物，她就是16岁考入燕京大学，通晓英、法等六国文字的罗仪凤小姐。可以说罗仪凤是一个悲情的女子，她的家族在清末民国史上有过风生水起，也有过后来的无奈凋零。

罗仪凤的父亲罗昌是梁启超的著名弟子，日本早稻田大学、陆军大学、英国牛津大学留学生，也是民国时代的资深外交家、法学家和著名教授。罗昌36岁就出任民国驻新加坡的总领事，40岁任甘肃省省长的法律顾问和交通部顾问，44岁担任外交部和政府内阁顾问，绝对是红极一时的显赫人物。

罗仪凤的母亲康同璧更是出身名门，因为她是康有为的女儿。作为清末民国期间的精英家族，康家应该是绝对占有一席之地的。关于这个家族的社交关系后面再说。

也许是颠沛流离的境遇，"冰雪丛中铸此身，不同桃李混芳尘"的罗仪凤很喜欢花，尤其是爱月季花如命。

她和母亲在康宅里种了很多的月季，她也向师傅学习了很多宝贵的经验。但是风雪无情，在后来的日子，这些月季花都被罗仪凤亲手用开水浇死了，然后她自己也变成了"花魂"。

蒋恩钿还有一个"三徒弟"叫苑茵，她可能不算是什么精英人物，但是站在她身前的老公却是一位大人物，上过语文课的同学都能在课本里经常看到这个名字——叶君健。

应该说苑茵是养月季花这门课程中，最有成就的学生。她学会了种月季花之后，便将这门课程专业化，与好友朱秀珍发起成立了中国月季花协会，由朱秀珍担任名誉会长。有一次苑茵随叶君健出访，在法国拿破仑公园的花园中，接了一枝当年约瑟芬王后的名种。带回国时，在广州下飞机被海关拦住，这一下可不得了，竟然惊动了当时的广东省委书记任仲夷。任书记当时就做出指示说："苑茵是研究月季花的，请放行。"

在月季夫人的精心教导下，她的学生出版了《月季花事》《月季花》等专著，精英女士谢冰心和上级领导陈慕华还分别给这些专著作了序，充分肯定了蒋恩钿为月季事业做出的贡献。

虽然精英女士谢冰心也喜欢养月季花，但是她给蒋恩钿"徒弟"的"月季专著"写序却是另有缘故。原来蒋恩钿在清华大学就读时，谢冰心曾经做过她的老师，后来蒋恩钿就与这个大自己8岁的老师成了朋友，几十年间都保持着亦师亦友的亲密关系。

20世纪80年代，在谢冰心的好友沈从文的儿子沈龙朱和画家陈于化创办著名的北方月季花公司时，谢冰心便又将蒋恩钿介绍给他们公司做顾问。

1993年，75岁高龄的月季夫人蒋恩钿的美名远播海外。在英国出版的专著《A Heritage of ROSES》(《月季的遗产》)一书中，有一个章节专门介绍了蒋恩钿女士对中国月季培育做出的贡献，并刊登了她在月季园的照片。在这之后，太仓市就建立了恩钿月季公园和蒋恩钿纪念馆，一种来自法国的多次获奖的新品月季花也被命名为"恩钿女士"，世界月季协会联合会主席梅兰博士还专程从瑞士到北京植物园的月季园出席了命名仪式。

已共寒梅留晚节，也随桃李斗浓葩。才人相见都相赏，天下风流是此花。养花不仅能陶冶情操，还能养出精英家族的社交经纬。当然，1951年的那个夏天，在蒋恩钿答应吴先生接替他月季事业的时候，她并没有想到命运会同时也交给她这样一个重要的使命。

一生为花痴，花样年华不觉匆匆；一生承诺守，披尘拣土其乐融融。

美哉，月季夫人。

"杨门女将"的"裙结"

严格地说，中国第一所女子学校应该是由英国女传教士奥特绥小姐于1844年投资兴办的宁波女塾。但这毕竟不是中国人自己开办的学校。

1905年清政府废除科举考试后，"母教救国"也提上了议事日程，培养既能相夫教子、又能"宜家善种"的"贤母良妇"，开始成为朝野上下改革之士的共识。

1906年6月13日上午10点，中国最早的女子师范学校——天津北洋女师范学堂举行了开学典礼，天津女学事务总理傅增湘、前任北洋女子公学总教习吕碧城都出席了开学仪式。至此，中国人自己开办的女子教育机构才正式诞生。

但是，在清政府开始日薄西山的形势下，中国女子教育却步履维艰，千百年来"女子无才便是德"的传统思想依然在社会上盛行。

所以在谢长达创办女学之初，这里仅有五名学生，而且还有一人中途辍学。后来在王季玉竭尽全力的奔走联络下，振华女中才开始真正名声大振。到了蒋恩钿入学时，这里已经是名媛如云了。

和蒋恩钿同寝的名媛叫杨季康，她比蒋恩钿小3岁，却比蒋恩钿大一届，于是小学姐和大学妹就成了密友。对杨季康这个名字熟悉的人可能不多，但是她后来还有一个大家极为熟悉的名字——杨绛。

杨绛和蒋恩钿不同，她是出身于真正的高官家庭。

杨绛的父亲杨荫杭早年留学日本早稻田大学，是江苏省最早从事反清革命活动的人物之一，他和孙中山、黄兴都往来密切。在民国时曾出任江苏省和浙江省的高等审判庭庭长、京师高等检察厅长等职。

杨荫杭的妹妹叫杨荫榆，她绝对是在中国历史上占有一席之地的女杰。杨荫榆23岁去日本东京高等师范学校公费留学，30岁出任北京女子师范学监。1918年，34岁的杨荫榆又赴美国哥伦比亚大学留学，直到40岁那年终于成为中国近代史上第一位女子大学校长——国立北京女子师范大学校长。

杨绛有一个姐姐叫杨闰康，她的丈夫何德奎曾经做过国民政府上海市的副市长。

杨绛还有一个妹妹叫杨必，绝对是美女加才女，被称为复旦大学的"玉女教授"。

也许命运总是喜欢作弄英才。本来杨绛是一心要报考清华大学的外文系，可是1928年清华招收女生时却没有南方的名额。没办法，她只好转苏州的东吴大学。

1932年初，东吴大学因学潮停课了。于是21岁的杨绛便与同学一起北上来到清华当了一名借读生，同时也成了朱自清的学生。

也许还是命运的安排，来到清华后的杨绛又和早在1929年就已考入的蒋恩钿住到了一起。在清华，杨绛爱情的春天来到了，而且她的爱情又将精英家族的社交经纬绘上了千古绝唱的色彩。

初春的一天，杨绛去看望老朋友孙令衔，正赶上孙令衔也要去清华看望表兄，于是她们就一同回到了清华园。在女生宿舍的古月堂前，杨绛见到了孙令衔的表兄，他是一个身着青布大褂，脚踏毛底布鞋，戴一副老式眼镜，眉宇间蔚然而深秀的青年学子。

当时，这两个年轻男女只是匆匆一见，甚至没说一句话。但是这匆匆一见却让双方擦出了相互爱慕的火花。这个青年学子叫钱锺书，他就是后来的民国第一才子，中国现代著名作家和文学研究家，中国社会科学院副院长。

1935年7月13日，苏州庙堂巷的杨府举行了一场结婚仪式。多年后，新娘杨绛在一篇文章中幽默地回忆道："（《围城》里）结婚穿黑色礼服、白硬领圈给汗水浸得又黄又软的那位新郎，不是别人，正是锺书自己。因为我们结婚的黄道吉日是一年里最热的日子。我们的结婚照上，新人、伴娘、提花篮的女孩子、提纱的男孩子，一个个都像刚被警察拿获的扒手。"

从容优雅的名媛杨绛，嫁入的钱家又是怎样的名门呢？

在1000多年前的五代时期，吴越国的国王叫钱镠。钱镠祖孙三代、五位国君以其卓越的治理能力使吴越国富甲江南，后来钱镠就将他的33个儿子派往江浙各州，于是钱氏家族便很快繁衍开来。

钱锺书的祖上，就是钱镠的一支后裔。

钱锺书的父亲钱基博（字子泉，别号潜庐）是古文学家、教育大师和一大堆名牌大学的教授。

钱锺书19岁考入清华大学外文系，这也正是杨绛曾经梦想进入的殿堂。在清华大学上学的4年时间里，钱锺书除了收获美满的姻缘，还结出了很多的友缘。

首先，他就得到了老师吴宓先生的欣赏。吴宓出身于旧式的官宦富家，他的生父吴建寅和嗣父吴建常都是与康有为齐名的三原宏道学堂刘古愚的学生，嗣父吴建常还做过于右任任靖国军总司令时期的秘书长。

当然，吴宓对钱基博先生也很是尊敬，同时和杨家也有着密切的关系，所以后来他就和钱锺书、杨绛也仍然有着"通家之好"。

吴宓原名叫玉衡，应该是取自于《书经》中"陈璇玑之玉衡"一句。后来他的祖母又请吴宓的姑丈陈伯澜另取了一个新名叫陀曼。但是吴宓对陀曼这个名字十分不喜欢，于是就在报考清华学校时，自己改名为"宓"字，取安静之意。但是取了安静之意的吴宓却没有真正的安静，尤其是他的姻缘，后来竟然成了民国时期的一段"闹"事。

吴宓的先夫人陈心一是他同学陈烈勋的妹妹，也是一位小才女。吴宓在和陈心一分手后，就同陈心一的好朋友朱君毅的未婚妻毛彦文有了关系，不过后来他们也没成功。再后来，毛彦文这位大才女没能成为朱君毅和吴宓的夫人，却成了另一位赫赫有名的精英人物熊希龄的夫人。

到底是"渐能至理窥入天，离合悲欢各有缘"（吴宓写毛彦文诗），还是"楼外草青春欲到，东风静待花开"（熊希龄写毛彦文词），我们就不再研究了。

吴宓和陈心一有一个女儿叫吴学昭，她是"笃实忠厚，聪明正直"的大才女，曾任过《中国儿童》主编、人民日报国际评论员。

大才女吴学昭后来又把吴家的裙带系到了另外一个精英家族上，因为她的丈夫就是中国青年运动的著名领导者，39岁当上清华大学校长的蒋南翔。

钱锺书在清华大学毕业后，又以第一名的成绩考取了英国庚子赔款公费留学生，赴英国牛津大学埃克塞特学院英文系留学。28岁回国后就被清华大学破例聘为教授。第二年，他又去国立蓝田师范学院当上了英文系主任，并开始了《谈艺录》的写作。

1935年杨绛和钱锺书一同前往英国牛津大学求学，后又转往法国巴黎大学进修。在此期间，她获得了西班牙国王授予的西班牙智慧国王阿方索十世勋章。1937年5月，钱锺书和杨绛的女儿在英国牛津降生了，起名钱瑗。

两个月后，中国大地发生了重大事件——"七七事变"。

1938 年，钱锺书和杨绛带着女儿回国了。这时的振华女中已经被日寇的铁蹄肆意践踏，校长王季玉因为拒绝让日寇接收，便将振华女中的校产迁移到东山，藏在了农家的复壁内。尽管狼烟弥漫，但是蛰居在东山的王季玉仍然心系振华女中，于是她决定在上海办分校。经过努力，她终于在赫德路租借到了一处民房，让振华小学恢复了办学，然后她决定让回国的杨绛任校长。

离开振华 10 年的杨绛又一次踏入了让她"启程"的地方。在这简陋的条件下，杨绛艰难地将振华小学维持到了全上海沦陷时期。在经历了战火硝烟后，1959 年秋，22 岁的钱瑗在北京师范大学俄语系毕业后留校任教。

精英社交网络上的经纬线从清华园牵出，它又将向新的空间延伸……

"花魁"与教授们

1929 年的清华大学应该说是人才济济，33 岁的校长罗家伦更是有所建树，让校园的气氛很是活泼。在这活泼的气氛中，清华园里就开出了四大校花，其中之一便是蒋恩钿。当时的花魁叫欧阳采薇，她和蒋恩钿、杨绛及另外一个才女同寝，她们也都是密友。

这小薇姑娘是四人中最靓丽的一个。她性格活泼，又是学西洋文学的，于是就成了舞会之星，水木之花。据说在当年的校刊杂志上，赞美她的情诗艳词，像什么"容华美艳最天真，诗礼名家德性醇。力学早惊驰藻誉，痴情渐悔识秋鼙"之类的比比皆是。

欧阳采薇的祖先据说是宋朝大文学家欧阳修，这是不是真的不知道，但是她的父母都是家道殷实留日的海归。因为她的这些优势，所以当年追她的男人不只有学长、学弟，更多的是老师和教授。据说吴宓、叶公超这些大教授都和她有过密切交往，但是交往的程度现在已经无法考证了。

后来，欧阳采薇就去了美国洛杉矶加州大学和哥伦比亚教育学院留学，然后去新华社做编辑和翻译了。容华美艳最天真的小薇姑娘后来到底花落谁家了呢？她的丈夫叫吴之椿。

吴之椿23岁便开始在美国伊利诺依大学、哈佛大学、英国伦敦政治研究院、法国巴黎大学学习政治学，28岁任武昌大学教授，32岁任国民政府外交部长陈友仁的秘书兼政务处长，后又担任宋庆龄的秘书。1928年，吴之椿离开了政界，在同学和好朋友罗家伦的聘请下，来到清华大学担任政治学系教授兼系主任，后来又担任了清华大学教务长。34岁的吴之椿刚进入清华时，这里艳丽的花朵让他眼花缭乱，于是他就与蒋恩钿和杨绛同寝的一个才女谈起了恋爱。但是后来这个才女与他分手了，也正因为如此，欧阳采薇后来才成为了吴夫人。当然，这个离开吴之椿的才女后来也成了另外一个吴先生的夫人。

第二朵校花就是蒋恩钿。她不仅和教授们关系密切，而且和接任罗家伦当校长的梅贻琦也是关系不一般，她后来的婚礼都是梅校长做的主婚人。

蒋恩钿不仅和这些教授、校长关系密切，和精英的女同学是好朋友，而且还和精英的男同学也有关系，其中和她关系很好的男同学就有吴晗和万家宝。

清华的第三朵校花叫黎宪初，她和欧阳采薇关系最好。因为黎宪初是黎锦熙的女儿，关于她的家族裙带要和本书的众多人物都有纵横联系，所以要在后面细述。

至于最后一朵校花李家瀛，后来世间就再没有了她的踪迹，也许是因为乱世的缘故吧，所以这里就只好忽略她了。

悠悠岁月，只要繁华过，瞬息也永远。只要惊艳过，悲伤也甘甜。无情的似水年华在书本里慢慢地画，可问流逝的云霞，我们的校花还好吗？

"美得像朵花"的上海滩"皇后"

再说蒋恩钿的"二徒弟"罗仪凤。

应该说让罗仪凤出现在蒋恩钿这张精英社交网络上，不只是因为她是蒋恩钿的徒弟，也不只是因为他父亲和梁启超有关系、她母亲是康有为的女儿，这其中还有一个关系。

现在如果说起王右家这个名字，可能不太有人知道她是谁。但是在20世纪40年代的上海滩上，她绝对是上流社会里"皇后"级的人物。

王右家出身于湖北一个中产阶级家庭，她的父亲和蒋恩钿的好同学万家宝的父亲是朋友，而她的母亲和万家宝的母亲是交过兰谱的干姐妹。

据说在北京女大毕业后又留学美国威斯康辛大学的王右家周旋于政府高官、社会名流、富商巨贾中间，简直美得就像一朵花。用她的闺中密友兼"情敌"吕孝信的说法，那就是："我认为她最美的地方不是面孔体型，而是她的动作和气质。她动作时的美，我以为纵集天下美女于一堂也无法与之相比。她的一举手一投足，都给人一种如音乐旋律的美感。"所以见到她的男人无人不为之倾倒，她是要风得风，要雨有雨，无论想嫁谁，都是那个男人求之不得的事儿。

也许女人美丽到极至便成为了一种悲哀。

"增一分则长，减一分则短；施粉则太白，施朱则太赤"的王右家便生出了这种悲哀。吕孝信曾说过："有人说女人的三大不幸是美丽、聪明、富有。只要具有一项，就命定不能幸福。她（王右家）不幸三者已具其二，她的命运坎坷，终至潦倒以终，也就无怪其然。"

1931年，23岁的王右家从美国留学归来，在上海的一个朋友家里，她遇上了"爱情"。但是她的这场"爱情"只维持了12年，然后她便远走了印度。

再后来，这朵"花"就又落到了另一个精英人物的家里，给他做了第五任太太。这个精英人物叫唐季珊，他是中国第一家茶叶出口公司创始人唐翘卿的儿子。

唐季珊虽然不算倜傥，但也风流。他是中国第一位电影影后张织云的相好，后来又是大明星阮玲玉的相好。张织云后来则和著名电影导演、摄影师卜万苍相好了，再后来卜万苍就成了著名歌星、"民歌皇后"奚秀兰的老师和大明星上官云珠的提携人，阮玲玉则在"人言可畏"的"压力"下，选择了永远的"逃避"。

时间仍然飞快地走着，结果罗仪凤就和王右家的"前爱情"有了"爱情关系"，但是罗仪凤的这场"爱情"也很快就熄灭了。再然后，悲情女子罗仪凤也随她心爱的月季花一起凋谢了。

闻弦歌而知雅意，岁月无情，冰封美丽，让人掩面而泣。

第二章

校花与才女的家族关系裙带图（下）

才女与她的悲剧老公

在20世纪30年代的清华大学蒋恩钿女士的寝室里，不仅住着两位"校花"，还有两位大才女。她们一个是杨绛，另外一个就是欧阳采薇的丈夫吴之椿教授的前女友袁震。

袁震比蒋恩钿大1岁，所以她是寝室里的老大姐。袁震的原名叫袁震之，她出生在湖北光化县袁冲乡的一个书香门第家庭。她的姐姐袁溥之22岁就担任了中共湖北省妇委书记，是武汉地区妇运工作的早期领导人之一。姐夫陈郁曾经领导过广州起义，再后来就担任了燃料工业部部长、中国矿业大学校长、广东省省委书记。

袁震18岁就考入了武汉大学历史系，23岁又考入了清华大学史学系，并成为清华园里屈指可数的才女。也许是天妒英才，在一次回家看望患肺结核的父亲时，袁震也被传染上，后又转为骨结核，而且病情很严重。

袁震和吴之椿分手后，早就对吴之椿爱慕不已的欧阳采薇终于有了机会；同时，对袁震也是早就爱慕不已、比她小两岁的吴晗也终于有了机会。

吴晗原名吴春晗，他和蒋恩钿的身世差不多，也出生于一个落魄的书香之家，他的父亲吴瑸珏是一个能诗善赋，喜欢文史的小秀才，家中有很多的文史书籍，这就给吴晗提供了做学问最初的基础，也因此在 19 岁就成为了中国公学校长胡适的爱徒，22 岁又经胡适的举荐，成为了清华大学史学系工读生，专攻明史。

吴晗在清华校刊任编委时，他很欣赏袁震写的文章，也十分想结识这位有点传奇色彩的同系女同学。于是就在一个没有课的下午，在蒋恩钿的带领下，他来到了女生宿舍，第一次见到了自己的偶像——躺在病榻上的袁震同学。

就这一次，袁震优雅的气质、从容的谈吐，给吴晗留下了深刻的印象。后来，他就和同学们一起给袁震起了一个雅号"睡美人"。

从此，吴晗就时常来看望病中的袁震。吴晗研究明史，袁震研究宋史，两人经常在一起切磋学问。在与袁震的相处中，吴晗对她的出众才华钦佩不已，同时也为她的病态感到怜惜。他不敢说出爱意，只好暗暗把袁震当作自己的红颜知己，常常在袁震的病榻前一坐就是几个小时。

时间来到了 1934 年的夏天，吴晗以优异的成绩毕业了。在中国历史学家、清华大学历史系主任蒋廷黻的力邀下，吴晗留在了清华任教。这时袁震的去留出现了问题，于是蒋恩钿在临去绥远教书之前，找到了留校任教的吴晗，毅然地做起了他们的红娘。

5 年的时间很快就过去了，在吴晗的精心照料下，袁震的病情好转了。1939 年，已经是云南大学教授的吴晗和患难情侣终成眷属。

时间又过去了 10 年。1949 年，吴晗参加了接管北大、清华的工作，任清华大学校务委员会副主任、文学院长、历史系主任，后来又担任了全国政协副主席、民盟中央副主席、北京市副市长等职，成为了中国现代著名的历史学家、社会活动家，中国现代明史研究的开拓者和奠基者之一。

17 年又过去了，历史进入了新阶段。这时，因为吴晗写过的一篇《海瑞罢官》点燃了神州大革命的烈火，3 年后，他和爱妻袁震便前后葬身于这个火海之中。

吴晗的亲朋不多，除了爱妻袁震和学友蒋恩钿等人之外，还有一个好朋友叫廖沫沙。

1931 年前后，在中国的文坛上发生了一场"厮杀"。当时，大作家林语堂创办了一个《人间世》杂志，可他没想到竟然会在社会上引起轩然大波，一个文学"小将"先出马向他杀来，这个"小将"就是廖沫沙。

廖沫沙出身于军人家庭，15 岁考入长沙师范学校，后又进入上海艺术大学文学系。在上学期间。他撰文《人间何世》，批评林语堂创办的《人间世》宣扬"以自我为中心，以闲适为格调"，林语堂当即也出马反击。

在大战数十回合后，廖方主帅鲁迅先生亲自出马。这场笔战具体观点的对错这里不去研探，只说因为这场笔战，让小人物廖沫沙在中国的文化界开始有了名气。

通过这场笔战，湖南长沙这个名不见经传的小伙子逐渐成为了著名作家、杂文家，后来担任了教育部部长、统战部部长，建立起了一个在历史上有一席之地的精英家族。

讲完廖沫沙的这段插曲，再接着说蒋恩钿和校花们引出的精英社交网络，让它们进入"柳暗花明又一村"。

年轻将军的校花夫人

蒋恩钿在振华女中还有一个后来也成为校花的校友，她叫端木露西，是上海光华大学的校花。她出生苏州，不仅英语流利，文采飞扬，还和蒋纬国一起演过话剧的男女主角，并且获得过苏州抗日演讲的第一名。但是美女的爱情并不美丽，只有 10 年的时间，姻缘便走到了尽头。

再后来，端木露西与上海水产学院教师孙西岩（也有说是气象学家）一起走完了最后的岁月，而她的前夫也在姻缘破裂 10 年后，又认识了一个佳人，她叫易吟先。

易吟先也是出身名门，她的父亲是著名的辛亥老人易堂令先生。易吟先是毕业于湖南著名的爱国女校"周南女学"的大美女，她的前丈夫是一个机电工程师。

但是易吟先的第二次爱情仍然只维持了 3 年。接着，她又嫁给了另外一个赫赫有名的人物。

1938 年是中国抗战最为艰苦的岁月。这一年的 5 月，一个 31 岁的年轻将军在战场上受命接任了国民革命军第七十一军军长职务，奉命率军激战于兰封一带，围攻日军土肥原第十四师团。到 8 月份，又与日军对抗于大别山脉。经过富金山、沙窝雨等战役，年轻的军长率 3 个师重创日军，共毙敌 4506 人，伤敌 17380 人，因此受到了国民革命军最高统帅部通电全军表扬，并获得华胄荣誉奖章和奖状。

这个 31 岁的年轻将军叫宋希濂，他就是大美女易吟先的新丈夫。

宋希濂出生在湖南省双峰县一个叫杏子铺的小村里，家境比较殷实，应该是"先世多为文人"之户。他的曾祖父宋蟾桂曾经随左宗棠镇守过西北边关，在甘肃省某地当过知府。祖父宋公卿和父亲宋宪文都饱读经书，但未踏入仕途，只在故乡耕读自娱。

宋希濂幼年时就在父、叔的教授下熟读古文诗词，14 岁考入省城长郡中学，在这里他又得到了国文老师熊亨翰的青睐，于是在他毕业时，熊亨翰就把他介绍到广州大本营军政部部长程潜设在广州的陆军讲武学校。

熊亨翰当然有这能力，因为他是夏思痛的爱徒。夏思痛又是什么人物？他被孙中山称为"革命模范"；黄兴、蔡锷、宋教仁都得尊称他为老师。

夏思痛的老师叫王闿运，他是同治帝顾命八大臣之一肃顺的家庭教师，也是曾国藩的幕府。

1924 年，17 岁的宋希濂又在湘军总司令谭延闿的保荐下，考入了黄埔军校第一期。1930 年，23 岁的宋希濂已经升为国民政府警卫师的上校团长，在一个朋友的介绍下，风华正茂的他就认识了 18 岁的南京金陵女大校花，也是后来的著名钢琴家冷兰琴。经过 3 年的相识、相知、相爱，1933 年他们结婚了。

用宋希濂自己的话说，冷兰琴是"仪态万方，而且磊落大方，不同凡俗，其言其行，对我的帮助和启发颇大，结婚 16 年，情感浓厚"。

时间到了 1949 年，这时已经成为陆军中将、华中剿总副总司令兼十四兵团司令、华中军政长官公署副长官兼湘鄂边区绥靖司令官的宋希濂，不仅仕途走到了绝境，爱情走到了绝境，而且连生命也有可能走到了绝境。

1949 年解放军横渡长江之际，蒋介石命令宋希濂将家属送往台湾，以无牵无挂同对方决一死战。但是冷兰琴不忍离开丈夫，只将孩子们送往了台湾。

6 月，宋希濂的老朋友、整编 66 师中将师长李仲辛战死，决定在南京举行追悼会。冷兰琴不顾自己的病体从长沙前去抚慰几度昏厥的李仲辛夫人周黛西女士。

因为周黛西是冷兰琴的闺密。同时她的丈夫李仲辛和宋希濂、李树正都是好朋友，也都是陈诚的亲信、张学良的好友。

周黛西不是名人，只是国民党陆军总医院的中校护士长，但是她的妹妹周黛莲却比她有名气。周黛莲是戴笠的部下，她和军统女少将姜毅英一同破解过日军偷袭美国珍珠港的情报。

李仲辛和宋希濂的好朋友李树正到台湾后，担任过"陆军总部"中将副参谋长，他的夫人叶芳娜是叶霞翟的闺密。

叶霞翟是什么人物？她是美国乔治·华盛顿大学、威斯康星大学研究院的留学生，曾任过台北师范专科学校校长、中国文化大学家政研究所所长，也是陆军一级上将胡宗南的夫人。

经过长沙到南京的这一番折腾，6月末，本来患有先天性高血压症的冷兰琴便突发脑出血身亡，年仅37岁。

1949年12月19日，率残部向西北方向逃窜的宋希濂刚渡过大渡河就被解放军团团包围。他抽出手枪准备自杀时，却被警卫排长袁定侯一把抓住。就在这时，解放军把他包围了……

1961年，作为特赦战犯，宋希濂走出了监狱，任全国政协文史资料委员会专员。在同僚、原第十七兵团司令官侯镜如和夫人的做媒下，宋希濂便与易吟先结合了。

两朵艳美的校花和一个大美女，把民国精英家族的故事演绎得回肠荡气、悲喜交加。真是："芳草垂杨荫碧流，雪衣公子立芳洲。一生清意无人识，独向斜阳叹白头。"

三个美女与一个文化人

1980年，宋希濂赴美探亲，后来就定居美国。这时不再玩枪的将军却又玩起了笔，他在当地华文报纸发表文章，结果就遭到部分亲国民党报纸的攻击。

这时，有一个台湾的文化人出手相助了，他叫李敖。于是在将军的晚年，他就和这个仗义执言的文化人成为了好朋友。

李敖的父亲李鼎彝在北大毕业后，曾任过东北四省抗敌协会理事。李敖的恩师严侨是严琥的儿子，也是中国近代史上向西方国家寻找真理的"先进的中国人"严复的孙子。

1962年，27岁的李敖在"中央研究院"的公车上发现了身边的一个漂亮女孩。交谈之后，没想到她竟然就是自己早闻美名的偶像——王尚勤，她的哥哥王尚义和李敖是同学。

容貌清秀、气质非凡的王尚勤是"台大校花"，也是60年代台大最具有代表性的美女。很快，李敖和王尚勤就进入了热恋，然后便演绎出了一段才子佳人式的旷世情缘。不过这段旷世情缘只维持了4年，然后便和平地分手了。

这时，又一个女人走进了李敖的生活。

她叫刘会云，是台湾大学外文系毕业生。她虽然没评上校花却也长得漂亮妩媚，娇小可爱。用李敖自己的话说，他与刘会云的情缘是命中注定的，也是他坎坷多难人生中的一种幸运。而刘会云对这段情缘的感受就是：我感到自己所爱的李敖，是一个高超出众的男人，这就是我快乐的源泉。在我的真实感觉中，我们就是一对夫妻，有男欢女爱，有家的温暖。

但是这段情缘又一次出现了危机，因为这时又有一个美女出现了，她叫胡茵梦。胡茵梦本名为胡茵子，祖上本姓瓜尔佳，出身于满洲正红旗的贵族家庭，父亲和做过东三省保安总司令部中将参谋长、辽宁省政府主席的臧式毅是姻亲。胡茵梦23岁毕业于辅仁大学德文系，她才貌双全，集美丽气质与才华于一身，当时是台湾知名的电影明星。

1980年5月，27岁的胡茵梦和李敖正式结婚，但是他们的这段情缘却也只维持了短短的100多天。

虽然这段情缘只维持了短短的100多天，但是李敖对胡茵梦的评价却很复杂。他说："如果有一个新女性，又漂亮又漂泊，又迷人又迷茫，又悠游又优秀，又伤感又性感，一定不是别人，是胡茵梦。"

三个美女和一个才子，又一次将民国精英家族的社交圈，渲染上了桃色。

易求无价宝，难得有情郎。枕上潜垂泪，花间暗断肠。

蔚蓝中的一点黯淡

1940 年秋天，国民党的中央机关报《中央日报》社里发生了一件桃色事件。这次桃色事件的当事人之一，就是蒋恩钿的校友端木露西，而另一个当事人则和后面要写到的精英社交网络有了关联。

1935 年，端木露西在《中央日报》副刊创办的"妇女周刊"担任主编，1936 年又到英国留学。回国后，她又回到了《中央日报》社，这时的社长是刚刚年过而立的大才子程沧波，1937 年"卢沟桥事变"发生后，蒋介石在庐山发表的《告全国军民书》就是出自程沧波之手，应该说这篇凝聚国力、振奋民心的抗日檄文，揭开了全民族抗战的序幕。

在端木露西重回报社后，这对才子佳人，在冥冥之中，便成就了一段鸳鸯梦。桃色事件本是花边新闻，但是这件事情最后却引出了两个严重结果。

一个就是蒋介石把程沧波叫去臭骂了一通，被搞得声名狼藉后，程沧波只好呈请辞职。好在是国民党监察院的于右任先生惜才（当然更因为有社交网的关系），说"风流无罪"，于是就把他安排到监察院当了秘书长。

另一个严重结果就是：端木露西女士，在经历了这一段感情纠葛后，在百感交集中，写下了一篇相当轰动的文章《蔚蓝中的一点黯淡》，没想到这篇文章竟然在社会上引发了又一次"妇女回家"话题的大争论。

为什么说是又一次呢？

因为关于第一次"妇女回家"的论争，是缘于林语堂在 20 世纪 30 年代早期提出的"我国女子最好的归宿还是婚嫁"。他认为"在政治上最出头的女性，最是坏蛋，但她们不足以代表新女性"，结果他的这番言论，引发了妇女界和进步人士的坚决抵制。

虽然林语堂的名气大于端木露西，但是端木露西引发的这场争论，其时间之长、范围之广，以及在社会上所产生的巨大影响，都远远超出了林语堂当年引发的那场争论，所以才说这次本是花边新闻的桃色事件，竟然引出了这样一个严重结果。那场争论发展到后来，中共南方局妇委负责人邓颖超和中共南方局书记周恩来都在《新华日报》上发表了代表中共观点的政论文章，为正在积极争取参与社会活动和社会地位的妇女运动，提供有力的理论武器。

为什么说于右任先生把程沧波安排到监察院当了秘书长，是因为有社交网的关系呢？因为程沧波是江南大儒、著名诗人和书法家钱名山先生的弟子，留学英国，同时也是钱先生次女钱云蕖的丈夫。而于右任先生对钱先生则是尊敬有加，所以才说这里有着亲缘社交网的关系。

当然，程沧波和夫人钱云蕖还和一个民国名人有着牵连。

1912 年，一个 14 岁的书香望族子弟拜进了世为姻亲的钱名山先生门下，成为了寄园弟子，他就是后来的民国著名词人兼书画家谢觐虞（字玉岑）。7 年后，他又继为姻亲，成为了钱先生的大女婿，钱素蕖的丈夫，程沧波的大连襟。

在 20 世纪 30 年代，张善孖、张大千兄弟，吴湖帆、叶恭绰等人绝对都是书画界的大名家，而谢觐虞则和这些人物有着紧密的关系。尤其是和张善孖、张大千兄弟，他们常常是张氏兄弟作画，谢觐虞赋诗，然后诗词书画相联，这在当时的文坛被传为佳话。

再后来，谢觐虞的长子谢宝树又成为了张大千的入室弟子，弟弟谢稚柳曾追随张大千赴敦煌研究石壁画窟艺术，写成了《敦煌艺术叙录》等专著。

为什么这里要牵连出谢觐虞的挚友张大千呢？因为在后面要有因张大千引出的另一条民国亲缘社交网。

雁书新递叶边霜，芙蓉江上是斜阳。

赛珍珠评价过的才女

再接着说第一次有关"妇女回家"论争的发起者林语堂。

当年，血气方刚的廖沫沙挺枪出马杀向的这个强大的对手，又是怎样一个名满天下的家族呢？

林语堂乳名和乐，名玉堂，后改为语堂，1895年10月10日出生在福建漳州平和县的一个牧师家庭。他的父亲林至诚是一个基督教牧师，虽然薪水不高，但他还是决定送林语堂去当时在国际上已负盛名的上海圣约翰大学接受西方教育，于是在变卖旧产后，筹得了送孩子入大学的最低学费。

从此，林语堂便走上了中西文化兼收并蓄的道路，逐步成为了享誉东西半球的世界级作家，1975年，又被推举为国际笔会副会长。在1912年的上海圣约翰大学里，17岁的林语堂很快就成为了校园明星。这时，他认识了隔壁圣玛丽女校的大美女陈锦端。

陈锦端是厦门巨富陈天恩的女儿。但是陈天恩早已经为陈锦端物色好了一个名门大户的子弟，所以在父亲的压力下，陈锦端最后屈服了，于是这个爱情悲剧也就成了林语堂永远的伤口。他这样说过："吾所谓钟情者，是灵魂深处一种爱慕不可得已之情。由爱而慕，慕而达则为美好姻缘，慕而不达，则衷心藏焉，若远若近，若存若亡，而仍不失其为真情。此所谓爱情。"也许这就是他和陈锦端的爱情吧。

但是拒绝林语堂成为女婿的陈天恩，又给他介绍了一个女孩，她叫廖翠凤。廖翠凤是鼓浪屿首富廖悦发家的二小姐，圣玛丽女校的学生，也是绝对的名媛。因为她和林语堂的姐姐是同学，所以她早就对林语堂情有独钟。

订婚前，廖翠凤的母亲担心女儿，就苦口婆心地告诉她说：林语堂家里穷，你要想好了。但是廖翠凤斩钉截铁地对母亲说："没有钱不要紧！"

就是这句话，造就了一段半个多世纪的金玉良缘，也成就了一个精英家族。结婚后，廖翠凤就把结婚证书烧掉了。她说："结婚证书只有离婚才用得上，我们一定用不到。"

很快，林语堂和廖翠凤就有了3个千金。大女儿叫林如斯，是英文翻译。小女儿叫林相如，是大学教授。二女儿叫林太乙，是绝对的大才女，香港中文大学出版社社长的太太。

林太乙17岁就出版了一部用英文写作的小说《战潮》，18岁在纽约陶尔顿中学毕业，然后就去了耶鲁大学教中文，成为了耶鲁大学的中文教授，而她的学历只有高中。39岁后，出任美国《读者文摘》中文版总编辑，并且23年没人能顶替她。

在20世纪30年代前期，《中国评论周报》中的一个闲话中国政治、社会的专栏《小评论》，引起了后来唯一同时获得过普利策奖和诺贝尔奖的女作家赛珍珠的注意，她对作者的无畏与幽默才能很是钦佩，于是就想要见见《小评论》的作者林语堂。

1933年的一个晚上，他们终于见面了，也成了很好的朋友。之后，林语堂就在赛珍珠的鼓励下开始着手用英文写作《吾国与吾民》，在美国出版这本书时，赛珍珠又给作了序言。

就是这个赛珍珠，她曾经给幼小的林太乙写下这样的评语："从她的文笔和行事观察，都看得出她刚毅的性格；她聪明、活泼，却从不自觉高人一等。如果有一天，我发现她真实的天才，自她清明的眼神中透射出来，我一点也不会吃惊。"

同心相牵挂，一缕情依依。岁月如梭逝，银丝鬓已稀。林语堂和廖翠凤用60年的时间，用"男女互补所造成的幸福"（林语堂语），终于将这个精英家族推向了新的阶段。

历史就是这样在关系网的编织中向前蔓延，闲云潭影日悠悠，物换星移几度秋。

第三章
尘封岁月中的名门与名人

关系广阔的《新民报》大老板

在民国有过一张叫作《新民报》的报纸。应该说，它不仅承担过重要的历史使命，而且还是民国社交圈里的重要环节。

1943 年，王右家发现前夫与民国名流杨度的女儿杨云慧有婚外情，这让喜欢"惊世骇俗"的王右家也无法忍受，于是她选择了离家出走，远去了印度，后来又"老大嫁作商人妇"。

应该说杨云慧也是民国社交网上的一个重要环节。她的曾祖父杨礼堂做过正四品都司，大祖父杨瑞生做过总兵，而父亲杨度又是杨瑞生从弟弟杨懿生那里过继来的儿子。所以通过杨瑞生的关系，杨度就成为了一代名儒王闿运的学生，而且是他的得意门生。同时，杨度的妹妹杨庄也成为了王闿运的四儿媳妇。后来又和汪精卫、蔡锷、齐白石是同学，也是康有为、梁启超、黄兴的好友。

杨度做人很有意思。他是著名书法家，又是清政府的四品大员；他同时既赞同孙中山又帮过袁世凯；他给杜月笙当过师爷，又和潘汉年、伍豪的关系密切……所以他是中国近代史上一个奇特的政治家，具有分裂的政治人格。

时间又过去了三年，王右家的前夫就和《新民报》社的第一位女记者有了关系。

这位女记者叫浦熙修，她和她的姐妹们（姐姐浦洁修，中国民主建国会中央委员会名誉副主席；妹妹浦安修，著名的教育家，彭德怀夫人）创造出了一个在中国历史上不朽的"名门"——北师大著名的"浦氏三姐妹"和"嘉定三女杰"。

浦熙修原名浦婴修，她的父亲浦友梧当时只是北洋政府交通部的一个小官吏。但是他作为文化人知道教育的作用，于是浦熙修7岁时来到北平后，就考进了北平女子师范大学附属小学。在这里，浦熙修便开始了她的辉煌历程。

从师范附小毕业后，浦熙修进入了师范附中，然后又考上了北师大中文系。在大学里浦熙修有了一个恋人，他叫袁子英，但是他们的婚姻最后还是失败了。

在《新民报》社，浦熙修作为第一位女记者和采访部主任，在日军偷袭珍珠港，轰炸了香港之后，大批"高等华人"争购飞机票逃往大后方重庆时，曾经写出一篇轰动整个山城的稿件。

那天，她在重庆机场采访时，见到宋霭龄的女儿孔令伟（孔二小姐）款款走下重庆国民政府去香港抢运民国要人（包括宋庆龄、何香凝、柳亚子、邹韬奋、茅盾、陈寅恪、陈济棠等）的飞机，怀中还抱着一只"洋狗"。同时，她又注意到当时的国民参政会参政员、也是中国现代的出版大家，担任过商务印书馆总经理的王云五，在机场一角眼巴巴地望着飞机，未曾接到他的夫人。于是，她便发了"孔二小姐的狗坐上飞机"以及"王云五的夫人未曾坐上飞机"的消息。由于送审时两条消息各归各，检查官未加注意，所以第二天这两条消息就一起见了报，后果可想而知。

这里多说一句，现在有学者争论说孔家抢运"洋狗"是以讹传讹，其实孔二小姐是接机人员，而狗则是属于外国人的。据黄炎培说："狗非孔氏物，乃（美国）机师所有。"宋庆龄也证实事实如此。

在这篇报道轰动整个山城后，当局震怒。这时，《新民报》社的老板邓季惺出面了。她并没有依照当局的意思开除浦熙修，而是通过上下打点、疏通关节，最后不仅保住了《新民报》的阵地，还保住了浦熙修的饭碗……

《新民报》是浦熙修一生中最为辉煌的地方，也是她幸与不幸的根，可以说如果没有《新民报》和《新民报》的老板，也就没有浦熙修后来的一切。

《新民报》1929 年 9 月 9 日在南京创刊，先后出南京、重庆、成都、上海、北平（今北京）等版，主办人是陈铭德、吴竹似、刘正华，总主笔是罗承烈，副总主笔是赵超构。

但是，主办人陈铭德并不是真正的老板，真正的老板是他的夫人邓季惺。

有这般能力的邓季惺又是怎样的人物呢？

邓季惺出身于四川奉节的世代绅商之家，祖父三代都是当时的巴蜀商界名人。

她的父亲邓孝然曾任清末时中国银行四川分行行长。

她的叔叔邓孝可是引发辛亥革命的"保路运动"的宣传鼓动急先锋，参与创办了四川咨议局机关报《蜀报》并曾担任主笔。

她的母亲吴婉是著名老同盟会员吴梅修的妹妹，北京女子高等师范毕业生，在重庆创办过当地的第一所女子学堂。

邓季惺 14 岁就考入了重庆四川省立第二女子师范学校，成为了恽代英、萧楚女、张闻天的学生；27 岁就和当时的爱国知识妇女，也是她的朋友曹孟君、谭惕吾等人发起组建了"南京妇女文化促进会"；28 岁时又与冯玉祥的夫人李德全一起成立了南京妇女救国会。

邓季惺的政治活动波澜起伏，爱情生活也是一波三折。

1923 年，16 岁的邓季惺（当时叫邓友兰）认识了女友吴淑英的弟弟、出身于江苏武进官宦世家的吴念椿。

被人称为"少年才子"的吴念椿和邓季惺相恋后，为了与"友兰"这个名字相陪衬，于是就将自己的名字改为了"竹似"。

1925年，19岁的吴竹似从复旦大学新闻系毕业后就到南京中央通讯社做了记者，同年与邓季惺结婚。22岁时，他与朋友陈铭德、刘正华一起在南京开办了《新民报》。

但是天不遂人意，1931年7月，25岁的吴竹似因病去世了，此时他们最小的儿子才1岁多。就在邓季惺悲痛欲绝时，吴竹似的好朋友陈铭德来了。再后来他们就相恋了，1933年1月，他们在北平结婚。

陈铭德是北京国立法政大学毕业生，创刊《新民报》后任社长，后来成为了中国报业的巨子。给他做过副刊主编的精英人物就有吴祖光、孙伏园、施白芜、陈白尘等等。

1948年，中国大地炮声隆隆。

6月17日，古城开封易手，国民党空军日夜轰炸，导致大批市民伤亡。立法委员邓季惺在立法院领衔提出"停止轰炸城市"的临时动议，有30多名立委联署。第二天，南京《新民报》日刊在头版刊登了这一新闻，并引起了强烈反响，北平的104位教授以及河南省参议员都分别发表宣言，抗议轰炸开封。但是邓季惺没有想到"反对轰炸运动"竟然会成为南京《新民报》的"滑铁卢"。

6月30日，蒋介石亲自做出了南京《新民报》永久停刊的决定。7月8日晚上9点多，蒋介石亲书的停刊手令送达到了《新民报》社。于是，这张几乎与国民党南京政权相始终，以其非凡的努力见证了一个时代的风云的报纸，就这样完成了自己的历史使命。

星移斗转。2005年3月，中国经济学杰出贡献奖在北京颁奖，其中的获奖者之一，就是吴念椿和邓季惺最小的儿子、现在中国最杰出的经济学家、著名市场经济学者、中国经济学界的泰斗吴敬琏先生。

吴念椿和邓季惺以及陈铭德都是报人出身，他们和经济学并不搭界，为什么吴敬琏却选择了这个行业呢？因为这里又有了一个新的关系纽带出现。

1971年，吴敬琏因为"拒不交代问题"被关进了劳改队。

在这里，他和一个叫顾准的"老劳改犯"住在了一起。正是这个"老劳改犯"让吴敬琏的思想产生了质的变化。后来他回忆说："顾准是我的良师益友，他给了我非常重要的影响，甚至可以说导致了我人生道路的重大转折。我后来的政治倾向、学术观点、治学态度以及为人处世，无不浸润着他的教益。"

"老劳改犯"顾准是中国当代学者，思想家，经济学家，会计学家，历史学家，也是在中国第一个提出社会主义市场经济理论的人物。

可以说顾准是一个天才，他15岁时，就以其会计学方面的成就和造诣，在上海工商界崭露头角，被那些大老板们誉为"奇特的少年天才"。他19岁完成的会计学著作《银行会计》一书，成为国内第一本银行会计教材，被各大学采用，同时他也成为了大学的兼职教授。正是在顾准的影响下，吴敬琏才坚定地选择了经济学这条人生道路。

1975年10月，顾准的肺病加重了，于是他利用最后的机会和吴敬琏作一次长谈。12月2日午夜，顾准挣扎着用几乎听不见的声音和手势示意吴敬琏，说出了一生中的最后一句话："打开行军床，休息……"

这时的邓季惺和陈铭德，也正戴着"右派"的"帽子"，在苦苦挣扎着……

寻芳不觉醉流霞，依树沉眠日已斜。客散酒醒深夜后，更持红烛赏残花。

革命圣地的名媛

1937年5月的一天，在武汉八路军办事处门口，有一男一女两个小孩子吵着要进办事处。工作人员问他们有什么事情，他们说要报名到延安参加抗日。工作人员看他们年纪太小又无熟人介绍，当然就拒绝了。后来男孩子因为有别的事情就先走了，可是女孩硬是不走，站在门外哭泣。卫兵越是劝，她就越哭得厉害。正在这时，外出办事的伍豪先生正好归来，便走过去询问。他摸着小姑娘的头说："才16岁呀，你还是个娃娃嘛，你回去问一问你父母亲同不同意你去。"

谁知他这样一问，女孩哭得更厉害了："我没有爸爸，爸爸被国民党枪毙了！"伍豪急忙问道："你爸爸是谁？"

"孙炳文。"女孩答道。

伍豪大吃一惊，他一把抱住她问道："你是小维世吧？我是你爸爸的好朋友……"于是女孩失声痛哭。

这个小女孩正是孙维世，那个男孩就是她的哥哥孙泱。从此，孙维世就成了伍豪先生的干女儿。

而他们的父亲孙炳文就是邓季惺在重庆四川省立第二女子师范学校的老师恽代英的战友和至交，而他加入中国共产党的介绍人则是伍豪。

孙炳文，字浚明，出身农家。但是天资聪敏的他在后来的生命历程中却创造出了民国乃至新中国最富有传奇色彩的婚亲关系。

1908年，孙炳文考入了北京京师大学堂。1910年初，他同喻培伦、黄复生、刘云门、汪精卫等人一起参加了暗杀宣统摄政王载沣的密谋。后来因为他又抨击学校当局是"叶公好龙""尸位素餐"，于是被学校开除，他只好含愤离开了京师大学堂去保定高等学堂插班暂读。

也许是天怜英才，1911年辛亥革命爆发后，京师大学堂改为北京大学，由严复任校长。严复上任后便恢复了孙炳文的学籍，因此孙炳文又重新回到了北大直至毕业。

1913 年，孙炳文与任纬坤在北京结婚。从此，孙家这个农户家庭终于同任家这个"名门"有了姻缘的纽带，同时也就和众多的精英人物有了交往。

任纬坤（又名任锐），她是辛亥革命前辈任芝铭的二女儿，任纬坤的妹妹任载坤则是"现代新儒家"、中国著名哲学家冯友兰的夫人。冯友兰和任载坤的女儿，也就是孙维世的表妹叫宗璞（冯钟璞），她是当代著名的女作家，而宗璞的堂妹、文学史家冯钟芸则是国学大师任继愈的夫人。

孙炳文与任纬坤在北京结婚后，这时由于铁血团事败，北京反动势力更加猖獗，形势险恶，所以孙炳文与任纬坤便不得已离开北京回到了四川。

伍豪收养孙维世作为了自己的养女，1937 年孙维世来到了延安。

这时的延安是革命的"圣地"。在黄土灰飞的空气中，孙维世像一只飞来飞去的蝴蝶，有着"红色公主"之称。1939 年 3 月，孙维世又被伍豪从延安带到了莫斯科中山大学和莫斯科戏剧学院学习。

从莫斯科回来后，孙维世找到了自己的爱情，嫁给了著名的戏剧艺术家、中国的"话剧皇帝"金山。

金山（原名赵默，字缄可）当然也是民国绝对的精英人物，他发迹于十里洋场的上海滩，一生经历颇有传奇色彩。

他交结过杜月笙，也和赵丹、田汉、夏衍是朋友，还和李宗仁、伍豪、陈嘉庚等都有交往，和大名星王莹也有过关系，而王莹又和后面要说到的很多民国社交圈里的人物有着密切的关系。他的前妻是张瑞芳，他和张瑞芳结婚的证婚人就是杜月笙。在孙维世去世后，他又和孙维世的妹妹孙新世结婚……怎么样，这够精英了吧？

再说他的前夫人张瑞芳，她和伍豪也有着关系，曾经担任过当时上海地下党和伍豪之间的单线联系人。

张瑞芳的父亲叫张基，曾任保定陆军军官学校炮科科长，北伐时担任过第一集团军中将炮兵总指挥。可是这个在北伐时屡立战功的精英人物，后来竟然只因一个并非他的过错而造成的军事失误，就自戕于徐州前线。事后，国民革命军总司令蒋介石亲赠了一幅"精神不死"的绸幛予以哀悼。张瑞芳的母亲杜健如又名廉维，她是"五四"运动的积极加入者，也是伍豪的朋友，所以她去世后的墓碑也是伍豪题的字。

张瑞芳和金山结婚前的丈夫叫余克稷。

余克稷在20世纪40年代就是重庆电力公司的总工程师，解放后也一直担任着省级电管局的总工程师，是当了一辈子总工程师的人。可是他却爱好文艺，创办了重庆的第一个业余话剧团体——怒吼剧社，并且和伍豪也是好朋友。

对了，还得说一下，那个在武汉八路军办事处门口吵着要进办事处的小男孩，也就是孙维世的哥哥孙宁世后来就成为了朱德的秘书，再后来就是中国人民大学的副校长。

从孙维世到金山，又从金山到张瑞芳……民国这姻缘是不是很有趣？

延续 700 年家族中的闺秀

1902 年 12 月，一个 19 的女孩得到了一项艰巨的任务——他的父亲委托她远赴欧美去演说国事。

他父亲相信女儿一定能堪当此任，当然这个女孩也确实圆满完成了父亲的委托。她就是月季夫人蒋恩钿"二徒弟"罗仪凤的母亲，中国近代著名政治家、思想家、社会改革家、书法家和大学者康有为的女儿康同璧。

康同璧字文佩，号华蔓，她是康有为的次女，先后就读于美国哈佛大学和哥伦比亚大学，辛亥革命后曾任万国妇女会副会长、中国全国妇女大会会长，是著名的社会活动家。

当然，延续700年的家族中，不会只有她一个伟大人物的出现，她的姐姐康同薇也同样是一位精英女士。

康同薇字文僩，号薇君。她15岁时，正是父亲在百日维新中忙于昼夜奋笔疾书的日子。康有为向光绪帝进呈的最为重要的变法理论著作《日本变政考》，皇上是频频催要，康有为只好快速地编写，"一卷甫成，即进，上复催，又进一卷"。这时康同薇便大显身手了，她根据父亲提供的大量日文资料先将其译成中文，这才使康有为能够更顺利地完成皇上交办的任务。

20岁那年，她又在上海与梁启超夫人李惠仙等人共同创办了《女学报》，这是中国最早由妇女主办的以妇女为阅读对象的报刊，其开创意义不可低估。她写的《论中国之衰由于士气不振》《女学利弊说》等论文都是维新变法的重要文章，同时她也是中国第一个女性新闻工作者和《知新报》的重要撰稿人之一。

康同薇的丈夫麦仲华（字曼宣）是康有为的弟子，先后留学英国、日本，学贯中西。麦仲华的哥哥麦孟华也是康有为的得意弟子，少时与梁启超齐名，在草堂弟子中有"梁麦"之称。

麦仲华参加过"公车上书"，在上海参与创办不缠足会，做过《时务报》的撰稿人，也是戊戌变法时的核心人物之一。1915年袁世凯称帝前曾两次召麦仲华相见，并许以教育总长的位子，但是麦仲华却都拂衣不见并运动倒袁。1916年春，袁世凯称帝后，麦仲华便因气火攻心而死。

康同薇的六妹叫康同复（中间者均早逝）是潘若海的夫人。

潘若海又是什么人物？在清末预备立宪期间，潘若海是梁启超联络清廷权贵、谋开党禁的重要人物；在袁世凯内阁成立后，他又担任了袁世凯的联络员。

康家的关系网到这里当然没有结束，因为康同薇的弟弟康同箴是两广总督岑春煊的女婿；另外一个弟弟康同凝则是庞莲的丈夫。

　　庞莲是什么人物？她是庞青城的女儿。庞青城又是什么人物？本书后面再告诉你。应该说康家的关系网是真正的天罗地网。

　　看到这里，你好像是对民国精英们的家族姻亲师友网有了一些了解。可是且慢，因为这张网实在大得如空气，尽管你无时无刻不在使用，却从来看不清楚它的真面目，这便是所谓的"大音希声，大象无形"。

第四章

三大美媛与海宁名门的盘根错节

南唐北陆，一道亮丽的风景

1941 年。上海。

太平洋战争的炮火硝烟并没有让这个花花世界萧条败落，这里仍然是歌舞升平，"隔江犹唱后庭花"。

在那个夏天，一个 16 岁的少女像一只白蝴蝶一样，第一次飞进了上海最著名的综合性娱乐场所百乐门。在这里，她跳了平生的第一支舞，舞伴是荷兰银行的总经理。这个少女叫唐薇红，英文名 Rose，曾经是上海滩的第一代名媛。

她人如其名，高贵、惊艳，让人迷恋其芳华，而且她还才识过人，学贯中西，"腹有诗书气自华"。据说香港大导演李安在拍电影《色·戒》时，为了弄明白旧上海的社交礼节，就专门向她请教过。

这个当年夜上海万众瞩目的名媛的父亲又是干什么的呢？唐薇红的父亲唐乃安是上海的名医，同时也是清政府获得庚子赔款资助的首批留学德国的留学生，还是中国第一个留洋的西医。她的大哥唐腴胪曾经做过冯玉祥的秘书、淞沪警备司令钱大钧的秘书，后来又和好友宋子文一起留洋，毕业于哈佛大学经济系。于是从 1930 年开始，唐腴胪就给时任财政部长的宋子文做机要秘书。1931年5月，唐腴胪又成为了曾任南京政府行政院院长的谭延闿的大女婿。

可是不幸也接踵而至。

1931年7月23日，在上海火车站发生了一场激烈的枪战。杀手是著名的暗杀大王王亚樵，刺杀对象是宋子文，但是却李代桃僵，宋子文奇迹般地毫发无损，而唐腴胪却死于非命，时年仅32岁。

1943年，唐薇红和在百乐门认识的男友结婚了，婚礼设在了上海滩赫赫有名的华侨饭店。她的丈夫是浙江宁波的富家少爷，当时是上海海关的公务员。

时间流逝，转眼就到了1963年。这一年，38岁的唐薇红提出了离婚，20年的婚姻解体了。两年后，唐薇红在一个外国朋友家的party上，又认识了她的第二任丈夫，他叫庞维谨。

庞维谨是庞青城的儿子，庞莲的弟弟，康同凝的小舅子。你看，民国的姻亲关系网很神奇吧？

前面说了，庞青城到底是多精英的人物，这里先不说他的关系网，因为那太大太繁杂，后面要联结的网结也太多。这里就先说说他的儿子庞维谨。

庞维谨并没什么大名气，只是一个"富N代"的超级花花公子。当然，如果你喜欢知道他们庞家到底多有钱，那别说是唐薇红，就连庞维谨自己都搞不清楚。据说前些年有一家拍卖行卖出过一幅字画，成交价格是3200万。唐薇红却微微一笑说，就像这样的字画，庞家太多了。

"腹有诗书气自华"的唐薇红如此的万众瞩目，但是她仍然有自己的"遗憾"。因为在她自己看来，自己的修养远不及年长她15岁的大姐唐瑛的十分之一。

唐薇红的大姐唐瑛是民国史上一道亮丽的风景，也是当年著名的"南唐"。唐瑛毕业于上海教会名校中西女塾，她精通英文，擅长昆曲和马术，是当年上海滩上最著名的交际名媛。

　　你想知道什么叫有钱人吗？那你就看唐瑛经常使用哪些牌子的东西。就算到今天，这些东西也一样的不俗，况且那可是80年前啊。她经常使用的东西有：Channel5号香水、Ferragamo高跟鞋、CD口红、Celine服饰、LV手袋……她有十只镶金大箱子，里面放的统统是衣服，光是昂贵的裘皮大衣，就挂了满满一整面墙壁的橱柜；她有一件旗袍，绲边上面有上百只金银线绣的蝴蝶，纽扣都是红宝石的。可以说当时欧洲上层社会用的东西，唐瑛基本上都有。

　　当时唐家专门养了一个裁缝，就是为唐瑛做衣服的。每次唐瑛穿一件新衣服出门应酬，全上海的裁缝就有得忙了，因为又有不少小姐太太们要照着这个样子去做衣服了。所以在当时的上海滩有一句话说："唐瑛一个人，养活了上海滩一半的裁缝。"

　　唐瑛与唐薇红相比，她更是"腹有诗书气自华"的大才女。1935年秋，在上海卡尔登大剧院，25岁的她用英语演出了整部京剧《王宝钏》。当时扮演王允的是《文汇报》在沪创刊之初的董事之一方伯奋，扮演薛平贵的是财政部长孔祥熙的秘书凌宪扬，唐瑛则扮演王宝钏。因为这是中国人用英语演出京剧的第一次，而且她的搭档全是当时中国的精英人物，所以轰动了整个大上海。

　　可以说当时在上海但凡有名流大亨出现的重要场合，唐瑛都会出场。有一年英国王室到上海访问，唐瑛表演了钢琴和昆曲，于是所有报纸都刊登了她的玉照，其光彩完全盖过了王室。她曼妙的舞姿、高雅的谈吐，已经成为了老上海的一道沉香。

　　因为哥哥唐腴胪的关系，后来唐瑛成为了宋子文狂追的恋人。不过由于她老爸的极力反对，这段恋情终无结果，只留给后世一抽屉炽热的情书。

民国时期活跃于上海画坛的著名人物、现代书画家、美术史论家、文学家、实业家陈定山先生曾经这样说过："上海名媛以交际著称者，自陆小曼、唐瑛始。"他认为，她们既有血统纯真的族谱，更有全面的中西文化的调理；她们都持有著名女子学校的文凭；她们讲英文，又读诗词；学跳舞钢琴，又习京昆山水画；她们动可以飞车骑马，打网球玩女子棒球甚至开飞机；静可以舞文弄墨，弹琴练瑜伽。这就是社会公认的名媛。

"南唐"如此多娇，那排在她后面的那个"北陆"又是何等名媛呢？说来也巧，她和唐瑛是惺惺相惜的好朋友。"北陆"叫陆小曼——陆小曼到底有多精英？咱先看看那些大精英人物对她的描述吧。

胡适说："陆小曼是一道不可不看的风景。"郁达夫说："陆小曼是一位曾振动20世纪20年代中国文艺界的普罗米修斯。"刘海粟说："陆小曼的旧诗清新俏丽，文章蕴藉婉约，绘画颇见宋人院本的常规，是一代才女，旷世佳人。"王映霞说："她确实是一代佳人，我对她的印象，可以用'娇小玲珑'四个字概括。"而她的丈夫徐志摩则说："她一双眼睛也在说话，睛光里荡起，心泉的秘密……"

陆小曼没起英文名字，但是她的笔名"冷香人"却人如其名，高贵，冷艳。陆小曼出身于书香之家，她的父亲陆子福是日本早稻田大学留学生，也是日本著名首相伊藤博文的学生。因为陆子福是神童，每考必中，所以后来长辈就替他改名叫陆定。

陆定后来是同盟会会员，同时也是中华储蓄银行的主要创办人。陆小曼的母亲叫吴曼华，她是常州白马三司徒中丞第吴籽禾的长女。吴曼华多才多艺，是对古文有较深功底的大才女。据说她老公陆定在担任贝子贝勒学校的教师时，这些王子王孙写的文章作业带回家后都是由吴曼华帮助批改的。

陆小曼毕业于法国圣心学堂，她17岁就精通英、法两国语言，钢琴、油画也全在行，而且还是美术大师刘海粟的徒弟。到18岁时，她就已经闻名北京的社交界。

当时的陆小曼绝对是北京城的一道亮丽风景（唐瑛则是大上海的一道亮丽风景，所以才叫"南唐北陆"）。据说她每次到剧院观戏或是去中央公园游园时，外国和中国的大学生们往往是前后数十人，或给她拎包，或为她持外衣，而她则高傲至极，对那些人根本就不屑一顾。

1927年，在中央大戏院举行的上海妇女界慰劳剧艺大会上，24岁的陆小曼与17岁的唐瑛联袂登台演出了昆剧《拾画》《叫画》，报纸大幅刊登出了两人的戏照。在照片中，陆小曼轻摇折扇，唐瑛走台步，两人相得益彰的美姿震动了京城。

1922年，19岁的陆小曼便遵照父母之命，嫁为了人妻。那么，能娶到"皇后"级校花的男人又是什么样的精英人物呢？

陆小曼的丈夫叫王赓，他当时是27岁的陆军上校（由于民国军队没有大校一职，所以在一年多之后又晋升为少将）。

王赓16岁就在清华大学毕业，先后曾在密歇根大学、哥伦比亚大学、普林斯顿大学、西点军校就读。在西点军校时，他和后来的美国总统艾森豪威尔是同学和好朋友。毕业后，他参加过巴黎和会，33岁就任孙传芳的五省联军总部参谋长、敌前炮兵司令、铁甲车司令、国府财政部税警总团总团长。

但是陆小曼并不快乐，她觉得自己和王赓之间在性情和爱好方面有很大的差异。就在这种心态下，徐志摩似天外来客般地闯进了陆小曼的心扉。

徐志摩和王赓也是好朋友。这时他和张幼仪已经离婚，他没追到林徽因，却追到了好朋友王赓的老婆陆小曼。

1924 年的一天晚上，陆小曼的老师刘海粟在上海有名的素菜馆"功德林"宴客，所请的客人中除了徐志摩、王赓、陆小曼母女外，还有张歆海、唐瑛、唐腴胪和唐瑛后来的追求者杨杏佛，以及唐瑛后来的丈夫李祖法等人，他们都是朋友。

这应该说是一次"鸿门宴"，因为徐志摩请求刘海粟帮忙来解决这个让人纠结的爱情问题。

刘海粟原名槃，字季芳，号海翁，他是画家，不过他的人物关系网却大得很。因为他管康有为、蔡元培叫老师，尽管康有为和蔡元培并不会画画，不过有他们的关系网罩着，刘海粟肯定画运畅通很多。

通过"鸿门宴"，陆小曼的老师刘海粟完成了这个艰巨任务。一年后，陆小曼与王赓解除了维持 4 年的婚姻。1926 年，陆小曼正式成为了徐志摩的夫人。

1926 年 8 月 14 日是中国的情人节（七夕节），在北京的北海公园里，由胡适做介绍人，梁启超做证婚人，陆小曼和徐志摩举办了后来被人们议论了很久的婚礼。

1931 年 11 月 19 日，徐志摩在济南党家庄附近坠机逝世，终年仅36 岁。

1942 年 4 月，王赓作为政府军事代表团成员，赴美期间（当时太平洋已为日军封锁）因肾病复发，医治无效于开罗逝世，终年仅47 岁。

1965 年 4 月 3 日，一代才女、旷世美人陆小曼在上海华东医院逝世，享年 63 岁……

多少前尘成噩梦，五载哀欢，匆匆永诀，天道复奚论，欲死未能因母老；万千别恨向谁言，一身愁病，渺渺离魂，人间应不久，遗文编就答君心。

呜呼！

张八妹纵横的关系网

1927年。英国伦敦。

著名华侨领袖张永福的女儿张舜琴在一场舞会上结识了一位伦敦政治经济学院的政治学博士,两人很快坠入爱河,不久就在新加坡举行了隆重的婚礼。

张永福(字祝华)是当时新加坡颇为知名的橡胶业巨子,同时也是孙中山在海外活动的主要助手。他和汪精卫关系密切,他家的"晚晴园"就是同盟会在海外的主要革命据点,他同时也是同盟会新加坡分会的副会长。1932年回国后任过国民政府侨委常委、革命债务调查委员会委员、国民党党史编纂委员会名誉编纂、广东银行副经理、汕头市长和中央银行汕头分行行长等职务。

现在,新加坡政府已经将"晚晴园"评定为国家级古迹,并永久纪念。

可是张舜琴夫妇的婚姻并不美满,据他们的邻居和好朋友梁实秋多年后回忆说:"他们一家最不安宁,夫妻勃豀,时常动武,午夜爆发,张舜琴屡次哭哭啼啼跑到我家诉苦,家务事外人无从置喙,结果是季淑(梁实秋夫人程季淑,她也是王右家的小学老师,所以民国的这些精英人物之间,总会有各种关系交织着)送她回去,我们当时不懂,既成夫妻何以会反目,何以会争吵,何以会仳离。季淑常天真地问我:'他们为什么要离婚?'"

1931年5月,他们的婚姻终于破裂,张舜琴回到了新加坡,后来成为了新加坡的首位女律师;而她的前夫这时又有了新的追求目标,她就是张幼仪。

这时,张幼仪已同徐志摩离婚,徐志摩成为了陆小曼的丈夫。但是张舜琴前夫的追求却没有成功,这才转向了追求王右家。

要说民国这姻缘关系网可真是有意思。徐志摩和张幼仪离婚后，没追到自己的苦恋林徽因，却追到了好朋友王赓的老婆陆小曼；而张舜琴的前夫没追到张幼仪，却追到了"北女大之花"王右家。

当然，"北女大之花"还是没有"三大美媛（林徽因、陆小曼、张幼仪）"之一的张幼仪更加精英，因为张美媛绝对是历史名人，她的故事从民国到新中国都是经久不衰的传奇。

张幼仪名门出身，她原名嘉玢，因排行第八所以又称为张八妹。她的父亲张祖泽是当时上海宝山县的巨富。当然巨富并不算什么了不得的事，最关键的是他的儿女们实在是太精英了。

张美媛的大哥张嘉保是上海棉花油厂的老板，上海著名的实业家，一大"油霸"。

二哥张嘉森，字士林，号立斋，后改名君劢，他是梁启超的学生，也是中国现代史上颇有影响的政治家和哲学家，民社党的创立者，被称为中国最后一位现代"儒家"。他16岁时就轻松地中了秀才，19岁留学日本早稻田大学，26岁留学德国柏林大学，28岁任冯国璋总统府秘书长。1931年10月，他在北平发起成立了再生社（后改名为中国国家社会党），他任秘书长。张舜琴的前夫最佩服和尊敬张君劢，所以这也可能是他追求张君劢妹妹的原因之一吧！

四哥张嘉璈（字公权）年轻时做过浙江都督朱瑞的秘书，后来担任了国民党中央银行总裁，是著名的金融专家，又被称为"现代中国银行之父"，是民国时代政治、金融的"两栖明星"。

八弟张嘉铸（张禹九）是哈佛大学毕业生，五四运动的文化主力，他和梁实秋、胡适、徐志摩都是朋友，同时还是巨商。他的儿子张国镳后来是激光物理领域里的顶尖国际学者。

妹妹张嘉蕊是知名的社会活动家，也是各种选秀场的名嘴评委。

要说起张嘉蕊，精英的事儿也很有意思。

那是小日本投降后，张嘉蕊住在上海的茂名路，和杜月笙是邻居，两家只一窗之隔，她和杜月笙此时的夫人孟小冬很好，而且杜月笙本身与张家的交情也很深厚。一次，她最崇拜的明星程砚秋来上海，为全面恢复唱戏做准备，就住在她家里。这时，她又听孟小冬说梅兰芳也组织好了强大阵容，要在中国大戏院盛大演出。她听说后着急万分，因为她是程砚秋的追星族，一心一意希望程派胜过梅派，也期望程砚秋的名望超越梅兰芳。于是，她就赶紧和程砚秋商量怎么办。

程砚秋说他没办法，久别舞台，早已没有了自己的班社，去哪里组织人马？于是，张嘉蕊带他去见杜月笙。杜月笙自然是不敢怠慢，满口应承。其实从程砚秋的内心来说，他是极不情愿去求杜月笙的。所以他从杜月笙家出来便长叹一声，对张嘉蕊说："我今天权作上了趟梁山啊！"

故事真真假假，但是张嘉蕊的社会关系网却是真的厉害。

再说张幼仪自己，她最精英的就是，这个名字是旧中国和新中国八卦榜上经久不衰的传奇；当然，她还做过中国第一家女子银行——中国女子商业储蓄银行的副总裁，这也很精英。

1912 年 7 月，12 岁的张幼仪在二哥张君劢和四哥张嘉璈的帮助下，进入了江苏都督程德全在苏州创立的"江苏省立第二女子师范学校"读书。在这里，她受到了先进的教育。

但是 3 年后，还没结业的张幼仪突然就被接回家成亲了。因为她四哥张嘉璈当时任浙江都督朱瑞的秘书，在一次巡视学校时，他发现杭州一中有一位才华横溢的学生，于是他决定让妹妹和这个才华横溢的学生联姻。这个才华横溢的学生就是徐志摩。

1918 年，18 岁的张幼仪生下长子徐积锴后不久，徐志摩便留洋美国。1920 年，徐志摩坠入了迷恋林徽因的情网。1922 年，这对才子佳人的婚姻终于走到了尽头，张幼仪与徐志摩在柏林签字离婚，同时他们也是中国历史上依据《民法》办理的第一桩西式文明离婚案。

在徐志摩没有追到林徽因而成为了陆小曼的丈夫后，徐家并不认可陆小曼，于是他们就把张幼仪当成了自己的干女儿。后来，张幼仪也到了德国留学，然后就在东吴大学教德语，又在张嘉璈的支持下出任上海女子商业银行副总裁。与此同时，她八弟张嘉铸又与徐志摩等人在静安寺路开了一家云裳服装公司，并让张幼仪出任该公司的总经理。此时她已经是徐志摩的干妹妹了。

云裳服装公司是中国第一家专为女性开办的服装公司，相当于巴黎的高级时装店。当时在巴黎流行的某一款时装没过几天，基本上就会出现在上海街头，而且全是出自"云裳服装公司"，所以这里又是唐瑛和陆小曼时常光临之处，因此她们也都成了熟人。

1934年，张君劢成立的国家社会党又邀请张幼仪来管理该党财务，这也是她一生中最为威风八面的时刻。

1954年，张幼仪在香港又找到了新的爱情，她和曾留学日本又在上海行医的苏纪之结婚。

1967年，67岁的张幼仪又一次踏上了英国和德国的土地。在英国康桥、德国柏林故地重游时，她站在当年和徐志摩居住过的小屋外，竟然没办法相信自己曾那么年轻过。"我是秋天的一把扇子，只用来驱赶吸血的蚊子。当蚊子咬伤月亮的时候，主人将扇子撕碎了。"

是啊，人生如梦，转眼已是百年。

1988年，经过漫长与坎坷之路的一代美媛，在美国纽约凋谢了。

有人曾经问张幼仪爱不爱徐志摩，她答道："你晓得，我没办法回答这个问题。我对这个问题很迷惑，因为每个人总告诉我，我为徐志摩做了这么多事，我一定是爱他的。可是，我没办法说什么叫爱，我这辈子从没跟什么人说过'我爱你'。如果照顾徐志摩和他家人叫作爱的话，那我大概是爱他的吧。"

这堪称经典的"爱情定义",虽然晦涩,却有着"问世间、情为何物?直教人生死相许。君应有语,渺万里层云,千山暮雪,只影向谁去"的韵味。

读书消得泼茶香,当时只道是寻常。此情可待成追忆,只是当时已惘然。人生的命运就是如此的无奈与纠结,美媛更是无法逃脱。

海宁名门才子的姻缘亲朋

1897年1月15日。浙江海宁硖石镇。

这天,海宁名门徐申如府上张灯结彩,因为他的小公子降生了。徐申如给这个小公子取名徐章垿,字槱森,小字幼申,因为他和父亲徐申如一样也是属猴的。

徐章垿是徐家的长孙独子,所以他自小便过着舒适优裕的公子哥生活。11岁进入硖石开智学堂从师大儒张树森先生,由此打下了坚实的古文根底,而且他的学习成绩也总是全班第一。

1910年,14岁的徐章垿离开了家乡来到杭州,经一个很有威望的表叔介绍,考入了杭州府中学堂,与后来的著名大作家郁达夫同班。这时他也爱好文学,并在校刊《友声》第一期上发表论文《论小说与社会之关系》,同时他还对科学饶有兴味,发表了《镭锭与地球之历史》等小论文。

1915年,徐章垿毕业于府中学堂,又考入了上海沪江大学,也就是在这一年,他由家庭包办与一个旷世美媛结婚了。

1916年秋,徐章垿离沪北上,来到了天津的北洋大学法科学习。第二年,由于北洋大学法科并入北京大学,于是他也就随着转入了北大就读。在这里,徐章垿进入了人生的广阔天地,经过张君劢、张公权的介绍,他成为了梁启超的徒弟,还举行了隆重的拜师大礼。可以说梁启超对徐章垿的一生影响是巨大的,他在徐章垿心目中的地位是举足轻重的。当然,梁启超后来的儿媳妇对他的影响更是巨大的。

1918年8月14日,已经为人父的徐章垿决定从上海启程赴美国留学。这时,他的老父亲告诉了他一件事情——在他小时候,有一个名叫志恢的和尚曾经替他摸过头,并预言说"此人将来必成大器",所以现在父亲决定为他更名叫徐志摩。

从此,徐志摩这个名字便刻进了中国历史。家庭包办给他的旷世美媛,当然就是他一生遇到的几个女人里面最爱他的张幼仪了。

留学第一年,徐志摩进的是美国乌斯特的克拉克大学历史系,他幻想自己能成为中国的"汉密尔顿"。十个月后,他获得了学士学位并得了一等荣誉奖。接着他又转入纽约的哥伦比亚大学研究院经济系。这时中国大地的革命浪潮已经风起云涌了,《新青年》《新潮》等杂志不断流入在美国的中国留学生中,于是他的学习兴趣逐渐由政治、经济转向了文学。当然,精英永远精英,他转向文学后很快又获得了文学硕士学位。

1920年,徐志摩受到英国哲学家罗素的影响,毅然拒绝了哥伦比亚大学博士学位,买船横渡大西洋来到了英国。请注意,是买船并不是买船票,你觉得海宁名门徐府应该有怎样的实力?

徐志摩来到英国后,却不料罗素的个人生活发生了意外的变故,于是他没能实现跟随罗素从学的夙愿,结果在伦敦政治经济学院里混了半年。就在他感到郁闷想要换路走的时候,却结识了偕女周游欧洲,正在英国伦敦与梁启超等人倡组"讲学社"的林长民。于是在林长民的介绍下,徐志摩认识了英国著名作家高斯华绥·狄更生,接着又由狄更生的介绍和推荐,以特别生的资格进入了英国康桥大学皇家学院学习。

林长民又是何等精英人物呢?

林长民又名则泽,字宗孟,号双栝庐主,自称苣苳子、桂林一枝室主。他是日本早稻田大学政治经济系留学生，参与草拟过《中华民国临时约法》，历任福建省谘议局秘书长、武昌起义后的临时参议院秘书长、民国众议院秘书长、段祺瑞内阁司法总长、北京政府宪法起草委员会委员，1925 年 11 月 24 日不幸身亡，终年只有 49 岁。

徐志摩在结识林长民的同时也结识了林长民的女儿、后来他师傅的儿媳妇、"人艳如花"的"才女"、民国"三大美媛"之一的林徽因。从此，在中国历史上便不停地演绎着他们这段春江花月夜的传奇故事。

徐志摩在英国也住了两年，康桥的这段生活对他一生的思想有着重要的影响，也是他思想发展的重要转折点。在康桥，他崇拜的偶像不再是美国的汉密尔顿而是英国的雪莱和拜伦，于是他"换路"了，走入了诗人的行列。后来，他成为了许多大学的教授，写出了精美诗和散文，成了印度大诗人泰戈尔的密友，陪同泰戈尔一起出访日本，泰戈尔还给他取了一个印度名字叫素思玛（Susima）。

徐志摩的成就是显现的，但是你能知道他取得这些成就的原动力吗？也就是说，你知道海宁名门徐申如的姻亲网吗？

先说徐家与海宁另外一个名门望族的关系。

1916 年，徐家的小姐徐禄出嫁了。她是徐申如的小堂妹，也就是徐志摩的堂姑；迎娶徐禄的则是海宁查家"敬业堂"赫山房的查枢卿。

查枢卿也许不是什么大名人，但是查家绝对是浙江海宁的名门望族，曾经有着"一门十进士，兄弟三翰林"的精英史，号称"千古一帝"的康熙就给他家写过"澹远堂""敬业堂""嘉瑞堂"之类的匾额。

查枢卿和徐禄后来有了一个儿子起名叫查良镛，他也是徐志摩的小表弟，比徐志摩小 27 岁。徐志摩的这个小表弟也是绝对精英的人物，他 15 岁就与同学共同编写出了《献给投考初中者》的指导书，这本畅销内地的书也开启了他的写作生涯。

1955 年，31 岁的查良镛在香港《大公报》与梁羽生、陈凡一起开设了《三剑楼随笔》，成为了专栏作家，并在同年写出了第一部武侠小说《书剑恩仇录》，从此这部武侠小说所用的笔名"金庸"，便成了查良镛风靡世界的代号。

当然，徐家与查家的关系网并不是始于查枢卿和徐禄。徐志摩的姻亲姊母查品珍，本来就是查良镛同宗的远房姑姑。同时，徐志摩的启蒙塾师就是查家"澹远堂"的查桐轸，而查桐轸的儿子查猛济后来又是徐志摩儿子徐积锴的塾师。

查枢卿和徐禄的女儿叫查良璇，她是国际著名建筑结构专家和建筑"纠偏大师"曹时中的夫人。曹时中一生纠正的倾斜建筑不计其数，故有"大力士"之称号。他有两个精英事：一个是应邀前往意大利拯救比萨斜塔，一个是所谓的"受贿案"。不过这个所谓的 11.45 万元"受贿案"很快就被摆平。之后，他又被《半月谈》评为了年度中国十大新闻人物和央视《东方时空》第一批接受采访的"东方之子"。

查良镛的堂哥叫查良铮，这个名字大家可能不太熟悉。但是，如果要告诉你，他后来还有一个名字叫穆旦，现代诗人应该都会知道，而且这个名字的影响力绝对不应该低于"金庸"，因为他是中国现代诗歌的第一人。

1963 年，台湾《皇冠杂志》发表了一篇自传式长篇小说《窗外》，它的作者叫琼瑶。很快琼瑶这个名字便风靡于世，现在好像人们都知道有一个《还珠格格》的电视剧，这也是她的作品。

琼瑶本名陈喆，她的作品能风靡于世，你不要觉得有多奇怪，因为她本来就是书香门第里熏陶出来的。

琼瑶的父亲陈致平是大教育家陈垣的入室弟子，著名历史学家、宗教史学家和辅仁大学校友会会长。陈致平的父亲陈墨西是书画大师李瑞清的学生，也是第一期同盟会的会员，曾担任过孙中山大元帅府谘议、北伐军总司令部政治顾问。

琼瑶的母亲袁行恕则是民初的银行家、中国银行业之父、第一任交通银行行长袁励衡的三女儿。

袁励衡的大女儿、袁行恕的大姐叫袁晓园，她是中国的第一位女外交官、女税务官、著名语言文字学家、书画家；也是著名的南社诗人、政治活动家叶楚伧（国民政府立法院副院长、庞青城的学生）的儿媳妇，曾任民国国防部二厅厅长的叶南的夫人。

袁励衡的弟弟、也就是袁行恕的叔父袁励准是末代皇帝溥仪的老师，现在你看到的北京"新华门"上的金字匾额，那就是他的手书。他的三子，也就是袁行恕的堂弟叫袁行云，他的夫人就是查良镛的堂姐查良敏。

袁行云的妹妹叫袁行庄，她后来成了作家就改名为袁静，她的代表作叫《新儿女英雄传》，你看过还是没看过？不管你是否看过袁静的作品，但是袁家与查家、查家与徐家、袁家与陈家的姻亲网络却是很有意思的。

93年过去了，康桥流水依然；82年过去了，没带走一片云彩的徐志摩，为了心中的苦恋还仍然融化在那云彩里……

风流儒将的庞大网系

1929年，初冬。蒋冯战争爆发。

中原大地硝烟四起，炮声隆隆。此时国民政府委员、代理陆海空军总司令的唐生智也起兵讨蒋，他的老师也为他出谋划策，并于12月5日通电全国力劝蒋介石下野，接着又出兵直指南京。12月7日，国民政府下令拿办唐生智，10日，蒋介石发"告前方将士书"誓灭唐生智，同时各派军阀也多表示不支持唐生智。1930年1月，唐生智终于在兵败后逃往国外。

3月，曾经帮唐生智出谋划策的老师被捕了。他先被关押在杭州西湖的蒋庄，不久又被押解至南京，关押在三元巷军法处的看守所待审。这时，这个老师的被捕让大诗人徐志摩寝食难安，但又无计可施。

为什么徐志摩对这个老师如此关心？因为这个老师叫蒋百里，他的夫人查品珍就是徐志摩的亲戚，也是查良镛同宗的远房姑姑，也就是徐禄的大姑姐。同时，蒋百里也是梁启超的弟子，徐志摩正是由蒋百里推荐才正式拜梁启超为师的，所以蒋百里和徐志摩还有着同门之谊，而且他们同时也是亲密的好朋友，曾一起组织过新月社。

徐志摩当年考入北京大学预科时就住在蒋百里的家里。在徐志摩经济最为拮据的时候，蒋百里又将自己的寓所交给徐志摩出售，让他获取一份中介费以渡难关。

徐志摩留学回国后，梁启超创办的讲学社邀请一些国际名人来华讲学，总部就设在北京石虎胡同七号的松坡图书馆，由图书部主任蒋百里兼任总干事，于是徐志摩又搬到这儿居住，帮助蒋百里处理图书馆和讲学社的一些琐碎事务。不久，直奉战争爆发，蒋百里受吴佩孚聘请出任总参谋长，把家从北京搬到了上海。第二年，徐志摩和陆小曼结婚后也将小家安置在了上海，还和蒋百里成为邻居。

对蒋百里被捕无计可施的徐志摩，终于想出了一个计策——他要陪蒋百里坐牢。于是他就扛着铺盖卷儿来到南京，闯进了军法处的看守所小门，气喘吁吁地对蒋百里说："福叔（徐志摩对蒋百里的尊称），我来陪您坐牢。"当晚，徐志摩当真就在小屋的地板上搭了个地铺，陪蒋百里住了一宿。

徐志摩的这个举动可不得了，一时轰动天下，于是新月社的名流们纷纷效仿南下，一时间"陪百里先生坐牢"便成了绝对时髦的事情。

蒋百里原名蒋方震，浙江海宁硖石镇人，字百里，出自《周易·震卦》"震惊百里"之意。他是中国著名的军事学家，与广东李浴日、云南杨杰同为驰名海内外的中国军事学巨擘，同时他也是国民政府对日作战计划的主要设计者，他编著的《国防论》成为整个第二次世界大战中中国军队的战略指导依据。

蒋百里的祖父蒋光煦是著名的藏书家、刻书家，建造过别下斋藏书楼，贮书10万册，刻印过《别下斋丛书》《涉闻梓旧》等多种书籍。

蒋百里的父亲蒋学烺是悬壶济世的医生，母亲杨镇和是秀才加名医杨笛舟的独生女，同时也是蒋百里的启蒙老师。

蒋百里13岁时就是读书过目不忘的"神童"，15岁时他经常手捧《普天忠愤集》挑灯夜读，读至热血沸腾处便放声痛哭，立誓要为国效命。16岁考中秀才，18岁进入求是书院（现浙江大学）。在这里他成为了陈仲恕的学生，也和钱均夫成为了同窗好友。

陈仲恕的弟弟陈叔通非常精英。是中国政治活动家，26岁中举人，27岁中进士，授翰林院编修。后任人大副委员长，政协副主席。

陈叔通最精英的事儿是：蔡锷在云南起义讨袁时，梁启超赴粤桂进行策动。起初，西南各省军政要人大都持观望态度，护国军进展不甚顺利。当时江苏督办冯国璋是一个关键人物，他的秘书长胡嗣瑗与陈叔通交谊很深。陈叔通就通过胡的关系借得冯国璋的"华密"电报本，通电西南各省发动反袁。各省要人得到"华密"电报都以为是冯国璋已做内应，所以便先后响应宣告独立，因此护国运动就在各地蓬勃兴起。

你看，关系网并不只是私人间的亲朋之交，更不是什么单纯的走后门行己之便，如果这样想那就肯定成为不了精英人物。精英人物的关系网在关键时刻能挽救一个国家和民族的命运，这才是本书所要阐述的关键。

1901 年，19 岁的蒋百里在陈仲恕等人的资助下，来到日本陆军士官学校步科留学，在这里他的关系网又有了新的发展。

现在有很多书籍中都提到过当时士官学校的学生毕业时，成绩第一名的学生能得到日本天皇的赐刀，结果那天主持人念出的第一个名字就是蒋方震。其实这只是有些人虚幻的意淫。

首先，蒋百里（方震）不是毕业于陆军士官学校第 9 期。因为按照日本的编法，他是陆军士官学校第 16 期；而按照中国的编法，他就应该是陆军士官学校第 3 期。所以说在那个故事中，他的同学阿部信行、真崎甚三郎、本庄繁、松井石根、荒木贞夫等人，已经在 1897年就毕业了，而他则是 1901 年才来到日本陆军士官学校步科的。

其次，当时的日本陆军士官学校只是初等陆军学校，而陆军大学才是高等陆军学校。所以"成绩第一名的学生能得到日本天皇的赐刀"的只有陆大学生，但是清政府时期根本就没有中国人去日本读过陆大。

不过，虽然蒋百里没和阿部信行、真崎甚三郎、本庄繁、松井石根、荒木贞夫这些大刽子手同学过，但是他的同学也仍然很精英。

当时和他亲密的好同学就有 3 个，一个叫蔡锷，一个叫张孝准，还有一个就是许崇智。日本同学则有冈村宁次、土肥原贤二、板垣征四郎、安藤利吉、永田铁山（他才是本期学员的第一名，后为著名的统制派首领、日本陆军军务局局长）等等。

蒋百里在日本陆军士官学校毕业后，1906 年又去德国陆军大学深造，并受到了德国名将兴登堡的赏识，这就为他后来考察和研究第一次世界大战前德国、意大利的治军经验提供了很难得的机会。

武昌起义后，他回国任浙江都督府总参议。1912 年，30 岁的蒋百里经袁世凯亲点，出任了保定陆军军官学校校长。

保定陆军军官学校的前身为军谘府军官学校，后又改名为陆军大学。应该说这里培养出的学生是现代中国军事名人录上的半壁江山。

吴佩孚、孙传芳、蒋介石、李济深、叶挺、邓演达、蒋光鼐、蔡廷锴、傅作义、刘文辉、顾祝同、陈诚、薛岳、唐生智都毕业于此。可以说如果没有这些人，就根本不可能有后来显赫一时的黄埔军校。

1913年6月18日凌晨5点，蒋百里召集全校2000余名师生紧急训话。他身着黄呢军服，腰挂长柄佩刀，足蹬锃亮马靴，站在尚武堂石阶上一脸沉痛："初到本校，我曾宣誓，我要你们做的事，你们必须办到；你们希望我做的事，我也必须办到。你们办不到，我要责罚你们；我办不到，我也要责罚我自己。现在看来，我未能尽责……你们要鼓起勇气担当中国未来的大任！"随后他奔回办公室掏出手枪，对准自己的左胸扣动了扳机。

蒋百里的自杀让袁大总统极为震惊，他立即派段祺瑞到日本驻华公使馆求援。日本公使派驻使馆军医平户带着23岁的佐藤屋登护士长立即乘火车赶往保定。

好在子弹没有击中要害部位，蒋百里不但挽回了性命，而且还找到了一个美丽的夫人，也就是护士长佐藤屋登小姐。后来爱好梅花的蒋百里又给她改名为蒋左梅，蒋是夫姓，左来自佐藤，梅则是梅花之意。

现在没人能准确说清蒋百里自杀的原因。有人认为他的自杀是因为他的骄傲；也有人认为是因为他强烈的爱国主义情感，所以对自己事业的要求非常苛刻，如有不尽意处必深深自责；也有观点认为是他锐意改革建立新军，却遭到北洋旧派军人的阻挠，所以才愤而自杀……

蒋家也是海宁的名门，但是因为蒋百里的祖父并不喜欢蒋百里的父亲，所以蒋百里的童年并不幸福。他18岁时与传统的小脚闺秀查品珍订婚。在出国留学后，他的母亲杨镇和很委婉地劝查家解除婚约，可是查品珍却很痴心地表示决不另嫁他人。1910年28岁的蒋百里归国后只好勉强与29岁的查品珍成亲。完婚后，蒋百里随即北上出任清廷的禁卫军标统，武昌起义后，他又任浙江都督府总参议。查品珍则侍奉婆婆在硖石老家过日子，1939年冬，在蒋百里病逝一年后，查品珍也悄然离世了，终生没有生育。

但是蒋百里后来和佐藤屋登却生育了五朵金花，其中最鲜艳的就是三女儿和四女儿。

1965年秋，比利时首都布鲁塞尔市区的一座三层楼的花园洋房里热闹非凡，这家花了100多万元比利时法郎成立的学校开学了。它是比利时第一所冠名为"中山学校"的中文学校。

题写校名的虽然是张大千，但是这所中文学校的创建人却叫蒋华。她是哈佛大学营养学硕士、著名的营养学家，也是曾经的震旦大学生物系主任，更是蒋百里校长的四金花。

她1951年随丈夫移居比利时，丈夫魏儒仆虽然是一位工程师，但是这个工程师的父亲却不是工程师，而是民国著名的政治人物、同盟会的创建者之一、第一届国民政府外交部次长、驻比利时大使魏辰组。

蒋华和魏儒仆的儿子也不是工程师，而是和祖父一样成为了比利时的政治人物，他就是曾任比利时驻韩国大使的魏崇明。这两个大使很有意思吧？

1955年夏天，蒋华收到了三姐蒋英从美国寄来的信。信里写着"我们像笼中的小鸟飞不出去"，同时信里还夹着一张只有半张名片大小的香烟纸，上面只写着一句话："我想回国，把这封信交给陈叔通。"蒋华一接到信心里就明白了。

蒋英是谁？她就是蒋百里校长的三金花，此时的美国加州理工学院教授、世界航空科研领域一流的科学家钱学森夫人。

1949年，38岁的钱学森准备携妻带子回国效力，但是美国移民局不准他全家离境。于是他的行动失去了自由，处处受到美国移民局的限制和联邦调查局的监视。这时他就想起了父亲的老师的弟弟陈叔通，于是他便"曲线回国"，让妻子蒋英趁看守不注意时给旅居比利时的四妹蒋华寄去了这封信。

人大常委会副委员长陈叔通将信交给了伍豪，伍豪肯定有办法，于是在 1955 年 9 月 17 日那天，钱学森一家终于登上了"克利夫兰总统号"邮船，抵达了广州。

蒋英是中国声乐教育家和女高音歌唱家、中央音乐学院教授。她 1936 年随父游历欧洲，1937 年进入德国柏林音乐大学，1941 年毕业后获柏林德国大戏院之聘，与德国留音片公司"德律风根"签订十年合同，但这时候由于德欧战争发生，蒋英只好又赴瑞士继续研究和音学。

1943 年，在瑞士"鲁辰"万国音乐年会上，蒋英参加匈牙利高音名师依隆娜·德瑞高所主办的各国女高音比赛，名列第一，同时也是为东亚获胜的第一人。1944 年，她又毕业于瑞士卢山音乐学院。

1946 年的秋天，杭州国民党空军军官学校一班毕业生举行毕业典礼，蒋英应邀表演独唱。这天在台下有一个正在杭州做采访的记者听得如醉如痴，他就是蒋英的表弟金庸。

1947 年 5 月 30 日，蒋英在上海兰心大剧院举办了归国后的首场独唱音乐会。这天，《大公报》记者金庸又是在台下鼓掌捧场，而且还在第二天的报纸上撰文说："她的歌唱音量很大，一发音声震屋瓦，完全是在歌剧院中唱大歌剧的派头，这在我国女高音中确是极为少有的。"

尽管实际上蒋英与金庸没有血缘关系，但他们仍然按表姐弟相称，而且徐志摩与蒋英也是按表兄妹相称。

1900 年，18 岁的蒋百里进入了求是书院，在这里他和一个叫钱均夫的同学成为了好友。钱均夫名家治，字均夫，他也是吴越国王钱镠的 32 代孙，所以和钱锺书的父亲钱基博是同宗。

钱均夫的父亲本是杭州的著名丝绸商，但是后来没落了。这时杭州的又一个大富商，曾经担任过两广盐运使的章乐山却发现了钱均夫的才华，也更欣赏他的能力，于是他就将自己多才多艺的爱女章兰娟许配给了钱均夫，并资助他东渡日本留学。于是钱均夫就和得到陈仲恕资助的蒋百里、鲁迅等人一起东渡日本。

其实爱情这东西没有规律可循，自由恋爱的并不一定就百年好合；而父母包办的也不一定就痛苦不堪，反之亦然。

钱均夫和包办的妻子章兰娟就过得很是美满幸福。当年她和钱均夫结婚时，娘家的陪嫁一出手就是一座园子，后来又带来了北京、上海的好几座园子。

章兰娟性格开朗热情，心地善良，聪颖过人，计算能力和记忆能力极强，而且心灵手巧，富有想象力，具有数学天赋，所以她儿子的数学天赋就应该来自母亲的遗传基因。

来到日本后，蒋百里考入了日本陆军士官学校步科，钱均夫则考入了日本东京高等师范学校学习教育学、地理学和历史学，以施展其"兴教救国"的抱负。

1910年钱均夫回国，1911年和1913年钱均夫两次出任浙江省立第一中学校长，又在北京教育部任职多年后，出任浙江省教育厅厅长。

1911年12月11日，钱均夫和章兰娟的长子钱学森出生。8年后，蒋百里和佐藤屋登的三女儿蒋英出生。又过了5年，蒋百里5岁的三女儿就又成为了钱均夫和章兰娟的闺女，名字也由蒋英改为了钱学英。

蒋英从蒋家过继到钱家是非常正式的，蒋钱两家都请了亲朋好友，办了几桌酒席。后来蒋英回忆起那段经历时说："过了一段时间，我爸爸妈妈醒悟过来了，非常舍不得我，跟钱家说想把老三要回去。钱学森妈妈答应放我回去，但得做个交易：'你们这个老三，现在是我干女儿，将来得给我当儿媳妇。'"

于是，民国历史上就又多了一段美好的姻缘网。

1947年8月30日，已经功成名就、开创了举世瞩目的"卡门——钱学森公式"、名字传遍了全世界的钱学森，和歌声风靡全世界的歌唱家蒋英在上海国际饭店举行了结婚典礼。之后，他们便携手同甘共苦地走过了62年的人生路程。

花落花飞飞满天，金花赢得美姻缘。

高山流水遇知音

1916年11月8日上午，日本福冈，九州帝国大学医科附属病院。

一个曾经震动世界的人物在这里离开了人间，年仅34岁，他叫蔡锷。此时在他身边的友人，就是他最亲密的知己蒋百里。

蒋百里陪在他身边，并为他代拟了遗电，然后又护送他的灵柩回到湖南安葬。当时世间都这样说：蒋之反袁，取大义而舍私恩，万里扶棺，是豪杰显真性情。确实，说起来袁世凯和蒋百里的关系也相当不错。蒋百里从日本士官学校毕业回国后，袁世凯对他极为器重，经常和他彻夜谈兵孜孜不倦，但是在国家民族的大义面前，蒋百里却没有含糊。

蔡锷字松坡，他也是梁启超的弟子。1899年他应梁启超函约东渡日本，先后在东京大同高等学校和横滨东亚商业学校就读。1900年回国拟在汉口发动起义，结果事败。后来他复去日本改名为锷，以示投笔从戎之志，进入了日本陆军士官学校骑兵科，和蒋百里成为了知己。

1904年初，蔡锷从日本士官学校毕业归国，先后被聘任为江西随军学堂监督、湖南教练处帮办、广西新军总参谋官兼总教练官、广西测绘学堂堂长、陆军小学总办等职。他年轻英俊，学问精辟，技艺娴熟，所以深受官兵敬佩，被赞誉为"人中吕布，马中赤兔"。

不久，李鸿章三弟李鹤章的儿子、云南总督李经羲就聘请他到云南担任军职。应该说，李经羲对蔡锷的成长是有着大恩的。

李经羲督云贵时，曾兼任云南讲武堂的总办。当时革命党人蔡锷、李根源等就在他眼底下进行革命活动，他是睁一只眼闭一只眼，全当没看见，即使有人提醒他说："讲武堂多革命党，虎大伤人。"他也是置若罔闻。后来蔡锷身处困难时，李经羲还资助他500块银圆，并收他做了门生，而且还把别人揭发他们的密信拿给他看，劝他要小心谨慎从事。

1911年10月30日，蔡锷等人在武昌起义的鼓舞下，在昆明发动了起义。原计划于夜12点进城发起攻击，但七十三标发子弹时，被一军官察觉，一个起义排长便开枪将其击毙，于是战斗只好提前打响。李根源等人开城门后，义军袭占了兵工厂等处，又攻击军械局及五华山。蔡锷率七十四标入城攻击总督署，另一部助攻军械局。

31日上午，义军占领军械局和督署，杀死满清新军第十九镇统制钟麟同和布政使世增，总督李经羲被俘，同时义军推举蔡锷为都督。

此时，蔡锷、李根源和参议会做出了一个决定，要馈资护送李氏全家出境，乘滇越线火车离开云南，再经过越南、香港，辗转到达上海。蔡锷对李家也是同样不薄，你看这关系网重要不？

1913年10月，蔡锷被袁世凯调到北京任全国经界局督办。这时袁世凯已经开始了复辟帝制的活动。1915年12月12日，袁世凯宣布接受帝位，下令取消民国改用洪宪年号。

袁世凯复辟帝制的活动使蔡锷气愤已极，他决心以武力"为四万万人争人格"。于是他表面上装出不关心政治的样子，常去北京八大胡同厮混以蒙蔽袁世凯，暗中却多次潜赴天津与老师梁启超商量讨袁计划，并初步拟定了赴云南发动武装起义的战略设想。

在八大胡同，这个后来震动世界的人物遇到了高山流水。他在北京青云阁的普珍园里结识了重英雄的小凤仙，小凤仙也答应要帮助他逃离北京城。

现在，蔡锷从北京出逃都写成是在小凤仙的掩护下完成的，其实这正是蒋百里谋划出来的妙计，小凤仙只是一个实施者。蔡锷出逃后，有人还担心袁世凯派人追杀，但是蒋百里却胸有成竹地说："老袁用错了人。"原来他已经知道袁世凯派出的杀手就是自己的哥们儿陈仪，当然他也是后来的精英人物。

这个发动护国战争的第一人，曾任护国军第一军总司令，"中华民国"初年的杰出军事领袖，能发动一场国家战争的人物，又有怎样的关系网呢？

蔡锷的父亲贫寒，只是一个裁缝。蔡锷在6岁时遇到了一个贵人，也就是当地的一位名士。在名士的帮助下，蔡锷终于得以免费进入私塾学习。蔡锷12岁就考中了秀才，16岁考入长沙时务学堂后，立即就受到了该学堂中文总教习梁启超的赏识，之后他就在梁启超的关系网上纵横驰骋了。

蔡锷魂归故里后，国民政府在长沙岳麓山为他举行了国葬，全国唁祭，其祭词和挽联都是传世之作，他成为民国历史上的"国葬第一人"。这些挽联中，小凤仙的挽联最是才华横溢，虽然是衡州狂士王血痕所代撰（也有资料说是方地山代撰），但确实是天下无双的绝品。

挽联共有两副。第一联是：不幸周郎竟短命，早知李靖是英雄！第二联是：万里南天鹏翼，直上扶摇，那堪忧患余生，萍水姻缘成一梦；几年北地胭脂，自悲沦落，赢得美人知己，桃花颜色亦千秋。

国葬那天，隐在角落中身着一袭蓝衫的小凤仙，一定会想起蔡锷赠给她的那两副嵌字联：此地之凤毛麟角，其人如仙露明珠。不信美人终薄命，从来侠女出风尘。是啊，不信美人终薄命，可是周郎竟短命；当然，从来侠女出风尘，因为她早知李靖是英雄。

古语言："誉满天下，谤满天下。"但是蔡锷却打破了此例，他的成败生死，不论是友是敌，是新是旧，无不对他由衷称道。此后，蔡锷的家乡古城宝庆蒋河桥乡就改名为蔡锷乡蔡锷村，他的故居、公馆和墓地都被列入全国重点文物保护单位。看来以天下为己任却不以天下为己，这才是誉满天下没有谤的真谛。

南天剑起一麾雄，湘水麓山唱大风。十三亿人今共拜，知音岂独小桃红。

伟哉，蔡将军。

"飞天"侠女，姐妹双娇

1948 年 11 月，广西宜山鹤岭。

这天是友人给蒋百里迁葬的日子，当启棺后人们发现他那已逝 9 年的尸身竟然不朽。于是，他的生前至交竺可桢就大哭说："百里，百里，有所待乎？我今告你，我国战胜矣！"这一哭声令在场的众人全都泣不成声。

昔年，蒋百里曾守护在病重的蔡锷身边；而当蒋百里病重时，守护在他身边的便是密友竺可桢。蒋百里和蔡锷是舞刀弄枪的大元帅，而竺可桢却和钱均夫一样，也是温文儒雅的读书人。

竺可桢，字藕舫，他是中国卓越的科学家和教育家，当代著名的地理学家和气象学家，中国近代地理学的奠基人，中国高校四大校长之一的国立浙江大学校长，中国科学院副院长，中国气象、地理学界的"一代宗师"。

竺可桢的老爸只是一个开米店的小老板，但是他也和蔡锷一样遇到了一个贵人，他叫章镜尘，是当时旧学渊博、阅历很广的宿儒。

竺可桢 3 岁时就是当地有名的神童，后来他进入上海澄衷学堂，在这里他和一个叫胡洪骍的同学成为了好朋友。胡洪骍这个名字也许你不熟悉，那没关系，还可以告诉你他的另外一个名字。他后来的名字叫胡适。

说起竺可桢和胡适，他们在中学时还有一个好玩的趣事儿。竺可桢当时的身体不太好，再加上课业繁重，胡适就说"像竺可桢那样，一定活不到 20 岁"。听到这话后，竺可桢便每天早起做体操，保持饱满的精神，最后他活到了 83 岁，而胡适却只活到 71 岁。

　　1910 年，竺可桢以优异的成绩考取了美国伊利诺斯大学公费留学生，后又转入哈佛大学地学系专攻气象。1918 年他以台风研究的优秀论文获得博士学位时，只有 28 岁。

　　1919 年在波士顿，一个大他 7 岁的姐姐认识了他。这个姐姐后来在民国的历史上是赫赫有名的女性，她叫张默君。张默君相中了竺可桢，于是她决定将自己的八妹许配给这个年少才美的小精英。

　　你也千万不要以为张默君的八妹是"剩女"。她的八妹张侠魂毕业于上海女校，她文章书法都很有功底，还爱好绘画，更是中国第一个乘飞机上天的女性。于是竺可桢认识她以后才写出了《空中航行之历史》的文章，这应该是与张侠魂坐过飞机一事有关系吧。

　　张侠魂和张默君的父亲张伯纯是前清举人，民国名士，曾在光绪年间协助曾国荃在南京督办两江学务。母亲何懿生则是一个通今博古，善诗词歌赋，有着"海内女师"之称的女性。

　　1905 年 12 月 26 日，张伯纯秘密加入同盟会后，便担任了孙中山先生的秘书长，后又任同盟会长江下游支部长。在反清革命事业上，他不愧为"暗战"的高手，也是辛亥革命期间坐镇芜湖秘密战线的首脑。

　　在张伯纯的潜移默化下，7 岁的张默君便敢于当着叔伯辈大人的面痛斥缠足的残忍，畅谈放足的理由。当时有一个秀才写了个歌谣："怪湘乡，弯弯张，半截小观音，赫赫威名扬；道是千金小姐，实为大脚婆娘。"张伯纯看到后就帮着女儿作诗回敬说："悲悯人天动百神，苍凉大地起沉沦。秉彝毕竟同攸好，还尔庄严自在身。"

　　张默君于 1906 年 6 月 17 日加入同盟会，然后与秋瑾、赵声等人在江浙一带进行革命活动。1907 年，她以第一名的成绩毕业于上海务本女学，随后被委聘担任江苏粹敏女学教务长一职。

1911 年 10 月 10 日晚上，武昌起义爆发。张默君与父亲张伯纯一起赶赴苏州劝说江苏巡抚程德全起义。程德全见大势所趋，便宣布独立又自任江苏都督，同时任张伯纯为他的参军，并委托张默君主办《江苏大汉报》。

1912 年，她又发起成立了神州妇女协会并任会长，创办了《神州日报》，又任神州女校校长，这一年她只有 29 岁。1918 年，张默君赴欧美考察教育，并入美国哥伦比亚大学专攻教育，同时还担任纽约中国学生联合会主席。

就是在这时间，她发现了成绩卓著、风度翩翩的竺可桢。虽然竺可桢和张侠魂并未见过面，但是这并不影响爱情，和章兰娟许配给钱均夫一样，他们后来的爱情同样是美满幸福的。

在给妹妹介绍对象的同时，张默君自己也正处于恋爱中。她爱上了挚友蒋作宾，便有意将其带回家让母亲相看。可爱情这东西就是奇怪，没想到蒋作宾一到张家，却与张默君的三妹张淑嘉一见钟情，她母亲不明就里便极加赞成，于是一桩婚事遂成。可是身在一旁的张默君却感情受创，于是愤然发誓终身不嫁。

可是爱情这东西并不以人的意志为转移，就在张默君发誓终身不嫁时，她的另一位同事，对她心仪已久的邵元冲趁机向她表达了爱意。可是风华正茂、风姿绰约、风头正劲的张默君根本没把这个小她 6 岁的部下放在眼里。

但是苍天不负苦心人。1924 年 9 月，经过 13 年的苦苦追逐，张默君终于接受了邵元冲的玫瑰花，在上海完婚。

蒋作宾是什么精英人物？蒋作宾也是日本留学生，他和黄兴一起负责同盟会的领导工作，后入日本陆军士官学校学习，回国后任清廷陆军部军衡司司长。1912年辛亥革命后，任南京临时政府的陆军部次长，这一年他仅28岁。 1941年12月24日，蒋作宾病逝于重庆，两年后，国民政府追赠他为陆军一级上将军衔。

邵元冲又是什么精英人物？

邵元冲也是日本留学生，他14岁中秀才，17岁加入同盟会，20岁任江苏镇江地方审判厅厅长，后任孙中山大元帅府秘书长，这一年他也年仅28岁。然后又成为了黄埔军校第二任政治部主任（也就是伍豪的前任），接着任国民政府立法院代理院长。1936年12月12日，他在西安从西京招待所跳窗逃遁时，不知道被哪个小兵一枪就给打倒了，两天后死于医院，时年只有46岁。

1938年8月3日，和竺可桢相濡以沫18年的张侠魂也不幸因病逝世。痛苦异常的竺可桢写下了这样一首悼亡诗："生别可哀死更哀，何堪凤去只留台。西风萧瑟湘江渡，昔日双飞今独来。结发相从二十年，澄江话别意缠绵。岂知一病竟难起，客舍梦回又泫然。"从这里不难看出竺可桢对妻子的一片深情。

张侠魂去世后，亲友们见竺可桢公务繁忙而子女又年幼，于是在朋友的介绍下，竺可桢又和一个精英女士相识了，她叫陈汲。

陈汲是北京女子师范大学毕业生，形象和气质俱佳，她的哥哥陈源是民国的著名文人、武汉大学文学院院长；堂姐夫是分析化学家、化学教育家和化学史家丁绪贤，堂姐陈淑则是他们的介绍人。而且更重要的是，由于竺可桢和陈汲的姻缘，就又为民国的关系网增加新的内容，具体的在后面再告诉你。

1939年9月18日，竺可桢与陈汲在峨眉山金顶热烈相拥，喜定终身。此后几十年里，他们便相濡以沫地走完了生命的旅程。

花如解语应多事，石不能言最可人。

伟哉，竺校长。

"伉俪之笃"的人脉

1910 年，杭州。

前面说过，当年 14 岁的徐志摩离开家乡来到这里，经一个很有威望的表叔介绍，考入了杭州府中学堂。

徐志摩这个很有威望的表叔叫沈钧儒，字秉甫，号衡山。他是著名的法学家，政治活动家，救国会"七君子"的领头人，也是此时的浙江省谘议局副议长。

沈钧儒 25 岁时，父亲沈翰病逝。这时，他的叔叔便担起了培养他们的责任，将他和哥哥沈保儒从老家苏州招到了陕西。让他们去陕西干什么呢？原来他的叔叔诗文书法名播江南，是被推为翰苑巨擘的沈卫，此时正在担任陕西学政。沈钧儒来到陕西后，就在陕西三原学署担任阅卷，后又与沈卫的学生于右任等人一起创办了三原印书局，开始翻印康梁所著书籍，大谈维新革命。

沈钧儒也是神童出身，他 5 岁能诗，13 岁积诗成帙，15 岁考秀才得中，诗赋列为第一。28 岁中举，29 岁应殿试得"赐进士出身"衔，被签分刑部贵州司主事。33 岁在日本留学回国后，任浙江谘议局筹办处总参议，34 岁任浙江省谘议局副议长。辛亥革命时，他与陈时夏一起担任浙江起义的政治组织方面的准备工作，45 岁任护法军政府总检察厅检察长，47 岁任国会参议院秘书长。

你看，这算不算大才子？而且他培养出的学生也都是著名的法学家和律师，其中就有沙千里和林亨元，关于这两个人的关系网，这里就不细述了。

沈钧儒从苏州老家来到陕西时，已经有了家眷，他的夫人叫张象徵，是一个大他一岁的小脚女人。他们也是包办的婚姻，但是和钱均夫、竺可桢一样，沈钧儒和张象徵也是互敬互爱，同甘共苦，40 年间感情深笃。

其实张象徵这个小脚女人也是有文化的人。她是吴县名士张廷骧的长女，虽然没有上过女学堂，但自小聪颖好学，识字有文化，且温和善良，工女红，尤其擅长苏绣。他们的感情深厚，常为时人所敬慕，所以当时人们都盛赞他们是"伉俪之笃"。

沈钧儒和张象徵的长子沈谦是著名医生。三子沈议又名沈叔羊，是著名画家，也是美术大师赵叔孺的学生。

1936年12月12日的"西安事变"发生后，一个27岁的《大公报》记者，毅然决定涉险去西安、延安等地进行采访。当时西北对外交通完全断绝，于是他就利用各种私人关系冒险飞赴兰州。到达后，他又联系到了甘肃省主席兼51军军长于学忠。于主席特拨给他一辆军用卡车，还选派了数名全副武装卫士随车护送。到达西安后，他又通过陕西省主席邓宝珊的介绍，来到了杨虎城的公馆。在这里，伍豪热情地接待了他。

为什么这个记者能有这么大的面子？因为他叫范长江，不仅是范仲淹的后裔，也是吴玉章的学生，而且还是沈钧儒女儿沈谱的丈夫。

沈谱在当年的重庆是受邓颖超领导的地下党，而范长江后来则是中国杰出的新闻记者、中国新闻家、社会活动家。以他和邹韬奋名字设立的"长江韬奋奖"现在是中国最高层次的新闻奖。

君影我怀在，君身我影随。百年真哭笑，只许两心知。

伟哉，沈君子。

第五章
盘根错节中的节外生枝

生离饮恨，死别吞声

1922 年，19 岁的陆小曼遵照父母之命嫁为人妻。那些曾经的追求者们永远失去了机会。当然，这里并不包括徐志摩。

这时的唐瑛只有 12 岁，还是一只翩翩的小蝴蝶。但是几年后，这只小蝴蝶便和当年的陆小曼一样，成为了民国名士们的追求对象。当时拜倒在唐瑛石榴裙下身份显赫的男人不计其数。其中有名的精英人物除了徐志摩和宋子文，还有和她一起参加过"功德林""鸿门宴"的杨杏佛。

杨杏佛也很有名气吗？当然。既然敢追求名满天下的"南唐"，那就肯定不是一般的人物。此时的杨杏佛是孙中山的秘书。

因为杨杏佛与徐志摩和陆小曼都是好朋友，而徐志摩和陆小曼又是唐家的常客，所以杨杏佛就顺理成章地结识了唐瑛。

杨杏佛这个秘书很精英，他 18 岁加入同盟会，27 岁任东南大学教授，是中国管理科学的先驱者。当然，这里必须要说明一下，杨杏佛在追求唐瑛时并不是一个愣头儿小伙子，已经是已婚男人。杨杏佛的前夫人叫赵志道，她当然也是一位精英女士。不过杨杏佛追求唐瑛的结果也和宋子文一样，没有成功。

1933年6月18日的上海亚尔培路。几声枪响过后，杨杏佛被暗杀了。当杨杏佛的前夫人赵志道听到他被暗杀的噩耗后惊呆了，然后便是失声痛哭。在追悼会上，赵志道写给杨杏佛的挽联颇为醒目："当群狙而立，击扑竟以丧君，一瞑有余愁，乱沮何时，国亡无日；顾二雏在前，鞠养犹须责我，千回思往事，生离饮恨，死别吞声。"此挽联意含悲愤，既讽国事，又涉私情，对仗工整，情真意切，充分表达了她对杨杏佛的一片深情。

赵志道的父亲赵凤昌是南洋大臣、湖广总督张之洞的机要秘书，同时也是关系亲切的亲信幕僚。辛亥革命前后，老年的赵凤昌住在上海南阳路十号的"惜阴堂"。他虽然在这里深居简出，但是那些南北要人们却都趋之若鹜，于是他隐居的这个"惜阴堂"绝对是当时上海滩的名流荟萃之所，而且许多左右全国时局的大事也都是在这里密谋的……所以后来有学者认为赵凤昌是一位具有传奇色彩的策士。

当年，赵志道在上海中西女塾听到武昌起义消息的当天，她就与几个进步同学秘密报名参加了由张竹君医师领导的救护队，连夜乘船赶赴武汉。赵凤昌知道后非但不阻挠，反而赶到码头，登上轮船，送上衣物，鼓励女儿奔赴前线。这老爸做的，绝对和张默君的父亲张伯纯有一拼。

也许只有这样的父亲，才能成就子女的精英吧？可遗憾的是，当赵志道赶到武汉时战事已停，她和同学们只得返回上海，而中西女塾却将她们开除了。赵志道一生气，就让她老爸送她去美国留学。于是她就来到了美国瓦沙女子大学留学，和中国历史上有名的精英女杰陈衡哲成为了同学。她在这里就认识了杨杏佛，后来在黄炎培的证婚下，他们举行了婚礼。

唐瑛和宋子文、杨杏佛的爱情风波结束之后，这个小蝴蝶就毫无悬念地落到了"小港李家"、上海富商李云书家，因为她早就和李云书的公子李祖法有过婚约。

李云书做官时是四品分部郎中，估计要比县太爷大多了，县太爷才是七品。后来经商时又是上海商务总会总理，同时也是同盟会会员，和孙中山的关系密切。

李家虽然不差钱，但是李祖法却和唐瑛性情不合，他看着唐瑛整天像"花蝴蝶"般地交际来交际去，嫌她太闹腾，于是后来就离婚了。

但是"名花"就是"名花"。离婚后的唐瑛又飘到了另一个巨富豪商的家里，他叫熊七公子，是美国美亚保险公司的中国总代理。同时他也是民国总理熊希龄的侄子，这样一来，唐瑛又成了毛彦文的侄媳妇。毛彦文是谁？她是大教授吴宓的原女友啊。你看这关系网是不是很神奇？

熊七公子的性格活泼，和唐瑛正好配成一对，他们彼此都有很强的娱乐精神，所以这次唐瑛终于嫁对人了。其实熊七公子真不是什么风度翩翩的白马王子，他个子不高、外貌也不俏，但是两人只要能相得益彰，生活得就一定幸福。你别以为"名花"就都要去找白马王子，有时候骑白马的不一定就是王子，也许是唐僧。1948 年，唐瑛随熊七公子远赴香港，接着移民美国。熊七公子虽然不风度翩翩，但是他的叔叔熊希龄却绝对是民国精英中的大人物之一。

熊希龄字秉三，别号明志阁主人、双清居士。他 44 岁当选民国第一任民选总理，由于后来他反对袁世凯当皇帝，不久就被迫辞职了。熊希龄有一个很牛的外号叫"湖南神童"。因为他 15 岁中秀才，22 岁中举人，25 岁中进士点翰林，当选总理时也只有 44 岁。

熊希龄本出身于武士家庭，他的父亲熊兆祥是曾国藩湘军的将领，封二品武显将军。后来由于曾国藩提倡文人治军，于是父亲便不再让熊希龄舞刀弄枪，而是让他学习写文章。

熊希龄后来成为精英，第一步就是与时任沅州的知府朱其懿结上了关系。当时，朱其懿由于大力兴学育才，深得湖南士绅的尊崇，于是他就建立起了一所具有改革精神的新型书院——沅水校经堂。熊希龄在这所学校入学考试时名列第一，于是就得到了校长朱其懿的重视与喜爱。

朱其懿有一个同父异母的妹妹叫朱其慧，她才貌双全，自幼就有"宝山才女"之誉，擅长诗词歌赋，非一般人所及，此刻她正随哥哥来书院求读，所以与熊希龄也算是同窗。

朱其懿相中了品貌兼优的熊希龄，于是决定把他介绍给妹妹。在为妹择佳婿前，朱其懿还是决定拟联再考查一下这个品貌兼优的熊希龄。于是他就拟了一副对联的上联："养数盘花，操春秋消息。"然后贴到校园里作为妹妹的征婚联。

当这个征婚联用红纸贴出后，全院的男生那是震动不已，一个个欢欣如狂，绞尽脑汁，都想获取美貌佳人，可是到最后都未能博得美人一笑。这时的熊希龄本一心只想读书，以图飞黄腾达，但见了此情，觉得太有失男儿的尊严，于是就来个无心插柳，随手就写出了一句下联："凿一池水，窥天地盈虚。"

朱其懿见罢此联那是拍案叫绝："竟有如此奇才，难得难得。"当晚他就将妹妹叫到书房，问她定下如何。朱其慧不好意思地低下头说："此人才华出众，前途无量。"

"如此看来，你同意了？"

"小妹年幼，婚姻大事由兄做主便是。"于是，好事做成。

结婚前的一个月夜，熊希龄携朱其慧到沅溪畔漫步时对她说："我本不敢高攀，却柳已成荫，只怕贤妹失望。"朱其慧马上答说："仁兄之才，小妹早已心中有数，愿与君同尝甘苦，就像这溪水永不回头。"

婚后的熊希龄与朱其慧，确实是感情甚佳，相敬如宾，生活融洽。虽然熊希龄后来当了总理，但是"妇德、妇言、妇容、妇功"四品齐备的朱其慧也同样是精英。

据说当年袁世凯大总统在筹备称帝时，准备树立新风尚，坚决不用太监，只想在内宫里设立 12 名女官，同时设一个"女官长"管理这 12 个女官。他筹备的班子经过千挑万选，最后选中的"女官长"就是朱其慧。

但是当熊希龄将袁世凯大总统的命令拿给妻子阅读时，以试探的口吻问她说："贤妻你以为如何？"只见朱其慧提笔在命令上写道："贱内本一乡女，当今任以宫廷职掌，焉能谙新国礼节，予夫妇蛰居山林，不闻朝事，今日所获，岂非天外飞来，有负尊意。"下面落款是"熊希龄"。熊希龄看了哈哈大笑，对她更是喜爱不已。

朱其慧也逃脱不了红颜薄命这样的宿命。她病逝后，熊希龄悲痛万分，整日精神恍惚。为怀念爱妻，他蓄长须，持手杖，洁身自爱，鳏居多年，不再续弦，一心只办慈幼事业。

但是爱情来了那是谁也挡不住的。话说有"杭州女师校花"之称的毛彦文，在转入南京金陵女子大学后，正和熊希龄的女儿熊芷在同班学习，她们彼此关系十分密切。这时她和朱君毅、吴宓的关系刚刚结束，经过这两次婚变的刺激后，她决定重新调整自己，于是就去了美国留学。回国后，她又多次到正在办慈善学院的熊府去玩，于是她又和朱其慧的侄女朱曦成了姐妹相称的好朋友。

朱其慧去世后，毛彦文为她惋惜之余，对熊希龄的鳏居也深表不安。这时朱曦在一旁看出了她的心意，便极力从中斡旋，终使他们结成了伉俪。他们结婚那天，上海名流济济一堂，朋友送联颇多，其中朱曦的赠联最有意思："旧同学成新伯母，老年伯做大姐夫。"名满天下的"南唐"，后来竟然又成了绝世美女毛彦文的侄媳妇。婚后，毛彦文出任了中国妇女红十字会会长。

你看，这民国的姻缘关系网，是不是悲喜交加，韵味无穷？

岭南才女，精英一族

徐志摩的父亲徐申如还有一个妹妹也嫁给了蒋家（所以徐志摩和蒋百里应该有着多门姻亲），后来徐申如这个妹妹和蒋氏生了一个女儿叫蒋定，也就是徐志摩的表妹。

蒋定后来也嫁给了一个民国名人，他叫陈从周，原名郁文。陈从周是著名的古建筑和园林艺术专家，也是著名画家张大千的入室弟子，曾给美国纽约大都会博物馆设计过"明轩"。他还是美国贝聿铭建筑师事务所的顾问，同时也是贝聿铭最好的朋友。

陈从周幼年失亲，他是由嫂嫂徐惠君抚养长大的，而徐惠君则是徐申如的侄女，也就是徐志摩和蒋定的表姐。所以说，陈从周和徐志摩也是有着双重亲缘关系的。由于有了和徐志摩的亲戚关系，所以陈从周16岁时就与梁思成、林徽因建立了友谊。这样一来，陈从周也就成了梁思成的追星族。

陈从周在古建筑和园林艺术方面取得了巨大成就。1956年，陈从周出版了《苏州园林》一书，大文人叶圣陶又给这本书作了序，后来又被编入了中学语文教材。因为《苏州园林》一书，陈从周找到了一个知己，他就是世界著名的建筑学家贝聿铭先生。

1948年，当时正在美国纽约担任联合国大厦设计顾问的梁思成，接受了哈佛大学年轻的助教贝聿铭的拜访。当然，贝聿铭也是梁思成在美国宾夕法尼亚大学的小学弟（就是届数差得多了些）。当时梁思成还曾经动员贝聿铭跟他一同回国投身建筑事业，可是因为众多原因，贝聿铭后来未能回国。

再后来就到了1956年，贝聿铭看到了陈从周出版的《苏州园林》一书后，大为叹赏。于是他便开始托人寻找陈从周，可是在当时的环境下，他们是根本不可能有任何联系的。时间又到了1977年，世界建筑史上大名鼎鼎的贝聿铭第一次回国了。

这一次，他和陈从周终于相见了。这一见，他们才知道互相之间除了情趣、爱好相同外，还都和梁思成有着如此渊源，于是就成为了知己。1985年前后，贝聿铭又聘请陈从周为贝聿铭建筑师事务所的顾问，同时也是贝聿铭聘请的唯一顾问。

陈从周后来说："'择境殊择交，厌直不厌曲'，这两句话可为贝先生做人与设计的写照，他在和人的交往上，是那么开朗爽直，我们之间有很深的友谊，没有任何隔阂。可是他的设计呢，又在'曲'字上下尽功夫。"

2000年3月15日陈从周去世后，贝聿铭提议在同济大学建筑与城市规划学院为他设立"陈从周教育奖励基金"。那么，这个能给朋友设立基金会的贝聿铭到底又是什么样的精英人物呢？

贝聿铭是著名的建筑学家，他是普利兹克奖得主（普利兹克奖就是建筑界的诺贝尔奖），也被誉为"现代建筑的最后大师"。贝聿铭出生于苏州望族，现在你要去苏州园林的狮子林旅游，那你就得买票，可是贝聿铭却不用买，因为这个狮子林就是他家的。他的父亲贝祖贻（字淞荪）是中国银行的创始人之一，曾任"中华民国"中央银行总裁，也是狂追"名花"唐瑛的宋子文的搭档。贝祖贻的前妻虽然是豪门闺秀，但是并不太有名气，但是他的续弦夫人绝对是20世纪30年代的江南名媛，本书后面还要提到她。

1935年8月13日，贝祖贻17岁的公子贝聿铭来到了美国麻省理工学院攻读建筑专业。1938年的暑假，贝聿铭去纽约度假。就是这一次很平常的游玩，却让这个20岁的青年走进了民国又一个精英辈出的大家族。这一天，贝聿铭开车去中央火车站接朋友，当潮水般的人流从车厢涌向站台的时候，贝聿铭看到朋友从火车里带出一位貌若天仙的中国姑娘。一番寒暄之后，贝聿铭知道了这个姑娘叫卢爱玲，卢爱玲也知道了贝聿铭在麻省理工学院攻读建筑专业。因为卢爱玲的父亲也曾经是麻省理工学院的留学生，所以他们就越聊越近了。

此时，贝聿铭已经被卢爱玲高贵的气质深深地吸引了，他听说卢爱玲此行赴美是来名校卫斯理学院读书的，便颇显殷勤地提出要开车送卢爱玲去波士顿，不过卢爱玲婉拒了贝聿铭的好意。到了后来，卢爱玲还是接受了贝聿铭的求爱。1942年6月20日，也就是卢爱玲参加卫斯理学院毕业典礼后的第5天，在美国东北部最富丽的住宅区纽约水上公寓，他们举行了婚礼，证婚人是中国驻美国总领事。

这个气质高贵的卢爱玲又有着怎样的关系网呢？

香港有一个在历史上影响最为深远的慈善机构叫保良局，其宗旨是"保赤安良"，为香港社会提供多种社会福利服务。它的创建者卢赓扬（字仪朝，号礼屏）是清同治年间省港知名的富豪绅士，也是卢爱玲的曾祖父。

卢赓扬的长子卢绍勋是香港东华医院董事局主席，创办过广州广济医院。次子卢铭勋是光绪年间举人，后为广东谘议局议员，夫人杨秀珊是美国留学生，也是中国最早的女西医和医学女博士之一。他们的女儿卢惠卿是美国哥伦比亚大学体育博士，也是中国最早的体育女博士之一，中国女排的先驱人物，1927年就当过中国女排的队长。四子卢萧勋是民国外交官。

到了卢爱玲父亲这一辈，卢家的关系网就更加庞大了。

卢爱玲的父亲卢宝贤是加拿大中加公民协会的副会长，他和孙中山、秋瑾都是好朋友。卢宝贤的弟弟卢宝永是广东法科学院教育长；弟弟卢宝发是医学专家；妹妹卢季卿是宋庆龄的秘书，她丈夫祝世康则是农工党的筹建者之一，和董必武、林伯渠、吴玉章、王若飞等人都有相当过硬的关系和交情。

当然，贝聿铭的关系网到这里并没完，后面还有链接。

席慕蓉说："如何让你遇见我，在我最美丽的时刻。为这，我已在佛前求了 500 年，求他让我们结一段尘缘。"卢爱玲是不是在佛前求了 500 年，没人知道，但是他和贝聿铭的一段尘缘，却给民国的关系网增添了色彩。

徐大才子的红颜知己

说完了徐志摩的表妹夫和卢爱玲与贝聿铭，回头再说徐志摩自己的亲缘网。

1924 年，北京讲学社的蔡元培、梁启超、胡适等人代表中国知识界向印度大诗人泰戈尔发出了邀请。4 月 12 日，这位伟大的东方诗神终于在上海登上了中国的土地，徐志摩、张君劢等人一早就到上海的汇山码头迎接。

从这一天开始，就由徐志摩一直陪伴在他的身边。

为什么要由徐志摩侍奉在大诗人的左右呢？因为早在 1923 年 4 月，泰戈尔就派秘书恩厚之到北京大学联系过访华事宜，但是没能谈妥。后来他见到了徐志摩，徐志摩当即就拍定由讲学社出面邀请泰戈尔，同时讲学社也正式委托徐志摩操办一切接待事项，并担任泰戈尔在华讲演的翻译。后来徐志摩又给泰戈尔写信，告知他"在你停留中国期间充任你的旅伴和翻译，我认为这是一个莫大的殊荣"。由此可见，徐志摩对泰戈尔是多么崇拜。

当然，在泰戈尔旅华期间，除了给泰戈尔当旅伴和翻译这个"莫大的殊荣"外，徐志摩还找到了一个红颜知己，这同时也让民国的精英关系网有了更新的发展。

1923 年 4 月 23 日，泰戈尔和徐志摩到达北京前门火车站，在这里泰戈尔受到了梁启超、蔡元培、胡适之、辜鸿铭、熊希龄、林长民等一大批中国文化名流的热烈欢迎。这些人对于徐志摩并没有什么吸引力，因为他们都太熟了。但是徐志摩却发现了一朵靓丽的小花，她是作为燕京大学学生代表去欢迎泰戈尔的。

　　这朵靓丽的小花叫凌叔华，徐志摩和凌叔华相识后，就把她发展成了新月社的成员，接着他又为凌叔华的第一部小说《花之寺》作序，这也是徐志摩一生中唯一一次为他人作过的序。

　　那么，这个 25 岁的小花朵凌叔华又是怎样的精英女士呢？

　　凌叔华别名凌瑞棠，她是担任过清朝户部主事兼军机章京、保定知府、直隶布政使等职务的凌福彭的女儿。

　　凌福彭（字润台）与康有为是同榜进士，后又被点翰林，授一品顶戴。他同时还是一个大画家，并且和齐白石、姚茫父、陈寅恪这些精英人物都是过从甚密的朋友。

　　作为大画家的女儿，凌叔华能文会画便自然而然了。而且教她画画的老师也绝对有名，他们是慈禧太后宠爱的画师缪素筠和著名山水兰竹画家王竹林和郝漱玉；教她写字的老师更是被文化艺术界称为一代“怪杰”的辜鸿铭。

　　在 20 世纪 20 年代的北京，凌叔华是被学界誉为“四大美人”之一的才女；在 30 年代，她又是享誉文坛的“珞珈三杰”（另外两名为女作家袁昌英和苏雪林）之一。她的作品使人们“看见了世态的一角、高门贵族的精魂”，所以后来又深得鲁迅的赏识。

　　当她和徐志摩相识时，徐志摩正纠缠于同陆小曼的爱情中，同时，此刻的凌叔华也有着自己的爱慕对象。泰戈尔在中国期间，北京大学负责接待任务的是英文系主任陈源。陈源字通伯，笔名西滢，他是英国爱丁堡大学和伦敦大学博士，著名的学者、评论家，后来是民国政府驻巴黎联合国教科文组织的首任常驻代表。

　　5 月 6 日，北京英文教员联合会在燕京大学女子学院举行茶话会，欢迎泰戈尔，于是凌叔华就结识了陈源。之后他们便书来信往，讨论文学艺术问题。不久，凌叔华又在陈源主编的《现代评论》上发表了她的成名作《酒后》，再后来他们便结为秦晋之好，而徐志摩和陆小曼的爱情也终成了正果。

1931年徐志摩遇难后，落葬于海宁东山的玛瑙谷万石窝，先由胡适题写了"诗人徐志摩之墓"的碑文，后来徐父申如先生对胡适题字的墓碑感觉过于简短，于是就又请凌叔华为徐志摩再题一块碑文。凌叔华欣然应允，她取曹雪芹"冷月葬花魂"的寓意，在墓碑上题下了"冷月照诗魂"5个字。没有人能真正知道凌叔华题下这5个字的心思，所以徐志摩和凌叔华的关系，也就成为了后世永久的话题。

那么，娶到了"四大美人"之一凌叔华的陈源又是怎样的精英呢？原来他就是陈汲的哥哥、竺可桢的大舅哥，所以凌叔华也就成为了竺可桢的大舅嫂。你看，前面说的竺可桢与陈汲的姻缘是不是又联在了这里？

在20世纪二三十年代，"文坛四大美人"除了有凌叔华，其他三位是谢冰心、林徽因和韩湘眉。

韩湘眉究竟和徐志摩有着怎样的关系，后人的说法也是不一。但是徐志摩和韩湘眉的丈夫张歆海却是真正的好朋友，所以韩湘眉就是徐志摩的"弟妹"。

1931年11月18日凌晨，徐志摩准备去北平协和小礼堂听林徽因为外国使者举办的中国建筑艺术演讲会，从上海乘早车赶到了南京。在火车上，他从报纸上看到了北平已经戒严的消息后，害怕听不到林徽因的讲演，于是就想起张学良或许正在南京，那就干脆搭乘他的福特专机去北平吧。

有人也许会问，徐志摩是写朦胧诗的文化人，怎么会和指挥千军万马的张学良扯上关系呢？这就是关系网的奥妙了。其实只要有了关系网，上天入地都不是什么难事儿。

徐志摩有一个发小加同窗叫何竞武，后来何竞武的女儿何灵琰又是徐志摩和陆小曼的干女儿。何竞武那时正担任"中华民国"陆海空军总司令副官长，而张学良是陆海空军副总司令。你说有了这关系，徐志摩还能搭乘不了张学良的专机？于是徐志摩在南京下车后，就先到张歆海家去问情况。

张歆海是什么人物？他参加过刘海粟在"功德林"举办的"鸿门宴"。张歆海字叔明，美国哈佛留学生，曾任上海光华大学副校长，民国外交部欧美司司长，驻葡萄牙、波兰、捷克斯洛伐克公使。

徐志摩到张歆海家，张歆海和韩湘眉都没在家，于是他便来到了何竞武家，但是何竞武告诉他，张学良的飞机一时还到不了南京。没办法，徐志摩无奈之下，只好搭乘中国航空公司的"济南号"邮政飞机了。

晚上9点半，徐志摩又来到了张歆海家，张歆海夫妇还没回来，他就又去找杨杏佛，可是也没见到，就留下了一张便条，于是这张便条就成为了徐志摩致友人的绝笔（也有资料说，徐志摩在空难前的晚上见到了杨杏佛，他们还一起交谈到午夜才分手）。

10点多钟，张歆海夫妇回来了。聊到深夜，徐志摩才和他们依依惜别。张歆海和韩湘眉送他到门口时，徐志摩回过头来，像长兄似的在韩湘眉左颊上温柔地吻了一下，于是这个吻就成了徐志摩留给人间的最后一吻。

14个小时后，徐志摩便轻轻地走了。

公祭大会上，张歆海的挽联是：十数年相知情同手足，一刹那惨剧，痛切肺腑。而韩湘眉的挽联则是：温柔诚挚乃朋友中的朋友，纯洁天真是诗人中的诗人。

再说"文坛四大美人"之一的谢冰心。凌叔华22岁考入燕京大学预科，在这里她与即将毕业的谢冰心同学了一年，她们有了文友关系后便开始以姐妹相称。你看，徐志摩与民国文坛上的"四大美人"里的三个都有关系，剩下的一个还是凌淑华曾经的好姐妹。

大画家的苔痕梦里情

再说徐志摩的表妹夫陈从周。

陈从周和蒋定结婚后，因为徐志摩的关系，他就认识了著名画家张大千，并得到了张大千的赏识，于是就成为了张大千的入室弟子。

在前面曾经提到过这个人物，他是《中央日报》社社长程沧波大连襟谢觐虞的至交，中国画界最精英的人物之一，更是20世纪中国画坛最具传奇色彩的国画大师。张大千原名正权，后改名爰，字季爰，号大千。他的父亲张怀忠不是大名人，只是一个搞过教育的大盐商，不过他却和当代著名的藏书家、堪称一代宗主的傅增湘是好朋友。张大千的母亲曾友贞绝对是才女，同时也是当时知名的女画家。所以在曾友贞的熏陶下，儿子正兰、正权都成为了著名大画家，女儿张琼枝也在画界很有名气。

张大千的二哥张正兰又叫张泽，字善孖，号虎痴，他是书画大师李瑞清的学生，先后任过上海美专教授、孙中山总统府谘议、财政部佥事、国务院谘议等职。张正兰是中国的画虎大师。为了能随时观察虎的形态、习性，便于对虎写生、描画，他曾在家里精心养了一只老虎，所以人都尊其为"虎公"。张正兰最精英的事情是在美国空军志愿队援华作战时，他给陈纳德画了一张《飞虎图》。于是，陈纳德就将志愿队改名为"飞虎队"。

在母亲曾友贞和二哥张正兰的影响下，张正权（大千）青出于蓝胜于蓝，他是绘画、书法、篆刻、诗词无所不通，但是他仍然说："我之所以绘画艺术有成就，是要感谢二家兄的教导。"

张大千的姻缘网更是有趣。和张大千最早定亲的是大他3个月的表姐谢舜华。不过红颜薄命，这个美丽清秀、贤惠温柔的小美女在19岁就病故了。后来他又和一个曾氏的名门闺秀结婚，不过时间不长就分手了。

他的第二个夫人叫黄凝素，这又是一个天资聪颖、美丽动人的小女子，但是黄凝素和张大千的爱情最后也酿成了悲剧。

1935年夏，张大千在北平中山公园水榭举办个人画展，这时他遇到了才貌双全的北平城南观音阁曲艺演员杨宛君。张大千称赞杨宛君说："大鼓唱得太好了，听来感人肺腑，对我的绘画有很大的启示。"杨宛君则十分钦佩张大千的才华，于是两人爱慕之情油然而生。不过张大千最后还是和这个才貌双全的北平城演员分手了。

最后，"眼中恨少奇男子，腕底偏多美妇人"的张大千，在48岁时又娶了第四位夫人徐雯波。徐雯波不仅是一位俏佳人，而且她还是张大千大女儿张心瑞的同学。

张大师也有自己的红颜知己。1948年，张大千和一个女画家谈到过百年以后的事情，他们相约：在女画家所购的上海静安墓地，建两个寿穴，拟死后邻穴而葬，同时张大千还替女画家写了碑文，女画家也为张大千写了碑文。古人云"生不能同衾，死不能同穴"是情人之间最大的苦痛。但是张大千与这个女画家之间既非夫妻又非情人，为何要提出百年以后毗邻而葬呢？原来这就是红颜知己。这个女画家叫李祖云，字秋君，斋名欧湘馆，别署欧湘馆主，她的大哥李祖韩是张大千的至交。

李祖云是远近闻名的才女，著名画家，也是美术大师吴淑娟的学生和何香凝的朋友。她的父亲李茂昌也是"小港李家"的成员之一，是李云书的堂弟，所以李祖云和唐瑛的原丈夫李祖法就是堂兄妹。你看，民国这关系网是不是无处不在？

李祖云自幼染病，便与大哥李祖韩一起习画以静心调养。没承想经过十年努力后，"无心插柳柳成荫"的李祖云却成名了，而且还到日本、比利时开了画展，又在比利时获得了金奖。再后来，她又担任了中国女子书画会主席，因为支援抗战有功还受到了朱总司令的嘉奖。

后来在一次聚会上，她就与张大千相识了，于是两人结下了长达半个多世纪的友谊。传说张大千和李祖云的相识是因为——当年张大千应李茂昌之约到宁波来散心，在客厅为一巨幅《荷花图》所吸引，叹道："画界果真是天外有天啊。看此画技法似是一男子，但字体瑰丽，意境脱俗又有女风。实在让我弄不明白。"李茂昌问张大千可想见见画主，张大千连忙点头，还说要拜这个高人为师。李茂昌拍拍手，张大千只见一位清丽绝伦的年轻女子从房间走出来。几秒钟过后，张大千终于反应了过来，他推开椅子，几步跑到了李祖云的面前扑通一声跪倒，口中果真喊着："晚辈蜀人张爰见过师傅。"于是，一段旷世奇情就此拉开了序幕……

传说真假不知，但是张大千后来到上海，几乎都下榻在李家，住在楼下的房间里，而秋君和母亲总是住在后院楼上，这却是真的。

据说，有一次张大千病了，李秋君深夜下楼照料并差仆人请来医生。诊治后，医生笑对李秋君说："不要紧，太太，一点儿小毛病，先生明天就会好的，您放心吧！"张大千听了很不好意思，李秋君却处之泰然。

第二天，张大千向李秋君深表歉意，李秋君微微一笑："这有什么好道歉的？医生误会了，也难怪，按常人来看，要不是太太，深更半夜谁会在床边伺候？我要是向他解释，一时又说不清楚。反正太太不太太的，我们自己明白，也不用对外人去解释了。"

当然，这传说是真是假仍然说不清楚，但是李秋君终身未嫁，她只与张大千兄妹相称，同时她也是张大千女儿心瑞、心沛的干妈，这却是真的。

张大千50大寿那天，他偕新婚夫人徐雯波由重庆飞抵上海。上海的众多朋友、弟子都送来了贺礼，但是张大千最满意的却是著名金石大师陈巨来的治印，因为那上面刻着"百岁千秋"4个字，将张大千和李秋君的名字以及合庆百岁的含义都巧妙地含在了印章里。

同年，在李秋君50岁生日那天，他俩又合作了一幅山水画，然后就用此印钤盖。两人还相约今后再合作50幅，各人另绘25幅凑足100张，到了百岁整寿时在上海开个画展……但梦想并不是都可以成真的。

1973年，74岁的欧湘馆主芳魂西飘；1983年，84岁的国画大师与世长辞。

恨不相逢未娶时。造化总是如此弄人，所以"平生结梦青城宅，尘蜡苔痕梦里情"也就不足为奇了。

文坛美人的人生交往

1929年11月，光华书局出版了一部短篇小说集叫《温柔》，它的作者谢为楫只是一个19岁的文学小青年。他的姐姐叫谢婉莹，也就是文坛上的"四大美人"作家之一谢冰心。

凌叔华与谢婉莹曾经是姐妹相称的好朋友；凌叔华与徐志摩是那种比朋友更亲、比恋人略淡的说不清道不明的关系；而谢为楫则是徐志摩的学生。1930年10月，中华书局出版他的第二本小说集《幻醉及其他》时，徐志摩亲笔题写了书名。你说他们这些人的关系怎么理清？

谢为楫毕业于崇实中学后又留学英国，曾担任上海海关军事学校的教授。1927年，谢为楫的表哥刘放园在上海担任通易信托公司董事期间，女儿刘纪华在上海启明中学初中毕业。刘放园觉得北京的中学要比上海办得好，所以他就将唯一的女儿刘纪华托付给冰心，随她带到北京去上学。

刘纪华在北京考上了燕京大学女子附中，同时刘纪华与谢为楫开始萌发了爱情。8 年后，他们终于在燕京大学的临湖轩举行了婚礼，燕京大学的校务长司徒雷登是他们的证婚人。

虽然看起来刘放园是谢为楫的表哥，其实他只是谢为楫母亲的表侄，比谢冰心还大 17 岁，所以谢冰心和谢为楫就一直都拿他当长辈相待，同时他也是让谢冰心走上文学之路的"伯乐"。他当年在《晨报》任副刊编辑时，谢冰心写的第一篇作品就是他给发表的。从这以后，他就开始主动提携这个可以栽培的表妹。

刘放园是日本留学生，也是周作人的学生，早年在北京大学图书馆给馆长李大钊当过助理，后做过民国国会众议院的秘书长，是文学研究会发起人之一。当然，他的女儿刘纪华也是绝对的才女，还和陆小曼是好朋友。

谢为楫虽然也是作家，但是他与姐姐谢冰心比起来还是差得很远。因为谢冰心是现代著名诗人、作家、翻译家、儿童文学家、中国作家协会的名誉主席和顾问，被称为是"世纪老人"。

谢氏姐弟的父亲是真正的军人。父亲谢葆璋是福州城内光禄坊道南祠教书先生谢銮恩的儿子。但是这个教书先生可不简单，就连萨镇冰（中国近代著名的海军将领、民国海军总长）、黄乃裳（著名的华侨领袖）都曾经是他的学生。当然，黄乃裳也和民国的大人物有着姻亲关系，他的女儿黄端琼后来就是张菁英的婆母，至于张菁英是谁家的女儿，在后面告诉你。

同时，谢銮恩和天津水师学堂的总教习严复还是好朋友，所以谢葆璋就进了严复的天津水师学堂。

你看看，关系网绝对是无处不在的。当然，尽管是有关系，但是谢葆璋也确实精英。在天津水师学堂，谢葆璋是以第一名的优异成绩毕业的。然后他就登上了当时中国最牛的军舰——"来远"号担任枪炮官，在后来的甲午战争中，只有他作为枪炮官的"来远"号还能平安回来，这绝对是他精英的地方。之后，他又在萨镇冰筹办的海军学堂任练营营长兼海军学校校长，再后来就到北京海军部担任了次长、代理海军总长。谢葆璋有一个很厉害的同学和好朋友，他是后来的民国大总统黎元洪。

徐志摩盘根错节的关系网中又节外生枝了关系网，忽然觉得应该有这样一个"结束语"，那就是：天不老，情难绝。心似双丝网，中有千千结。

下面插播一段广告。

广告的画面是：在苏州古老的十全街上，有一个叫"怀厚堂"的百年老宅，它建于清代嘉庆年间，从这座百年老宅里结出的"结"，将再一次让我们看到关系网那震撼的魅力……

第六章

"怀厚堂"与鉴湖越台的传奇亲姻

"怀厚堂"里的男雄女英

在苏州古老的十全街上，有一个建于清代嘉庆年间，坐北朝南两路五进的院落叫"怀厚堂"。现在这个院落已经有部分被拆毁，只有几棵古老的罗汉松还在街旁默默地回忆着那曾经辉煌的岁月。

前面说过，陆小曼有一个老师叫刘海粟；刘海粟也有一个老师叫蔡元培；那么蔡元培的老师又是谁呢？这就要从"怀厚堂"的最起端讲起，这样才能看得更清楚。

明代大学士王鏊是"天下文章第一，山中宰相无双（唐寅语）"的精英人物，他的第十三世孙是王颂蔚，是蒋恩钿的恩师王季玉的父亲、一代巾帼谢长达的丈夫，而这两路五进的"怀厚堂"就是他家的老宅。

王颂蔚（字芾卿）是大思想家冯桂芬的学生。他学识渊博、办事干练，被称为"苏州三才子"之一。做过军机章京，受到潘祖荫、翁同龢等人的器重，当时人皆称他为"颂蔚才"。

当然，器重王颂蔚的那两个人也了不得。潘祖荫字在钟，小字凤笙，号伯寅，他不仅是工部尚书，还是学者、收藏家，而且他的关系网更是了不得。他的祖父潘世恩是状元出身，官封太傅及武英殿大学士；他的叔叔潘世璜是探花出身；他的父亲潘曾绶是内阁侍读。

翁同龢字叔平，号松禅，他不仅是协办大学士、户部尚书，还是中国近代史上著名的政治家、书法艺术家，而且又是同治、光绪两代皇帝的老师。

你说有这样两个大人物的欣赏，王苹卿能不精英吗？

1893年，26岁的蔡元培去北京参加科举，当时好多人都劝他别去了，因为他的才学与科举制度是格格不入的，所以根本就考不取。但是也有人说除非是京城的王先生判卷，那还有可能。幸运的是，蔡元培不但遇到了王颂蔚判卷，而且还成为了他的学生，当然他也就中了进士，授了翰林院编修。

可以说王颂蔚发现蔡元培，这是中国历史上的巨大贡献。当然，前面说的谢长达、王季玉办学时，为什么能请来诸多的社会名流当老师也就顺理成章地有了答案。因为蔡元培的关系，师母开办的学校他能不鼎力相助吗？

王颂蔚不仅有精英的祖先，精英的老师，精英的夫人，精英的学生，他更有众多精英的儿女。可以说从"怀厚堂"延伸出去的关系网，和海宁名门延伸出去的关系网同样广阔。

1931年11月的一天，当时住在大连文化台的王家来了一个在中国赫赫有名的女人，她叫婉容，是曾经的皇后，当然也是王家主人王季烈的好朋友。婉容被废后，王季烈就安排她住在了自己家的二楼，直到一个月后，她才搬到旅顺的肃亲王府。

王季烈就是王苹卿的长子，王季玉的大哥。王季烈字晋余，号君九，又号蠡庐，他是张之洞的器重之徒，也是陈叔通和叶恭绰的好朋友。同时他也是清末民初的物理学著作翻译家，翻译出版了中国第一本以物理学命名、具有大学水平的教科书，还编著了中国第一本中学物理课本，主持编印了《物理学语汇》，为近代物理在中国的传播做出了重要贡献。

陈叔通咱们前面说过，那叶恭绰又是干什么的？

叶恭绰曾任过北洋政府交通总长、国民政府财政部长、铁道部长、北京大学国学馆馆长。同时他还是书画家、收藏家、中国画院首任院长，所以才能和王季烈成为好朋友。

1910年，英国爱尔兰皇家学会会刊上发表了一篇关于四元函数微分法的学术论文，又被誉为"王氏代数"，引起了数学界的巨大轰动，这个论文的发表者叫王季同，他就是王芾卿的次子。

王季同，字小徐。他既是近代佛教居士、佛学家，同时又是科学家，近代中国进行现代数学研究且取得成果的第一人。做过京师同文馆的算学教习，著有《泛倍数衍》《积较补解》。在那个时代就开始讨论级数与积分，后来又赴英任留学生监督，和胡适、辜鸿铭、蔡元培都是好朋友。王季同的先夫人叫管尚德，在管尚德去世后，妹妹管尚孝又成为了王季同的续弦。应该说管家在苏州也是一个名门望族，管尚德和管尚孝的父亲管礼耕也是冯桂芬的学生，并且和王颂蔚是好友，所以后来他们就成了儿女亲家。当然，王季同和管尚德的弟弟管尚平也是同文院的同学，而且后来他俩又继续成为了儿女亲家。

1936年9月，一个32岁的少将军官受命担任了民国中央机器厂总经理。在他的管理下，中央机器厂的生产能力提高很快，在抗战时期不但做出了很多科研成果，还在很短的时间里创造出了许多个"中国第一"：生产出中国第一台机械工业的工作母机，第一台大型发电机，第一台大型汽轮机，第一台500马力电动机，第一台30—40吨锅炉，第一座铁合金冶炼炉等。1942年5月，这里研制出的中国第一批"资源牌"4吨汽车，更是轰动了全国。这个32岁的少将军官叫王守竞，就是王季同的长子。

其实早在王守竞29岁时，国民政府兵工署长俞大维就登门请他去主持筹建南京的光学器材厂。为什么政府兵工署会如此器重王守竞呢？因为他是中国最早的理论物理学博士之一，任过北京大学物理系主任，掌管过编写英汉对照的物理学名词大权，还是物理学名词审查委员会七委员之一。他发现的量子力学公式，又是一个"王氏公式"。

1940年，中央机器厂又来了一个23岁的工程师并兼任七分厂厂长，他叫王守融，就是总经理王守竞的弟弟。也许你会以为王守融是靠哥哥的门路，才当上了厂长，其实谬矣。王守融是中国精密机械与仪器仪表学科的创建者之一。他16岁考入清华大学机械工程系，20岁毕业留校任教。31岁时又出任了民国上海资源委员会下属的上海机器厂厂长兼总工程师。后任天津大学机械工程系教研室主任，并设计、制造过中国第一台计算尺刻线机。

王守融的夫人叫管义秀，她就是管尚德的弟弟管尚平的女儿。要说起来，管尚平的女婿除了王守融，还有几个也同样精英。一个就是民国铁道部成立之初的总务司长陈延炯；还有一个就是民国驻乌克兰领事尹肯获。

你看这王家与管家的关系网都很精英吧？

在王守融进入中央机器厂的第二年春天，中央机器厂又来了一个22岁的王守武，就是总经理王守竞和七分厂厂长王守融的弟弟，也是洪朝生和邓稼先的好朋友。

王守武是同济大学机电系毕业生，4年后，他又赴美国普渡大学研究生院留学并获工程力学博士学位。筹建过中国第一个半导体研究室，设计制造了中国第一台拉制锗的单晶炉，制成了中国第一批锗合金管和合金扩散管，他的夫人葛修怀也是著名的科学家。

1931年秋天，一个7岁的小男孩，在苏州一座小桥上徘徊了良久后才走向不远处的家门，因为他的数学考试只得了99分，不敢回家。他叫王守觉，就是王季同的幼子。因为王季同认为数学不得满分那是一件很不可思议的事情，所以只得了99分的王守觉，不好和父亲交代。但是这个只得了99分的王守觉，后来终于成为了中国著名的科学家，为中国发展两弹一星做出了巨大贡献。

1941年是中国抗战最艰苦的岁月，不论前方后方，军民的伤亡都很大。在这种情形下，中国红十字会就承担了它的特殊责任。这时，一个42岁的医学博士担任起红十字会救护总队副总队长的职务，并兼任昆明办事处主任，负责云南省等地的战争医疗救护工作。他叫倪葆春，是美国约翰斯·霍普金斯大学医学博士，中国著名的医学家，上海第一医科大学的创始人之一，曾担任上海圣约翰大学代理校长和医学院院长。

他的夫人叫王淑贞，也就是王季同的长女。王淑贞也是美国约翰斯·霍普金斯大学医学博士，她与林巧稚齐名，有"南王北林"之誉，是中国妇产科学奠基人之一，主编过中国第一部高等医学院校统一教材。

王季同的小女叫王守璨，她则是中国晶体物理学研究的主要创始人之一，是X射线晶体学研究队伍的主要创建人之一陆学善的夫人。

王苇卿的三子王季点，留学日本东京高等工业学校回国后，担任了农工商部主事、北平工业实验所技正兼代所长，是中华化学工业会的发起人之一。他的女儿王守辰是燕京大学校长陆志韦的儿子陆卓元的夫人。

四子王季绪是中国最早的机械工程专家，剑桥大学高才生，北平大学代理校长、北洋大学代理校长、北洋工业院院长。他的女儿王守京则是中国著名音韵学家董同和的夫人。

再来看王苐卿的女儿们。有人说在封建社会"女子无才便是德"，可王苐卿的女儿们那可都是才女。所以说，你最好不要相信那些骗老百姓的鬼话。

清末时期的江苏，是女性留学日本人数较多的地区之一，但其中自费的较多而官费的较少，1907年，江苏省首次官费派往日本留学的学生中，只有5个女性。同时，那些自费的留日女生的学习层次也比较低，她们有的没能进入正规的专门学校，而仅仅就读于"补习"与"速成"学校，还有的并没有完成学业取得毕业资格。所以整个江苏女生进入了正规高等学府的，就只有东京高等女子师范学院的杨荫榆和神户女子学院的王季昭。杨荫榆是律师杨老圃的女儿，杨荫杭的妹妹；而王季昭则是王苐卿的长女，王季玉的姐姐。

1907年，清政府还派出了第一批官费女子留美生，其中有一个叫王季茝的女孩子，她后来成为了中国的第一位女化学博士，美国芝加哥大学教授，著名的化学家。她就是王苐卿的次女，王季玉的二姐。

三女就是王季玉。

王苐卿的五女叫王季常，毕业于清华大学文学系，后嫁给了苏州的一个金融世家。由于受母亲王谢长达的影响，王季常就让夫家出钱，开办了"私立安靖低级商科职业中学"，好像就是今天苏州工业中专的前身。

长江后浪推前浪，世上新人赶旧人。不过王苐卿的关系网并没完结，而是越来越广阔。

"怀厚堂"牌的"居里夫人"

1945 年第二次世界大战结束后，在英美国家普遍有着这样一个说法，那就是："终结'二战'的是原子弹，而帮助我们赢得战争的则是雷达。"

说到雷达的发明，就不能不说到一个女人，正是因为她为雷达关键技术研究做出的重要贡献，才有了赢得战争胜利的雷达。这个女人叫王明贞，她就是的王淑贞的妹妹。

王明贞是中国最早的女物理学家之一、杰出的物理学教育家、清华大学建校以来的第一位女教授，同时还是有着"中国居里夫人"美誉的女科学家。

1930 年，24 岁的王明贞在北平燕京大学物理系毕业了，这时成绩优秀的她，申请到美国密歇根大学求学，并得到了校方 4 年全额奖学金的承诺，然而路费又成了问题，因为父母不同意她去美国。没办法，她只好向密歇根大学寄出了一封谢绝信，然后就在燕京大学一面做助教一面读研究生。两年后，王明贞在燕京大学毕业，这时金陵女大便邀请她去承担数学和物理教学。

在这里，王明贞像蒋恩钿遇到王季玉一样，也遇到了她人生中最重要的恩人，这个恩人就是金陵女大校长吴贻芳。1938 年，吴贻芳校长又向美国密歇根大学推荐了王明贞，结果密歇根大学就给了王明贞一个 4 年全额奖学金，这时已经工作了 6 年的王明贞不再有路费的烦恼，终于圆了自己的留学梦。

为什么吴贻芳向美国密歇根大学推荐，就能让王明贞得到 4 年全额的奖学金呢？因为吴贻芳是让整个世界都尊敬的精英女士。

吴贻芳号冬生，曾用名 Constance，她是中国最杰出的女教育家之一，著名的社会活动家，同时也是中国第一届女大学生、中国第二位女博士、中国第二位女大学校长（第一位女大学校长杨荫榆）、代表中国政府在《联合国宪章》上签字的第一位女性。

可以说吴贻芳的关系网也和前面的那些精英人物有着密切关系。吴贻芳出生在书香世家，她的祖父曾任湖北荆州知府，父亲吴守训做过候补县长和湖北省牙厘总局财务科长，母亲朱诗阁是出身于杭州的大家闺秀。但是吴贻芳的童年却异常悲惨。吴贻芳 14 岁时父亲去世，不久后母亲、哥哥和姐姐又相继去世，吴贻芳和妹妹二人只好投奔在杭州的姨父家。吴贻芳的姨父叫陈叔通，他就是王明贞大伯父王季烈的好朋友，也是蒋百里的老师陈仲恕的弟弟。你看，民国这亲缘关系网连接得真是紧密吧？

由于陈叔通的关系，吴贻芳插班进入了杭州弘道女中就读。在这里，吴贻芳得到了学校美籍教员诺马莉的赏识。1916 年，诺马莉受聘于金陵女子大学时，她马上就推荐吴贻芳作为特别生插入了金陵女子大学一年级读书。1919 年，26 岁的吴贻芳以优异成绩毕业，成为中国第一代获得学士学位的女大学生。之后，她受聘于北京女子高等师范学校担任英语部主任。

1922 年，她又得到了一个美国人的赏识。那一年，美国蒙特霍克女子大学校长到学校演讲，担任翻译的吴贻芳给她留下了良好的印象。于是在她的推荐下，吴贻芳赴美国密执安大学研究生院生物系学习，获得了双博士学位，也由此成为了仅次于郑毓秀（中国历史上第一位女博士，第一位女性律师，第一位省级女性政务官，第一位地方法院女性院长与审检两厅厅长，第一位非官方女性外交特使，第一位参与起草《中华民国民法典草案》的女性）的中国第二位女博士。

回国后，35 岁的吴贻芳便担任了南京金陵女子大学校长，这也是金陵女子大学的第一任华人校长。她在这里一干就是 23 年，一共培育出了被世人称为"999 朵玫瑰"的 999 名知识女性。1943 年，吴贻芳参加"六人教授团"前往美国宣传抗战，被时任美国总统的罗斯福称赞为"智慧女神"。

吴贻芳是金陵女大最伟大的校长。因为虽然她自己终身未婚，但是她却给金陵女子大学的女孩子们创造了很过瘾的恋爱空间。

一天早晨，吴贻芳散步时发现窗下有一把椅子，原来是一个恋爱晚归的学生被关在外面，只好爬窗户进了宿舍。吴贻芳很担心学生的安全，于是就把宿舍楼下的会客室划出一部分装饰一下，隔成许多半封闭的小间，里面设一些桌子和椅子，供恋人们聊天。在晚上 9 点之前，女同学可以带男朋友在里面交谈，只要求他们把谈话时吃的糖纸瓜壳，在临走时用纸包走。因为有了固定的约会地点，学生们开始把恋爱戏称为"Local"，谁的男朋友来访，就纷纷打趣："你的'Local'来了！"

你说，在这里你要还不好好学习那能好意思吗？所以她的学生们各个都是精英人物，并没有谁因为谈恋爱耽误事业的进程。她培养出的 999 位女生那是享誉世界的 999 朵玫瑰。

王明贞和她的恩师吴贻芳一样，也是伟大的女性；但是她也和她的"恩师"不一样，因为她找到了自己的另一半。

碧草从此空，烟光拂夜色。华舟荡秋风，敛意怅何已。

"网师园"牌的"居里夫人"

1909 年夏天，北京。

29 岁的清廷军谘府第二厅军官何澄，拜访了在日本留学期间认识的老朋友、时任北平工业实验所技正（总工程师）兼代所长的王季点。何澄在王家又遇到了王季点的长兄王季烈。闲聊中，何澄得知王家十世祖曾经受过何家"高义割宅"的恩惠，所以越聊越亲近，越聊越相投，结果他没想到竟然会聊出一段姻缘来。

王季烈（此时王芾卿已经去世，由王季烈主持家务）在征得母亲谢长达和四妹王季山的同意后，就向何澄许下了这门亲事。1910 年 1 月 23 日，何澄与知书达理、甜美文静的王季山，在苏州王家祖宅花厅举行了结婚典礼，随即夫妇带着娘家丰厚的陪嫁北上京城。

这个娶得美人归的年轻军官何澄又是什么样的精英人物呢？

何澄，字亚农，号真山。何澄出身于一个五代"科举旺族"的官宦世家。1902 年，22 岁的何澄自费东渡日本入振武学堂，后入日本陆军士官学校第四期学习。1905 年，在同盟会创始人之一谷思慎的介绍下，何澄加入了同盟会，同时还加入了该会的核心组织"铁血丈夫团"，第二年又被选为"铁血丈夫团"的军事骨干，受孙中山派遣回到山西进行革命宣传和组织工作。

1908 年，何澄毕业回国后，被清廷陆军部派往陆军速成武备学堂（即后来的保定陆军军官学校）任兵学教官，成了蒋介石的老师。1909 年，他进入清廷陆军部军谘府。1911 年辛亥革命爆发后，何澄任沪军第二师师参谋长，蒋介石为他的下属，协助陈其美谋划光复上海。1912 年 8 月，何澄宣布退出军界回到苏州定居，在十全街建造了自己的第一所私宅"二渡书屋"，同时也与吴湖帆、张善孖、张大千、叶恭绰这些文化名流成为了好朋友。

1940 年，何澄又一举买下了苏州四大名园之一的网师园（当年张善孖养老虎的地方）。这个网师园是苏州园林中极具艺术特色和文化价值的代表作品。始建于宋淳熙初年，当时叫"渔隐"，清乾隆年间又定名为"网师园"，并形成了现在的布局。

1910 年 11 月，何澄与王季山的长女何怡贞出生。1933 年，23 岁的何怡贞获得了美国马萨诸塞州蒙脱霍育克学院物理化学硕士学位。

1937年，27岁的何怡贞又在美国密歇根大学获得了物理学博士学位，成为了中国第一个物理学女博士。

1938年，大教授叶企孙的爱徒、才华横溢的25岁青年男子葛庭燧考入了燕京大学物理系研究院。这时的何怡贞也随家人从上海来到了北平，她先在北师大教了几个月的物理课后，她父亲的朋友、时任燕大校务长的司徒雷登就聘请她到燕京大学任物理学教授，结果葛庭燧就成了何怡贞的研究生。由于葛庭燧的恩师叶企孙也是何澄的朋友，于是葛庭燧和他的老师何怡贞的关系也就更加密切了。

25岁的青年男子对爱情是很向往的，于是葛庭燧逐渐发现自己陷入了对美丽而博学的老师何怡贞无法自拔的暗恋中，何怡贞的倩影让他魂牵梦绕。经过3年历经磨难的苦苦追求，1941年7月7日，何怡贞终于与她的学生葛庭燧在上海大陆商场的清华同学会馆举行了婚礼。当然，葛庭燧并没有辜负老师兼夫人的期望，经过8年的科学攀登后，他终于成为了世界著名的金属物理学家。

1912年，何怡贞有了一个小弟弟，他叫何泽明。何泽明留学日本回国后，也进入了表哥王守竞担任总经理的昆明中央机器厂担任总工程师，何家和王家总是有缘。再后来何泽明又担任了北京钢铁学院教授、北方工业大学副校长。

1914年，何怡贞又有了一个小妹妹，她叫何泽慧。1932年，18岁的何泽慧从外祖母和三姨创办的苏州振华女校高中毕业了，在姐姐和哥哥们的影响下，这个小女孩也对科学有着无比的兴趣，于是她便随同学一起前往上海考大学。在上海，何泽慧分别参加了浙江大学与清华大学的招生考试，她的第一志愿报的是浙大，第二志愿是清华。

虽然她自己并没有把握能考上清华，但是她还是以第一名的成绩考上了。她后来回忆说："考浙江大学的人有800多，我报考的是物理学系，他们取的只有我一个女生，你说我的运气好不好？报考清华大学的一共有近 3000 人；清华的希望小得不得了！"

这一年清华大学物理系一共招收了 28 名学生，其中 10 位是女生，何泽慧就是其中之一。但由于受到传统偏见的影响，教授们都认为女生读物理难以学有所成，所以就纷纷劝她们转系。结果到最后只有何泽慧一个女生坚持到了毕业。

坚持到毕业的何泽慧，一举夺得了全班毕业论文的最高分，得到第二名的则是一个彬彬有礼、颇具风度的男生，他叫钱三强。他们此刻都已经对对方有了好感。

但是 1936 年的中国大地，正是烽烟四起的年代。所以刚从大学毕业的何泽慧顾不上自己的儿女私情，她这时得到了一个消息，山西省政府有一项规定，凡是毕业于国立大学的山西籍学生，山西省均资助 3 年共 3000 大洋出国留学。何泽慧虽然出生在苏州，但祖籍却是山西省灵石县，于是她立即回山西办好了手续，然后就选择了留学最便宜的德国。

这时，得到第二名的钱三强却在蒋恩钿的徒弟吴有训的推荐下，来到了北平研究院物理研究所，给著名的物理学家严济慈所长做助理员。于是，这对似乎萌发出爱情萌芽的同学便天各一方了。

在德国，何泽慧进入了柏林高等工业大学技术物理系，她是这里第一次招收的外国学生，也是弹道专业第一次招收的女性学生。3 年后，25 岁的何泽慧终于以一篇《一种新的测量子弹飞行速度的方法》的论文获得了博士学位。

这时钱三强已经在严济慈教授的引荐下，来到法国巴黎大学镭学研究所居里实验室攻读博士学位两年多了，他的导师就是居里夫人的大女儿伊莱纳·约里奥。

这时的全世界都已经不太平了。1939 年 9 月 3 日，英国和法国正式向德国宣战，第二次世界大战从此爆发，何泽慧与钱三强也成为了驻在敌对国的中国人。

9月3日之前，清华老同学王大珩等人到德国来玩，何泽慧从他们这里知道了钱三强的一些消息。但是因为战争期间德国与法国不能通信，直到1943年，何泽慧才给7年未见的钱三强写了一封信。由于战争在继续，信不能封口而且还只限25个单词，所以信很简单，大意就是问钱三强是否还在巴黎，如可能，代她向家中的父母写信报平安。

　　美好的姻缘就是从这封短信开始的。这以后，两位年轻人的通信也就越来越频繁了。两年后，钱三强终于向何泽慧发出了一封25个字之内的求婚信："经长期通信，向你提出求婚。如同意，我将等你一同回国，请回信。"

　　因为此时，盟军已经开始对德国柏林进行大规模的轰炸，钱三强非常担心何泽慧在德国的安全。不久后，他终于在不安中等到了何泽慧同样简练风格的答复："感谢你的爱情。我将对你永远忠诚。等我们见面后一同回国。"

　　1946年春天，何泽慧离开了德国海德堡威廉皇家学院核物理研究所，来到了钱三强在巴黎的寓所，随身只带了一只小箱子。他们举行了婚礼后，何泽慧也进入了巴黎大学居里实验室，与钱三强成为了同事。他们经过几个月的实验分析，于1947年初，正式发表了证实铀核三分裂、四分裂现象存在的论文，在国际科学界引起了巨大的轰动。在当时西方的报道中，都称赞钱三强与何泽慧是"中国的居里夫妇"。这一年，何泽慧33岁，钱三强34岁。

　　钱三强为什么能在清华毕业后就得到吴有训的推荐，给严济慈做助理员呢？因为他也有着绝对不平凡的关系网。

　　在民初的学术界常有精英人物发出一些惊世骇俗之语。比如有一个叫钱玄同的大教授，他就针对中年以上的人大多固执而专制，发出过这样的愤慨语："人到40就该死，不死也该枪毙！"结果在他40岁时，一些朋友就准备在《语丝》周刊上发行一篇《钱玄同先生成仁专号》，当然讣告、挽联、挽诗等都是用的幽默语言。当和钱玄同一起创办《国语周刊》的黎锦熙告诉他这些之后，钱玄同认为此事不免"谑而虐"，于是这一专号并没有发行。但是由于《语丝》在与南方刊物的交换广告中已经将这一专号的要目刊出，结果这就热闹了。

南方一些不明内情的人一看见目录，便信以为真并互相转告。一时间，钱玄同的朋友、学生纷纷致信函悼唁，在北京演出了一场悼念活人的闹剧。

这个闹剧的始作俑者钱玄同就是钱三强的父亲。

钱玄同原名钱夏，字德潜，号疑古。他是章太炎的学生，并且和钱基博、钱均夫一样，也是吴越国太祖武肃王钱镠之后。作为民国著名思想家的钱玄同，当时在教育界的名气那是不得了的。

据说他只教课，从不批改学生们的考卷。于是北京大学特意为他刻了一枚木质图章，上书"及格"二字。他收到考卷后即直接送到教务室，由教务室统一盖上及格的图章，而后按照各人的名字分别记入学分档案。结果有一次他到燕京大学兼课时，就碰了钉子。燕大竟将他送上的未判考卷原样退回了。他也顿时来了脾气，毫不退让，又将考卷原封不动地退了回去。几次之后，校方就警告他说，如再次拒绝判卷，就要对他进行惩罚，扣他的钱。这老先生对此立即作书一封，言道："判卷恕不能从命，现将薪金全数奉还。"还在信内附钞票若干。

钱玄同的父亲钱振常曾经是清政府吏部主事，晚年又是绍兴、扬州书院的山长。大伯父钱振伦是大学士翁心存（翁同龢父亲）的女婿，所以当年很器重王苕卿的翁同龢就是他的大舅哥。

钱玄同的大哥叫钱恂，他给张之洞做过助手，后为清政府驻日本、英、法、德、俄、荷兰、意大利等国使馆参赞及公使。钱玄同的大嫂，叫单士厘，她是饱学之士单棣华的女儿。聪颖过人，博学能文，是中国最早迈出闺门、走向世界的知识妇女之一。他们的儿子钱稻孙更是精英，曾任中华民国教育部的督学，清华大学图书馆馆长，北京大学秘书长、校长。是中国汉译但丁《神曲》的第一人，同时也是从意大利原文汉译《神曲》的第一人。他的夫人包丰保也是中国最早迈出闺门的才女，中国第一批留日的女学生。

钱玄同的夫人叫徐婠贞，她的家世也和何家、钱家一样，在清末民国颇具影响。徐婠贞是曾任过清政府兵部郎中的徐树兰的孙女。徐树兰虽然身居高位，但是他并不喜欢喝酒，却喜欢读书。他家在绍兴建过一个很著名的藏书楼，叫古越藏书楼，当年蔡元培就在这里干过校书。徐婠贞的父亲叫徐元钊，他是钱振常的学生，所以钱徐两家堪称世谊。

1923 年，何家最小的女儿诞生了，她叫何泽瑛。

因为她是老女儿，父母不舍得放手，正如何澄诗云："全家十口今留几？二老膝前瑛一人。"又跋语云："子女八人今惟瑛女留侍左右，余均散在四方。幸瑛女孝而能终日欢欣，慰我二老，使余减去寂寞不少。"同时也由于时局的变化，所以何泽瑛没有了出国留学的机会。但是她后来还是成为了和姐姐们一样精英的女性，和丈夫刘浩章一起成为了植物学领域颇有成就的学者。

困诗感叹人才旧，投笔惭书岁月今。

当然，从"怀厚堂"里延伸出去的关系网到此并没有完结，因为和恩师吴贻芳不一样的王明贞，她的另一半将把"怀厚堂"的关系网延伸到更加宏大的空间中……

鉴湖越台的亲姻网

1946 年，已经获得博士学位，在国际物理界功成名就的王明贞回国之后，受邀到云南大学物理系任教，在这里她找到了自己的"另一半"。他叫俞启忠，是一个农业专家。

在浙江绍兴城西南，有一个 3 平方公里大小的湖泊，这个风景优美的小湖泊从宋朝起叫鉴湖。在它附近有一座山，春秋时期的越王勾践曾在此山登眺，于是他站立的地方后来就起名叫越台。中国有老话说"山清水秀出圣人"，鉴湖越台这里出了很多名人。

为人低调却成就卓然的俞启忠就出身于鉴湖越台的名门望族。俞启忠的父亲叫俞大纯，又名俞大线，他是德国柏林工科大学留学生，曾和鲁迅前后两次一起留学日本，后任民国交通部陇海铁路局局长。

俞启忠的祖父叫俞明震，他是官衔四品的大诗人，也是鲁迅的老师。甲午战争时，他曾协助台湾巡抚唐景崧据守台湾，先后担任过厘捐总局局长，甘肃省学台、藩台、南京江南水师学堂校长等职。

俞明震的父亲，也就是俞启忠的曾祖父叫俞文葆，做过湖南巡抚。他的同族大哥叫俞樾。

1890 年，21 岁的章太炎到杭州诂经精舍受业，他的老师就是杭州诂经精舍山长俞樾，也正因为有了俞樾，才有了后来著名的章太炎、钱玄同、许寿裳、周树人等精英大师。所以后来章太炎自己曾说："余十六七岁始治经术，稍长，事德清俞先生，言稽古之学，未尝问文辞诗赋。先生为人岂弟，不好声色，而余喜独行赴渊之士。出入八年，相得也。"

俞樾字荫甫，自号曲园居士。他是曾国藩的学生，也是李鸿章的同学和好友，同时也是章太炎、吴昌硕、井上陈政（日本人）等人的老师。曾做过河南学政，后居苏州主讲紫阳书院，晚年主讲杭州诂经精舍。

当年曾国藩曾经对俞樾和李鸿章这两个学生有过这样的评语："李少荃拼命做官，俞荫甫拼命著书。"所以后来俞樾就成为了著名的文学家、经学家、古文字学家、书法家，晚清最有影响的学者之一。当时海内及日本、朝鲜等国向他求学者甚众，尊之为朴学大师，号称有"门秀三千"。而"拼命做官"的李鸿章则成为了晚清著名的政治家。

看来曾国藩评价学生确实很是准确。

俞樾的长子俞绍莱（字廉石）曾做过直隶北运河同知，后早逝，没有子嗣。次子俞祖仁，字寿山，由于他身体不佳，所以也未出仕。不过他的儿子俞陛云简因为俞绍莱没有子嗣，所以又兼祧俞绍莱之后。俞樾的次女叫俞绣孙，她天资聪慧，酷嗜诗赋，深得俞樾的喜爱。1863 年，俞绣孙嫁给了曾任松江知府的许祐身。

应该说许家也是浙江杭州一带不折不扣的名门望族。许祐身的祖父许学范一共有 8 个儿子，其中 7 人相继中举，所以有"七子登科"的美誉。许祐身的父亲叫许乃钊，排行老七。历任过河南、广东学政，江苏巡抚兼"江南大营"帮办。他的大哥许乃普更是历任过兵部尚书、工部尚书、内阁学士等要职。

再说兼祧两家之后的俞陛云。

俞陛云（字阶青）是近代知名的大学者、诗人，书法家，也是中国历史上的最后一名探花及第。他曾经是皇帝溥仪的好朋友，但是在溥仪邀请他佐政伪满洲国时，他却撕信逐使，然后便终生不再与他往来，用不合作的态度维护了民族大义和人格的高风亮节。

俞陛云的先夫人彭见贞是清代湘军大将、曾国藩的水军创建者之一兵部尚书彭玉麟的长孙女。在彭夫人病故后，俞陛云又续娶了姑姑俞绣孙的女儿许之仙。

1900 年，俞陛云和许之仙的儿子降生了，他叫俞铭衡。俞铭衡字平伯，以字行世。他是现代诗人、作家，与胡适并称为"新红学派"的创始人。

1918 年，在北京大学读书的俞平伯奉父母之命结婚了，他的夫人叫许宝驯，这又是一个琴棋书画无一不通的温柔淑女，当然她也是许家的女儿。许宝驯的父亲叫许引之，他就是许祐身的儿子。怎么样，是不是有些纠结？所以才说这是鉴湖越台、名士之乡的传奇亲姻，所以民国的裙带才能飘曳得如此浪漫多姿。

许引之当然也是精英，他是清朝的二品官员，曾任过两浙盐运使，还筹建过中国银行杭州分行，做过行长，所以也是一个大实业家。

许引之的小儿子，也就是许宝驯的弟弟叫许宝騄，他是世界著名的统计学家，也是熊庆来、杨武之的学生。遗憾的是如此精英的许宝騄却没能创造出更新的姻缘网。但是终生未婚的他却也有过传奇的爱情故事。

当年俞平伯的妹夫、给北洋政府大总统徐世昌担任过秘书长的郭测云很想把女儿嫁给许宝騄，可是许宝騄却要比郭小姐大一辈，因为郭小姐是俞平伯的外甥女，而许宝騄则是俞平伯的小内弟。不过这也好办，因为郭测云与许引之还是同事，如果要从这个角度讲也说得过去。不过后来这事还是没成，因为郭测云的儿子又给姐姐找了一个大官。

当然，许引之除了有许宝騄这个世界著名统计学家的儿子之外，还有两个也很精英。一个叫许宝驹，他是民联的主要创始人之一，做过民革中央常委、宣传部部长；还一个叫许宝骙，他是"中国民主革命同盟"的重要发起人之一，做过民革的中央宣传部副部长。

所以在当时有人称许宝驹、许宝騄、许宝骙为"杭州许氏三杰"。同时许引之还有一个侄子叫许宝璞，他因为过世较早未能进入"杰"之行列，但是他的儿子却仍然是绝对的精英人物。

许宝璞的儿子叫许晏骈，曾任台湾"参谋总长"王叔铭的秘书，后任台湾《中华日报》主编，是著名的历史小说作家，笔名高阳，代表作有《慈禧全传》《胡雪岩》等。

说完了俞樾这边，再回头接着说俞文葆这边的姻亲网。

俞文葆的次子俞明观是著名画家。虽然俞明观研究美术，但是他的儿子俞大光却研究科技，是中国核武器引爆控制系统和遥测系统的开拓者之一。

俞文葆的三子俞明颐是湖南武备学堂总办、湖南督练公所兵务总办、湖南学政。

俞文葆的长子，是俞启忠的祖父俞明震。

俞启忠有一个表叔，他叫曾昭权，是曾广钟的长子，曾广钟是曾纪鸿的五子，而曾纪鸿则是曾国藩的三子（因为长子曾纪第幼年夭折，所以他也就是次子）。

曾昭权的姑姑叫曾广珊，她是曾纪鸿的独女，也是俞启忠的婶子。自号心杏老人，又号辉远老人，是当时的著名诗人，曾自费编辑了一本诗词集叫《华仙馆诗钞》，现收藏在北京图书馆里，应该算是文物了。

在晚清和民国史上，"怪人"层出不穷，比如"天上地下，唯我独尊"的熊十力；比如莫须有先生的化身冯文炳；还有钱三强和钱玄同……而曾纪鸿也是其中的著名"怪人"之一。

说曾纪鸿怪，因为他不喜欢仕途而酷爱数学，不仅是有名的数学家，而且还通天文、懂地理。他的夫人叫郭筠，是当时有名的女诗人。她的父亲是江苏淮扬道道台郭沛霖，和曾国藩是同年，两人的关系非常密切，所以在曾纪鸿1岁时曾家和郭家就把他们的婚事定了。

应该说，从这里曾家又有一条关系线连接到了另外一个名门。

俞明震的堂妹叫俞明诗，她是陈三立的夫人。

陈三立字伯严，号散原，他是中国历史上的著名人物，当时与谭嗣同、徐仁铸、陶菊存并称为"维新四公子"，也被誉为是中国最后的一位传统诗人。

陈三立的父亲叫陈宝箴，谱名陈观善，字相真，号右铭。他是清末著名的维新派骨干，先后担任过浙江、湖北按察使，直隶布政使，兵部侍郎，同时也是地方督抚中，唯一倾向维新变法的实权派风云人物。

陈宝箴的文才、韬略和办事能力都很了得，所以深为两湖总督曾国藩所赏识。1863年，陈宝箴来到两江总督曾国藩的安庆驻地，曾国藩大为高兴，并赠给他一副对联："万户春风为子寿，半杯浊酒待君温。"称他为"海内奇士"，力邀他加入幕府。

可以说从这时起，陈曾两家就有了关系。

进入曾幕后的陈宝箴更是如鱼得水。在当时的政坛上，他与另外一个精英人物许仙屏并称为"江西二雄"，后来成为民国总理的熊希龄就曾经是他的幕僚和部下。

陈三立的儿子叫陈寅恪，字鹤寿，是中国现代最负盛名的历史学家、古典文学研究家、语言学家；同时也被称为是"公子的公子，教授之教授"。他是当代文化史无法绕过的人物。他不仅有贯通中西的渊博学识，而且还有卓尔不群的学人风骨以及气象万千的学术成就。用他的同学，也就是前面说的那个大教授吴宓的话说，陈寅恪是"全中国最博学之人"。

陈寅恪很有卓尔不群的学人风骨，据说他给学生上课有"四不讲"。就是："前人讲过的，我不讲；近人讲过的，我不讲；外国人讲过的，我不讲；我自己过去讲过的，也不讲。现在只讲未曾有人讲过的。"所以在陈寅恪的课堂上，从来都是学生云集，甚至许多名教授比如朱自清、冯友兰、吴宓，北大的德国汉学家钢和泰等等，都是风雨无阻地来听课。所以曾任过北京大学校长的傅斯年对他的评价是："陈先生的学问，近三百年来一人而已！"

其实傅校长也和陈家有着姻亲关系呢。

傅斯年字孟真，他是历史学家、中央研究院历史语言研究所的创办者，曾任北京大学校长、国立台湾大学校长。

傅家世居聊城，是鲁西的名门望族，傅斯年就出生在山东聊城北门里路东的相府大院内。他的七世祖傅以渐是清朝建立后的第一个状元，官至武英殿大学士、兵部尚书。

傅以渐曾经是康熙的老师，他喜欢骑驴，于是幼年的康熙就经常为他赶驴，而顺治帝在一边看了竟然哈哈大笑。

其后，傅氏家族科考得意者不计其数，官至封疆大吏的也不乏其人，因此山东傅氏有"开代文章第一家"的称誉。傅斯年的曾祖父傅继勋官至安徽布政使，清末重臣李鸿章、丁宝桢都曾经是他的门下；祖父傅淦少负才名，博通经文及诗文书画，17岁便被选为拔贡，他的学问对傅斯年的影响最大；父亲傅旭安是清举人，后以教书为业，而且在傅斯年9岁时，他便早逝了。

傅斯年17岁进北京大学预科，是黄侃、胡适和蔡元培的学生，后留学英国爱丁堡大学、伦敦大学和德国柏林大学。

1911年，16岁的傅斯年遵照母亲的安排与聊城乡绅丁理臣的长女丁馥翠结婚。婚后不久，他便考入北京大学预科，和丁馥翠的婚姻也就名存实亡了，23年后的1934年夏天，傅斯年和丁馥翠终于在济南协议离婚了。

1934年8月5日，傅斯年在北平又迎来了一位新娘，她叫俞大彩，是俞明震的女儿，同时也是陈寅恪妹妹的小姑子，所以说傅斯年就和俞陈两家都有了姻亲关系。

那么这个近三百年来最有学问的陈寅恪，身后又站立着一个怎样的夫人呢？

1926年1月，陈寅恪接受了老朋友、清华研究院院长吴宓的邀请，结束了长达十数年的国外留学生涯，前往清华研究院任教，并和一个叫郝更生的单身体育教师住在了一起。

1928年初春，郝更生与陈寅恪聊天时提到他的女友高梓有一位闺蜜的家里挂着一幅字，署名是南注生。于是他就向陈寅恪请教"南注生"为何许人，并说了那位闺蜜家里的情况。陈寅恪听完后惊讶道：此人必灌阳唐景崧之孙女也。

为什么陈寅恪会有如此的判断力？这除了他的渊博学识外，当然也和他家的关系网有着密切的联系。

唐景崧字维卿，1894年10月31日任台湾巡抚，开始正式署理台湾。

但是这时中日甲午战争已经打了两个多月，到了1895年的4月17日，在惨败的清政府与日本签订的《马关条约》中，将台湾及澎湖列岛割让给了日本。

清政府这一卖国罪行，激起了全体台湾人民的愤慨。唐景崧坚决反对割台，他7次致电清廷表示："桑梓之地，义与存亡，愿与抚臣誓死守御，若战而不胜，待臣等死后，再言割地。"但是决心出卖台湾的清政府却无动于衷，而且还回电训斥唐景崧。

5月初，清政府命令唐景崧"著即开缺来京陛见"。唐景崧拒不奉命。5月18日，台湾民众宣布成立台湾民主国，公推唐景崧为总统，改元"永清"。刘永福为民主将军，丘逢甲为义勇统领，陈季同为外务大臣，而陈寅恪的大舅舅俞明震则为内务大臣。

因此，陈寅恪便十分清楚"南注生"就是唐景崧的别号。

于是他就向郝更生提出，希望能拜访字画的主人。

正如陈寅恪所判断的那样，字画的主人正是唐景崧的孙女唐筼。于是由一幅字而结识的男女，便投入了卿卿我我的小爱河，几个月后成婚。

唐筼又名唐家琇、唐晓莹，她是搞体育运动的，曾在金陵女子学校读体育专业，后在直隶省立第一女子师范学校、北京女子高等师范学校担任过体育教员，鲁迅的夫人许广平和刘和珍都做过她的学生。

当然，唐景崧不仅当过大官，还担任过桂山、榕湖两书院的校长，是后来广西大学创建人和首任校长马君武的老师。唐景崧曾经写过一副绝对有才的对联：由秀才封王，撑持半壁旧江山，为天下读书人顿生颜色；驱外夷出境，开辟千秋新世界，愿中国有志者再鼓雄风。由此可见他仍然是一个文化人。

当然，他必须是文化人。当年他和两个弟弟唐景崇（学部尚书）、唐景崶分别是同治光绪年间的进士，而三兄弟又俱被点为翰林，于是"同胞三翰林"便成为了一时的佳话。

民国家族的姻缘关系总是在经纬穿梭着，而且在政治、经济、文化、科技等领域发生着相互的影响。

俞大彩的姐姐叫俞大纲，后来是北京大学的英语教授。她的丈夫叫曾昭纶，就是曾国藩大弟曾国荃的曾孙，也就是曾广珊的侄子，当然也就是俞大纲的表哥。

曾昭纶也是精英的人物。他是美国麻省理工大学的博士，中国有机化学的奠基人，著名的核弹专家，先后担任过北京大学教务长兼化学系主任，教育部副部长兼高教司司长，中国科协副主席，中国科学院化学研究所所长等职务，为中国的第一颗原子弹试验成功作出过重要贡献。

你看，这民国的关系网转来转去，不知道从哪里冷不丁的就又一次转回来了。

日暮登高邱，四顾何茫茫。落叶东南飞，孤雁西北翔。一代风流人物，俱往矣。

关系纵横的"梨美人"

1893年，主考官王颂蔚在北京发现了26岁的蔡元培，结果便成就了民国的几代精英家族；同样，在1890年，杭州诂经精舍山长俞樾也发现了一个21岁的才子，他就是章太炎。于是也就有了后来著名的钱玄同、许寿裳、周树人等精英大师……

章太炎原名学乘，后易名炳麟，字枚叔，号太炎，他是清末民初的思想家、著名朴学大师、学者，也是同盟会和辛亥革命的重要领袖之一。章太炎出身于医学世家，不过他没子承父业，而是做起了文章。文字也许更能治疗国人的精神疾病。

章太炎的祖父章鉴是当时的名医，父亲章溶（字轮香）也是名医，同时还是余杭县学的训导，并在诂经精舍担任监院多年，和俞樾是故交，所以后来章太炎才能来到杭州诂经精舍山长俞樾的门下。当然，俞樾收章太炎为弟子完全是根据他的学术潜力，并未顾及当年与章溶的交情，章溶也只是起到了一个介绍人的作用。

据说当时章太炎要拜谒俞樾，但几番申请之后，俞樾都不肯接纳。最后在章太炎的再三请求下，俞樾才出了两道十分偏僻的考题要章太炎解答。他以为这会难到章太炎，让他知难而退，可是没想到他的话音刚落，章太炎就引经据典，头头是道地做出了圆满的回答，这可让俞樾是又惊又喜，于是他当即决定收章太炎为正式弟子。

虽然章太炎没子承父业，但是他却从祖父留下的5000多卷藏书中找到了做文章的真谛。《汉书·韦贤传》里就曾说："遗子黄金满籝，不如一经。"

章太炎是在外祖父朱有虔（汉语学家）的指导下启蒙的，因为他对章太炎进行过系统的文字音韵学教育，所以这才有了后来让俞樾又惊又喜的那一幕。

喜欢做文章的章太炎可要比给人医病的父兄（他的大哥章钱，二哥章篯都会行医）承担更多的危险，他曾"七被追捕，三入牢狱，而革命之志终不屈挠"。当然，作为民国名士、著名的"疯子"，他就是坐牢也能坐出"雷人"的效果。

1915年，袁世凯想做皇帝可是又怕章太炎反对，于是就先把他骗到北京，然后将他幽禁在龙泉寺里。袁世凯每月提供给他生活费500元，雇厨子一人、听差两人以供侍奉。可章太炎虽然"坐牢"却毫不客气。他要求听差和厨子必须每天向他请安三次，请安方式为打躬，不得违误，若有差池重责不贷。

最有意思的是按照袁世凯的规定，他每日享受两个大洋的菜肴，可是他却要求只做一块大洋的，剩下的那一块他就公然地"饱入私囊"。因为他知道即便是这一块大洋的菜肴，光他一人享用也过于丰盛。而且他从来只吃摆在面前的两个菜，对摆在远处的则懒得举箸。于是后来两个听差就发现了这个"秘密"，便只把一些清淡的素菜放在他的近处，而把鲜腴的菜肴放在远处，等他吃完后，听差们便自己享用。

到了1913年，章太炎已经44岁了，这时他找到了一个很多年以前就已经爱慕自己的终身伴侣。这个女孩叫汤国梨。

汤国梨字志莹，号影观。她虽然出身于平民家庭，但是天资聪慧，能诗善书，性情刚强，有着丈夫气概和才情之美。

1904年，汤国梨考上了上海务本女学——中国的第一所近代女子学校，成为了著名国学家沈砺民的学生。在这里她因容貌出众并兼有文学才华和艺术天赋，成为了务本女校的"皇后"。

1906 年，汤国梨从务本女校毕业的前夕，她第一次见到了章太炎。当然，当时她是作为学生去听章太炎关于成立光复会、反对清王朝的革命演说。章太炎文采横溢的遣词造句、才华满腹的掌故出典使在场的听众倾倒。就从那时起，汤国梨对这个同乡就产生了深深的敬意，不过此时的章太炎并没有注意到台下的这个小姑娘。

1907 年，汤国梨以第一名的成绩从务本女学毕业后，就被吴兴女校聘请为教师，不久又提升为校长。

1911 年辛亥革命开始后，汤国梨和竺可桢后来的妻姐张默君等人组织了"女子北伐队"。1912 年 3 月，她又和吴芝瑛、陈撷芬等各界妇女 100 余人成立了"神州女界共和协济社"，张默君为社长，汤国梨为编辑部部长。这时，章太炎对当年在台下听演讲的这个小姑娘已经有了认识和了解，而且也开始"慕其才名"了。

章太炎早在 1892 年就和母亲的陪嫁丫头王氏成婚（虽然没有举办正式仪式），1903 年王氏去世后，章太炎一直忙于活动，就没有考虑续弦之事。

到了 1913 年，辛亥革命已经成功，众多亲友见章太炎独自照料女儿们的确是心力交瘁，所以大家就开始为他牵线搭桥。尤其是孙中山，几次劝说章太炎要尽快续弦，以便能轻松地投入工作。

当蔡元培得知章太炎同意续弦一事后，他马上就托付章太炎的好友孙中山的秘书长张伯纯为章太炎物色淑女，于是张伯纯就和女儿张默君说了此事。同时，汤国梨的同乡表兄、上海的著名画家沈伯诚也听到了此事，于是他就与叔叔沈善保商量，要把表妹汤国梨介绍给章太炎。

沈善保是乌镇县"沈亦昌冶坊"的老板，也是汤国梨的义父。汤国梨去上海读书就是在他的资助下完成的。沈善保接到侄儿沈伯诚的消息后，认为"婚姻大事，不可儿戏。当与章氏一晤，以检其是否为疯"，于是就叫沈伯诚约章太炎见上一面。沈伯诚便托好友钱芥尘帮助联系章太炎。钱芥尘当时是《大共和日报》的总经理，而这个报社的社长就是章太炎。

这样一来，沈善保自然就与章太炎见了面。见面后，沈善保对章太炎的品学是深为叹服，颇有相见恨晚之感。于是沈善保便让汤国梨的闺中好友张默君承担了"征求汤国梨对嫁给章太炎的看法"这一任务。完成这个任务，也正是张默君父亲张伯纯的心愿。

1913年5月的一天，张默君给无话不谈的闺密汤国梨带来了一封信。汤国梨看着看着便粉脸绯红，心头撞鹿：天啊！这真的是自己慕名已久的章太炎的求爱信啊。

张伯纯和沈善保得知汤国梨同意嫁给章太炎这个好消息时，大喜，于是立即由张伯纯转告了章太炎，于是章太炎与汤国梨的婚姻就算大功告成了。从这里不难看出，这些精英人物的姻缘其实也正是由关系网所决定的，因为在精英人物的圈子里交往，他（她）就一定会融进这个圈子。

1913年6月15日，章太炎与汤国梨在上海静安寺路的哈同花园天演界举行了婚礼。主婚人是北京国民政府参议院院长王印川，证婚人是蔡元培，介绍人是张伯纯和沈善保，男傧相是浙江省参议会议长沈玄庐，女傧相是"神州女界共和协济社"副社长，也是汤国梨的好朋友杨季威。来宾及双方亲朋好友多达2000余人，其中包括孙中山、黄兴、陈其美等众多开国元勋及各界名流。

客观地讲，章太炎是文坛泰斗，汤国梨也是女中才俊，所以说汤美人并没有借着丈夫来炫耀自己，因为她本身就绝对精英。

在婚礼现场，客人们纷纷向他俩求诗。章太炎当即起立赋诗：五生虽秭米，亦知天地宽。振衣涉高岗，招君云之端。

汤国梨也当场咏读了《隐居诗》一首：生来淡泊习蓬门，书剑携将隐小村。留有形骸随遇适，更无怀抱向人喧。消磨壮志余肝胆，谢绝尘缘慰梦魂。回首旧游烦恼地，可怜几辈尚争存。

可见这个"兴酣落笔书无法，酒后狂歌不择腔"的才女确实应该是这个圈子里的一员。

婚后，章太炎和汤国梨生育了两个男孩，长子章导，次子章奇。不过他们一个从事土木工程，一个从事化学专业，既没继承家传的医学，也和父亲名世的学问不沾边。

但是，章太炎与王氏的3个女儿却给民国的姻缘网增加了新的内容。

有人说章太炎有4个女儿，但是据章导的次子章念驰先生自己说，"章太炎当年有癫痫病，加上倡言革命，常说大逆不道的话，被比作'疯子'，到了适婚年龄还没人愿意嫁他。于是他的母亲把陪嫁丫鬟王氏许配给了太炎，两人生了3个女儿。"

不过有意思的是，章太炎三个女儿的名字都十分生僻。大女儿的名字是4个"乂"，2女儿的名字是4个"又"，三女儿的名字是4个"工"。他声言谁要想娶他的女儿，前提条件就是要认识她们的名字。但是他的这个结果很不妙，导致3个女儿都待字闺中，因为媒人怕不认字丢丑不敢登门，小伙们也怕露怯不敢来交往。最后章老先生不得不召开记者会来解释女儿的名字。

当然，后来她们还是找到了自己的姻缘。章太炎和汤国梨的长婿龚宝铨是出生于中医世家，他家所制的药酒，名闻江浙。而且龚宝铨也和章太炎一样没子承父业，他先后在清华、振武两校读书，后留学日本。为反对俄国吞并我国东北的阴谋，他在日本东京与黄兴、陶成章等人成立了拒俄义勇队，热心于暗杀活动，后来又与蔡元培、陶成章等人创立了光复会，是光复会的重要领导人之一。

二女过继给无子嗣的章钱后，情况不明。

他们的三女婿朱镜宙是清末大诗人朱鹏的高徒，任过《民苏报》和新加坡《国民日报》的总编，是著名的民国报人，还担任过北伐军总司令部军需处副处长、甘肃省和陕西省政府委员兼财政厅厅长等职务，也应该算是民国的名人了。

　　"鉴湖水如月，耶溪女如雪。"这一路下来，咱们从王家说到俞家，又从俞家说到章家，这鉴湖越台、名士之乡的传奇亲姻关系网，真是如群山绵绵不断，似江水滔滔不绝。

第七章

这里的男女不寻常（上）

"中国名门"的庞大网系（上）

1871 年 7 月，沙皇俄国出兵占领了大清国的新疆伊犁地区。清政府于 1875 年任命陕甘总督左宗棠为钦差大臣，督办新疆军务。1876年 4 月左宗棠进军新疆，20 个月后收复了除伊犁地区以外的全部新疆领土。1878 年 6 月，清政府又任命崇厚为钦差大臣赴沙皇俄国谈判收复伊犁事宜，可是没想到崇厚在沙俄的胁迫下，竟然未经清政府允许就擅自与沙俄签订了《交收伊犁条约》，这就引起了国内舆论的哗然，清政府也认为"俄人与崇厚所议约章，流弊甚大"，于是将崇厚革职治罪，拒绝批准该条约。

1880 年 2 月 19 日，清政府又任命了新的钦差大臣出使俄国谈判收复伊犁事宜，他就是大理寺少卿、驻英法公使曾纪泽。曾纪泽经过艰苦谈判后，终于在 1881 年 2 月 24 日与沙俄签订了《伊犁条约》。

条约签订后，左宗棠表示满意，同时赞扬曾纪泽说："劼刚（曾纪泽字劼刚）此行，于时局大有裨益，中外倾心，差强人意也。"

时年 42 岁的曾纪泽就是曾国藩的长子，也就是俞启忠的婶子曾广珊的大伯父。

曾纪泽的夫人是湖南近代人才群体和湘籍经世派的杰出代表，是曾任云贵总督兼云南巡抚的贺长龄的女儿。

因为贺长龄的弟弟贺熙龄是左宗棠的老师，贺长龄是曾国藩老师唐鉴的好朋友。所以说贺长龄是直接或间接地影响了曾国藩、左宗棠一生的人物，故后有人认为"湘军虽起自曾左，而砥砺贤才，则始自贺耦耕（贺长龄字耦耕）"。

曾纪泽和喜欢做"怪人"的弟弟不同，他是清代的著名外交家，也是"学贯中西"的著名学者。他的夫人贺氏是不是才女不知道，但是据曾国藩自己讲："耦翁家教向好，其女子必贤。"所以她是贤女肯定没错。贺氏与曾纪泽的长女叫曾广璇，也就是曾广珊的大堂姐。

前面说了，曾广珊为曾家开辟出了一片广阔的姻缘网，那么她的大堂姐曾广璇、这个曾国藩的长孙女是不是也并驾齐驱，开辟出了另一片广阔的姻缘网呢？

如果从曾国藩辈开始算起，应该说曾家的姻缘网已经广阔得令人眼花缭乱了。比如曾国藩和洋务派首领左宗棠的亲家关系；云贵总督兼署云南巡抚贺长龄和曾国藩的亲家关系，贺长龄的弟弟贺熙龄和左宗棠的师生关系，贺熙龄的儿子贺燨和两江总督陶澍的翁婿关系，陶澍和名臣胡林翼的翁婿关系，贺燨和胡林翼的连襟关系……不过这些关系毕竟已年代久远，不算是"现代"了，所以本书也就不再涉及。

要说起来很是有意思。曾广璇的丈夫差不多和曾广珊的父亲一样，也是一个不喜欢做官的"怪人"。他生而秀颖，天赋极高，幼时习学，书史不忘，数百言操纸笔便一挥而就，也许是后来家里人当大官的太多了，他都觉得没什么意思了，所以就不愿意再玩这个了。当然，他没有曾纪鸿那么大的名气。但是他的父亲如果想给他找个官位，那也是和曾国藩想给曾纪鸿找个官位一样的容易。

这个"怪人"叫李经馥，他是李鹤章的幼子。李鹤章是谁并不重要，重要的是他父亲是谁。

据说在1838年的科举考场上发生了一件很有意思的事情。一个37岁的中年人，在他大哥的监督下和他大哥一起参加了考试，可结果却是专门管着他读书的大哥名落孙山，而他却高中进士三甲，并且和同进进士三甲的曾国藩成为了同年，所以两人就成为了至交好友。

在百年以前，同年关系是一种极其微妙又极其重要的人际关系，从实惠的意义上讲，它远远超过了同乡、同学、同族，甚至都超过了同胞的关系。因为同时考中进士那就意味着要同时做官，有着共同的联系和参照，他们之间的关系必定要比和那些老官僚的关系更亲密，所以相互帮忙，相互利用便也就随之形成了。

那个名落孙山的大哥叫李文煜；而这个高中进士三甲的人叫李文安，号玉川，又号玉泉，别号愚荃，榜名文轩，就是李鹤章的父亲。

李文安的最大贡献就是他有6个儿子。李文安的夫人是合肥名士李洪谟（字腾霄）的女儿，也是出身书香门第，"秉性淑慎，教子义方"（清同治帝谕旨言）。

曾经有故事说，在李文安儿时，他的父亲在路边捡回了一个正在出天花的女孩，这个女孩被他父亲收养后就在李家帮着干活儿。有一天李文安从外面回来，见女孩劳累得倒在灶门口睡着了，就顺手脱下外衣盖在她的身上。他父亲闻知后，知道李文安对姑娘有情，于是遂命之结为夫妇。

这应该是天方夜谭，因为能说出"吾教诸子发奋读书，皆巍巍有立，岂忧贫哉"这样话语的女人，绝对不可能是倒在灶门口睡着了的女仆。

1879年是李文安夫人的80大寿，俞樾为她做了一个寿联曰：

起居八座，亦多寿，亦多男，先百花生日，祝慈荫长春，
凤舞鸾歌，遍浙江东西、洞庭南北；文昌六星，有上将，
有上相，以万石家风，佐熙朝景运，金昆玉友，比荀龙少二、
贾虎增三。

俞樾为什么会为李夫人祝寿呢？原来曾国藩是他的恩师，而李文
安夫人的长子和次子又是他的同学，所以俞樾自然便会如此了。

当年才华横溢的俞樾在道光庚戌复试于礼部时，从复议的保和殿
下来，心中就惴惴不安。他不知道自己的小楷字体能不能过关，因为
考官是先审视应试者书法上的功底然后再浏览全文，他知道自己的小
楷字并不太佳。

可他没想到黄榜挂出后，他不但被赐进士及第，而且在保和殿一
同复试的诸人当中居然名列第一。这是为什么呢？原来他的卷子是这
次殿试的执事官员曾国藩审阅后定夺的。因为曾国藩的"知人之誉，
超秩古今，或邂逅于风尘之中，一见为伟器；或物色于形迹之表，确
然许为异材"，所以曾国藩就没把什么小楷字太当回事。也所以，
后来的俞樾也是这样"一见为伟器；或物色于形迹之表，确然许为异
材"地发现了精英的章太炎。

俞樾在寿联中说的"文昌六星"应该就是说她和李文安有6个
儿子。

李文安的儿子从一到六分别是：李瀚章、李鸿章、李鹤章、李蕴
章、李凤章、李昭庆。

他还有两个红颜女媛，当然她们也为李家增添了新的关系网。
长女李玉英是一位大家闺秀，她"生平静穆专一，居恒默默，不苟皆
笑"，后来是安徽团练早期首领张绍棠的夫人。次女李玉娥是博览群
书、能文能诗的才女，著有《养性斋全集》，后来是江苏候补知府、
著名学者费日启的夫人。

"中国名门"的庞大网系（中）

    李文安和曾国藩成为至交后，李文安便安排长子李瀚章（字敏旃，号小泉、筱泉、筱荃）拜曾国藩为师，向他学习"义理经世之学"。1849年，李瀚章又以拔贡朝考入曾国藩的门下。

    1862年春，大清国内清军与太平军鏖战正欢。此刻的曾国藩上任协办大学士兼两江总督，弟弟曾国荃补授为浙江按察使，他的亲家左宗棠则率军由江西进入浙江。

    这时的清军已被围困，于是曾国藩就派李瀚章去广东到太平军的大后方兴办厘卡，筹集粮饷，以接济久围在南京城外的曾国荃部和浙江的左宗棠部。

    李瀚章的活儿干得不错，非常圆满地完成了老师交给的任务。当然他的才能也让老师非常欣赏，所以在这之后他便一路官运亨通，从广东按察使、广东布政使，一直当到了湖南巡抚、浙江巡抚、湖广总督、四川总督、两广总督、太子少保。

    李文安有6个儿子，长子李瀚章比父亲更厉害。他有11个儿子，10个女儿。你看看，这能结成多大的关系网啊！当然，这是他和5个夫人（原配王氏，续配罗氏，侧室孙氏、丁氏、伍氏）的"作品"，如果不这样解释一下你肯定会晕死。

    李瀚章的长子李经畲字伯雄，32岁中进士，殿试二甲，朝考一等。历任兵部武选司员外郎，二品顶戴，西太后还赐他可以在紫禁城里骑马。李经畲的夫人是四川望族，是任过工部侍郎、总理各国事务大臣的薛焕的长女。他和薛红颜的女儿叫李国锦（绣轩），后来她又为李家建立了新一代的姻亲网。

    李国锦的丈夫卞寿孙（字白眉）是美国白朗大学留学生，曾任过中孚银行、大生银行、中国银行董事、南开大学董事等职。

要说起来，有扬州近现代"十大望族"之一称号、"忠孝传家，诗礼望族"的卞家和晚清的"四大名臣"家族也有着紧密的姻亲联系。

卞寿孙的曾祖父卞士云（字光河）历任翰林院编修、兵部侍郎、福建巡抚；伯祖父卞宝书曾任资政大夫、顺天府府尹；祖父卞宝第（字颂臣）历任湖广总督、闽浙总督，顶戴一品；父亲卞绪昌（字缵甫）历任安徽按察使、安徽巡警道等职；叔父卞綍昌（字经甫，号薇阁）曾任清政府驻日本横滨、长崎正领事，他的继夫人张仁准就是晚清"四大名臣"之一张之洞的长女（卞綍昌先夫人则是广东廉州府知府张丙炎的四女）。从这里开始卞家就又和李家有了姻亲联系，后面再告诉你是怎样的一种关系。

后来，卞寿孙和李国锦的儿子卞凤年又继续为卞家和李家建立了更新一代的姻亲网。

卞凤年的夫人叫徐政，她是国民党元老徐谦家的闺秀。徐谦是近代著名的法学家和政治活动家，主持制定了全国的新式法律。曾任翰林院编修和法部参事、京师地方审判厅厅长、京师高等审判厅检察长、民国内阁司法部次长、孙中山广州军政府秘书长、孙中山政府最高法院院长、北京政府司法总长等职。

李经畲和薛红颜的女儿建立了新的关系网，儿子当然也不能落后了。比如李经畲和薛红颜的儿子李国成的夫人孙多晶，就是孙家鼐的侄孙女。孙家鼐是什么人物？后面告诉你。

李瀚章的七子叫李经沣。李经沣并没有什么大名气，长期在陕西一带当县太爷，但是他有两个女儿却绝对出名，小女叫李国邠，大女叫李国秦，都是民国名媛。

李国秦和李国邠的生母吴静宜是杭州城里有名的大美女，家境殷实。不过这个秦名媛的婚姻却很糟糕。本来李经沣已经为她物色好了一个叫马兆昌的老公，他在银行工作，又是李家的安徽同乡，虽然家境原先比较贫寒，但是后来还算是"翻身"了。可是马兆昌和李国秦"八字相克"，这可就难办了。但是李经沣有办法，他觉得大女儿不行，那就选给二女儿。于是李国邠就先于姐姐嫁了人，成为了马家的媳妇。要说起来，这李国邠还真是"捡"了一个"便宜"，否则的话，她弄不好就会和姐姐一样的下场。

李国邠嫁人后，秦名媛又结识了张福运。张福运是美国哈佛大学留学生，与宋子文是同学，当过北洋政府交通部航政司司长、北京交通大学校长、国民政府财政部关务署署长。

可以说民国名门的婚姻事绝对逃不出"网"的粘连。在张福运当北京交大校长时，李家的一个亲戚认为张福运是个人才，于是就向李经沣推荐。李经沣与他见了一面后觉得印象还不错，就同意了他与李国秦的婚姻。可是后来因为张署长的官越做越大，结果秦名媛和他的婚姻破裂了。

秦名媛和张署长没有孩子，于是秦名媛就收了一个"干女儿"，结果这个"干女儿"就怀上了张署长的孩子。张署长当时是想等孩子生下来，秦名媛也许就会承认这个事实。可是他却想错了，知道事实后的国秦立即宣布离婚！离婚后的秦名媛没再寻找新的豪门家族，而是皈依了佛门。

1934年，秦名媛于南京皈依诺那活佛，受最密生西弥陀大法、圣救度二十一佛母修法等灌顶，继又皈依安钦呼图克图，后于北京广济寺受十一面大悲观世音菩萨修持大法，法名为李逸尘。

1945年，李逸尘遇法贤金刚法狮子屈映光上师，尽受各种藏密法教、不共口诀等，成为了他的弟子。1973年屈映光上师又于圆寂之前将传承佛像、祖师念珠、自用法衣、密续法本等大量法宝付与李逸尘上师，并嘱咐代为弘法。

继承屈映光上师的衣钵后，李逸尘拥有的弟子号称有3000之众，其中有大学教授，有军队高官，还有很多是东南亚一带的华侨。

夕阳连雨足，空翠落庭阴。看取莲花净，方知不染心。大家红颜的生活真是花团锦簇。

"中国名门"的庞大网系（下）

1912年，李国锦的丈夫卞寿孙从美国白朗大学回国后，经北洋政府国家银行事务所会办（经理）孙多森（字荫庭）的介绍，参加了筹建中国银行的工作。

孙多森又与李家有什么样的关系呢？那可真是太有关系了，因为孙多森的母亲李太夫人就是李瀚章的二小姐，也就是李国锦的二姑。孙多森的父亲叫孙传樾，是李国成夫人孙多晶的叔叔。孙多森的大哥叫孙多鑫。弟弟叫孙多钰，他就是李国秦和张署长的媒人。

孙传樾的父亲孙家铎不是名人，但是他的弟弟孙家鼐却是清末时期绕不过去的历史人物。

孙家鼐字燮臣，号蛰生、容卿、澹静老人，他是咸丰九年的状元，后为光绪皇帝的老师，历任内阁学士，擢工部侍，署工部、刑部、户部尚书，也是京师大学堂（今北京大学）的创办人，第一任管学大臣、总教习。不过给皇帝当老师的孙家鼐对商界并不是很熟悉，可是命运却喜欢开玩笑，他没想到他的后代们竟然都成了闻名中国的大实业家。应该说这些成果与孙多森的母亲有关。

在叔叔李鸿章办洋务的影响下，孙多森的母亲李太夫人思想颇为开放，不主张子孙后代走科举的老路，而是要他们学洋文，办洋务。她曾说："当今欧风东渐，欲求子弟不坠家声、重振家业，必须攻习洋文，以求洞晓世界大势，否则断难与人争名于朝，争利于市……"由此可见，这姻缘网并不只是联姻那么简单，它很有可能就创造出一个历史的奇迹。

孙传樾去世后，孙多鑫和孙多森兄弟俩就在母亲的指点下来到了扬州。在盐商姑夫何维键（字芷舫）的帮助下开始创业，后又到上海创办了中国第一家机制面粉厂——阜丰面粉厂，结果是大获成功，声名远播。

帮助孙多鑫和孙多森兄弟俩创业的何维键更是绝对的精英人物。在江苏扬州被誉为"晚清第一园"的"何园"，有"中国名园、江南孤例"之誉，就是何维键修建的，当时叫作"寄啸山庄"。

在孙多鑫和孙多森声名远播时，恩人周学熙发现了兄弟俩的才能，他便向时任直隶总督的袁世凯推荐，于是孙多鑫和孙多森就进入了北洋实业界。在中国银行创办之初，孙多森又主掌中国银行的业务，所以就有了引荐卞寿孙的机会。

不可否认，孙多鑫和孙多森虽然有着广阔的关系网，但他们也很有能力。李瀚章特别喜欢他的外孙孙多鑫，曾把童年的孙多鑫带到两广总督的衙门里生活。于是广州五方杂处的商业社会生活给年轻的孙多鑫带来了活跃的商业细胞，这为他成年后带出一个孙氏家族实业集团奠定了基础。

当然，孙家与李家并不只是这一门姻亲。孙多钰就是李瀚章四子李经湘的次女李国筹的丈夫；而孙多鑫则娶了李瀚章四弟李蕴章的孙女李国熹。你看，这孙家和李家的姻亲网紧密吧？当然这并没有完结，后面还有呢。

1823年2月15日，李文安的第二个儿子降生了，这一天正好是农历的正月初五，中国民间"迎财神"的日子。那天"门临方塘，水光照屋，菊花三径，杨柳数株"的李宅有些什么举动，史书上没有记载，但是这天降生的男婴，日后却给中国历史留下了记载。

这个男婴起名章桐，字渐甫、子黻，号少荃、少泉，他就是日后的晚清"四大名臣"之一李鸿章。李鸿章6岁发蒙，后入妹妹李玉娥后来的丈夫费日启家的费氏墨庄读书。费氏家族也是绝对的名门望族，后来谢长达在创办振华女中时请来的社会名流费璞庵就是费氏家族的后代，他的家族资产到1948年时，据说已达75亿。

李鸿章少时的老师有他的堂伯父、理学大师李仿仙和合肥名士徐子苓，后来他就和哥哥李瀚章一起拜了曾国藩为师。

1843年，20岁的李鸿章带着"遍交海内知名士，去访京师有道人"的目标，从安徽来到了北京。在北京，他在给家里的信中说："京中繁华富贵之气，触目皆是，惟男作客此间，万不敢背庭训而稍折浮华也。"所以他立下的志向是"一万年来谁著史，三千里外觅封侯"。

27年后，"觅封侯"的志向确实是实现了。47岁的李鸿章继曾国藩出任直隶总督，后又兼北洋通商大臣，授文华殿大学士，成为了"坐镇北洋，遥执朝政"的权臣。

这里掉一下书袋。话说清朝承袭明制，没有丞相之职，只设大学士协助皇帝。大学士先是分为中和殿、保和殿、文华殿、武英殿、文渊阁、东阁这四殿二阁，地位从高到低为中和殿、保和殿、文华殿、武英殿、文渊阁、东阁。但是到了1748年（乾隆十三年），乾隆帝省中和殿，增体仁阁，于是就变成了保和殿、文华殿、武英殿、文渊阁、东阁、体仁阁这三殿三阁，可是在乾隆帝以后就没有授封过保和殿大学士，所以排第二的文华殿大学士就是实际上地位最高的大学士，也就相当于一人之下万人之上的宰相。

李鸿章年少时曾有一个周氏夫人，但是她1861年就去世了，她生的一个儿子也早早就夭折了，后来李鸿章忙于"觅封侯"，也就没再着急续娶。

1863年，40岁的李鸿章"双喜临门"了。

这一年，他因战事节节胜利被加封为协办大学士、江苏巡抚；同时他又娶到了一个让他备感欣慰的夫人，她叫赵继莲。

当年20岁的李鸿章在京师寻访的"有道人"中，有一个叫赵昀的人物，他就是赵继莲的父亲。他比李鸿章大15岁，是翰林院庶吉士并特旨上书房行走，教授皇子读书。后来在与太平军的征战中，赵畇和李鸿章又都是工部侍郎吕贤基的助手，所以赵畇和李鸿章有着深厚的友谊。现在李鸿章托人向赵家说亲，赵畇很快就应允了。

赵畇的父亲赵文楷是嘉庆年间的状元，也是咸丰皇帝的陪读，官至正一品，做过清廷册封琉球国土的正使。

赵畇字芸谱，号岵存，他比李鸿章大 15 岁，在李鸿章寻访"有道人"时，他是翰林院庶吉士并特旨上书房行走，教授皇子读书。

赵家是四代翰林第，从状元赵文楷开始，有他儿子赵畇，他孙子赵继元，他重孙子赵曾重。所以在赵府的大门上砖雕着"世太史第"的横额，两侧有光绪皇帝御赐的"江山如画，物我同春"楹联，门内高悬着光绪御笔赐予赵文楷重孙子赵曾重的"四代翰林"匾。前后七进院落，敷设庭苑，绝对是楼台亭阁，雕梁画柱，花木扶疏，池鱼唼喋。

赵继莲是赵畇的次女，又名赵小莲，因为在家同辈中排行第八，故又名赵八小姐。她因为自幼爱好读书，有着较高的眼界，所以到了 24 岁时还静待闺中，已经成为当时的"剩女"。现在，她终于被"著史封侯"的李鸿章发现了。

可以说因为她和"著史封侯"的李鸿章的姻缘结合，为清末民国的姻亲社交关系网增添了更新的色彩。

1863 年李鸿章创立了天津招商局，同时也创立了新的家庭。这一年的 12 月，赵畇委托哥哥赵畯送赵八小姐来到苏州与李鸿章完婚。第二年，赵继莲为李鸿章生下了长子李经述。

李经述字仲彭，号澹园。他也出生得神奇，生下来就长有两颗牙齿，眼睛很有神，于是曾国藩就对李鸿章说："此公辅器也。"他 22 岁应试江南乡试中第 20 名举人，后义被诰授通议大夫、建威将军。但是客观地说，李经述并不是官员，而是一个"历代史事，兴衰治乱之源，无不悉心研究，尤所讲究本朝掌故，即使稗官野史，亦参考无遗"的才华横溢的学者和诗人。

李经述的长子叫李国杰，因为李经述在李鸿章去世100天后也去世了，所以李国杰就承袭了李鸿章的一等侯爵爵位，曾任散轶大臣、农工商部左丞、驻比利时国公使、广州副都统、镶黄旗蒙古副都统，民国后又任参政院参政和安福国会参议院议员。

李国杰的夫人是张之洞大哥张之万的孙女，虽然说他也为李家的关系网增加了砝码，不过这个砝码其实原本就是他祖父的老朋友。前面说了，李国锦（李国杰堂姐）的丈夫叫卞寿孙，卞寿孙的叔父卞綍昌的夫人张仁准就是张之洞的长女，所以说张家早就和李家有了姻亲联系。

1866年，赵继莲又为李鸿章生下了一个女儿。李鸿章为她起名叫李经璹。因为按照《说文解字》上说："璹，玉器也。"就是八寸长的玉璋，古时候王侯佩戴的一种长方形玉器。《诗经》上有"乃生男子，载寝之床，载衣之裳，载弄之璋。乃生女子，载寝之地，载衣之裼，载弄之瓦"。意思是说生了男孩就让他睡在床上，让他拿着玉璋玩儿；生个女孩就只能让她睡在地上，拿着纺织的瓦轮玩了。

但是李鸿章和赵继莲可没有重男轻女的封建观念，他们把这个小丫头看作是自家的珍宝，所以又给她起了一个非常雅致的小名叫鞠耦。别号兰骈馆主的李鞠耦不仅生得花容月貌、脱俗出众，而且才华横溢，是李鸿章的官场"高参"，后来当然更是为李家的关系网增加了重重的内容。

李鸿章的关系先说到这里，下面再来看看李文安的三子李鹤章，也就是曾广璇的老公公。

李鹤章的官职不太大，但是他的关系网却不小。1904年初，蔡锷从日本士官学校毕业归国后，被李鹤章的三子、清末民初政坛上的翘楚人物李经羲（曾任国务总理兼财政总长）聘请到云南担任军职，所以说李经羲对蔡锷成长是有着大恩的，算是蔡锷的老师和领导。

李经羲的姻缘网自然和前面的亲戚们有所关联，因为他的夫人赵喜官就是赵继莲哥哥赵继元和女词人王梦兰的女儿。

李经羲和赵喜官的次子，也就是李国杰的堂哥（因为李国杰出生得比较晚），叫李国筠，曾做过广东和广西的巡按以及参政院参政，民国后又当过大总统高等顾问、大总统秘书等。他的姻缘自然还是没有脱离亲戚的范围，因为他的夫人就是赵喜官的大哥赵曾重的长女，也就是他的表姐。

赵继元和王梦兰的长子赵曾重（字伯远）是赵家的第四代翰林，光绪朝进士。赵曾重的弟弟赵曾裕虽然不是翰林，但是他的孙子却是比翰林更著名，因为他叫赵朴初，是连名字都镌刻在北京中华世纪坛上的人物。

你看，这李家和赵家的关系网连接得紧密吧？当然这还没有完呢。

再看李鹤章的四子李经馥，也就是曾广璇的丈夫。李经馥和曾广璇的儿子叫李国芝（注：也有人考证说李国芝是李经馥侧室陈氏所生），他的夫人叫盛毓菊，那可是真正的豪门小姐，因为她的祖父叫盛宣怀。当然盛家和李家还有着其他的亲戚，所以才说没有脱离亲戚的范围（关于盛宣怀的身份介绍，后面有专门的章节）。

当然，李家并不是只和这些豪门有姻缘，同时和皇族也有瓜葛。

李鹤章的曾孙李家炜的夫人就是被光绪皇帝视为红颜知己的珍妃和瑾妃的大伯志钧的孙女。

1863 年 12 月，赵畇委托大哥赵畯送赵八小姐来到苏州与李鸿章完婚。那他自己为什么不来呢？这就和李文安的四子李蕴章有关系了。

1862 年，赵畇的母亲病逝于长沙，此刻他正借居在安庆的李蕴章家中。他为什么能借居在李蕴章家中呢？因为他们也是亲家。

李蕴章因自小有目疾，所以不愿意做官，只喜欢读书和置办家业。据说侍史给他念书时他过耳不忘。他口授文章时能连续说出几千字，让记录的侍史根本就跟不上。李蕴章虽然没去当大官，但是关系网也很庞大。

他的长子李经世娶的夫人就是江苏淮扬兵备道王翥翎的女儿。次子李经邦娶的夫人是钦差督办福建船政大臣、署理福建巡抚吴赞诚的女儿。后来，李经邦和吴小姐的小女儿李季琼又成为了新一代的才女，而她的丈夫就是赵继元的孙子赵恩廓。

他的三子李经钰的先夫人是广东水师提督吴长庆的女儿，继夫人则是工部左侍郎、总理各国事务大臣薛焕家的三小姐。不过这样一来，他也就和大伯父李瀚章的长子李经畲成了连襟（李经畲的夫人是薛焕家的大小姐）。

他的五子李经达继娶的夫人就又和赵家有了关系。李经达继娶的夫人就是送赵小莲来到苏州与李鸿章完婚的赵畯的三子、直隶澧州知州赵环庆的四小姐，也就是赵畯的四孙女。出身于翰林第的赵环庆当然也是进士，因为李鸿章是赵家女婿，所以当年李蕴章在湖南代理湘军饷需时，就和时任长沙府知府的赵环庆成为了朋友。当然，他们的亲家关系不只是李经达这一条线，同时李蕴章的小女儿也嫁给了赵环庆的三子赵曾鼒。

因为他们的这种密切关系，当年赵畇才让大哥赵畯送赵八小姐来到苏州，所以赵畇才能借居在李蕴章家中。

同时，李蕴章也和孙家有着姻亲关系，因为李蕴章的孙女李国熹就是孙多鑫的夫人，也就是李瀚章二小姐的儿媳妇。"中国名门"的相互联系就是广阔，这关系网要是理起来，那真是千丝万缕。真是桃花红未了，百鸟闹春晓。能做百般声，枝头压众鸟。

阴错阳差的谭延闿与宋美龄

1945 年 10 月，重庆。

这天又有一对新人在俞大纲和表哥曾昭燏的促成下举行了婚礼。当然，这个婚姻又给民国的裙带姻缘网增加了新的分量。

新郎谭季甫是已故国民政府主席谭延闿的幼子，新娘曾昭楣是曾广珊的堂侄女，是曾昭抡和曾昭燏的妹妹，也就是俞大纲的小姑子了。

虽然谭季甫并不是民国名人，但是他父亲谭延闿却是民国不可绕过的人物。

谭延闿也出身于高官家庭，他的父亲谭钟麟曾任陕西巡抚和陕甘、闽浙、两广总督。谭延闿是湖南名师王闿运（曾国藩的幕府，所以谭家与曾家也是有着历史渊源的）的学生，13 岁中秀才，24 岁进士出身，是清末最后一科科举考试的会元，29 岁就当上了湖南咨议局的议长，也是著名的立宪派首领，曾经做过湖南都督、中华民国第一任行政院院长、国民政府主席。

谭延闿虽然出身在高官家庭，但是他也有着自己的"屈辱"，因为他的母亲是谭钟麟由丫环纳妾，所以每当吃饭时都是侍立桌旁，为全家人添菜添饭，而不能同桌。后来他母亲去世时，灵柩仍不能出正门，只能从旁门抬出。这时已经有了功名、身为民国湖南省长兼督军的谭延闿便伏在了灵柩上，这才使灵柩抬出了正门。

1895 年 3 月 3 日，15 岁的谭延闿在南昌结婚，他的夫人方榕卿是当时江西布政使方汝翼（后为四川总督）的女儿。婚后，这对小夫妻堪称是当时的模范家庭。但是红颜薄命，他们的姻缘只美满了 23 年，方榕卿便身染重病去世了。方榕卿临终之前，托人留给正在湖南零陵军中作战指挥的谭延闿一句遗言："希望他要好好地养育子女。"

谭延闿悲恸欲绝，于是发誓终生不再续弦。

谭延闿和孙中山相识后，被任命为民国陆海军大元帅府内政部长、建设部长等职。这时宋美龄正好从美国留学归国，孙中山就有意要将妻妹宋美龄介绍给谭延闿，宋家对此也很满意。但是谭延闿却对孙中山说："我不能背了亡妻，讨第二个夫人。"于是他只去宋美龄家认了宋老夫人做干娘，与宋美龄也自然就成了"兄妹"，从而委婉地谢绝了这门亲事。

历史永远都是这样阴错阳差，没有人能知道谭延闿与宋美龄的结合能带给中国什么样的命运；也没有人能知道没有了宋美龄，蒋介石的走向会是何方。

因为这时的蒋介石与谭延闿关系密切，于是谭延闿就出面到干娘宋老太太家，为蒋介石和宋美龄做媒，最后终于促成了两人的婚事。

这里有一个插曲，其实宋美龄对谭延闿早就有所认识和了解，因为她和谭延闿的三女儿谭祥是留美同学，而且关系不错，常在一块儿打草地网球、上教堂做礼拜。后来蒋介石因为和谭延闿的关系，就收了谭祥做干女儿。可这样一来宋美龄和谭祥的关系就麻烦了，因为宋美龄成了谭祥的干妈了。好在谭延闿也认过宋老夫人做干娘，同时宋美龄还比谭祥大9岁，就只好如此了。不过她们都是留过洋的新派女性，所以两人就彼此以英文学名相称，这样也就消除了尴尬。

1930年，中原大战终于结束了，蒋介石和宋美龄便亲自做媒，要把谭祥介绍给心腹爱将陈诚。陈诚字辞修，乳名德馨，别号石叟，后来是"中华民国"一级上将，国民党副总裁，中华民国副总统。

陈诚并非名门出身，他的父亲只是一个做过小学校长的秀才。但是他父亲有一个朋友、同乡，也是陈诚原配夫人吴舜莲祖上的亲族杜志远。

当上将军的杜志远，正好当选为国会议员要途经杭州，北上就职。于是陈诚的机会就来了。杜志远把在杭州省立师范上学的陈诚带到了北京，然后又向民国陆军部军学司司长、主试官魏宗翰疏通，如此一来，陈诚就进了保定军校第八期炮科。

在保定军校，陈诚又碰到了好老师，他叫邓演达。后来他就在邓演达的部队里当连长、后担任孙中山大元帅府的警卫；再后来，他就通过邓演达，结识了当时的粤军参谋长蒋介石，于是就在黄埔军校当上了教育副官，直到最后做了民国副总统。

陈诚也是早婚，19岁时他由父母做主娶了吴舜莲为妻。吴舜莲是旧式的裹足家庭妇女，淳朴、老实又不识字，一直在外求学又从军多年的陈诚和她毫无感情，即使回家也是独居一室，婚姻早就名存实亡了。

蒋介石和宋美龄商量后，就去征询谭祥本人的意见，谭祥低头不语，算是默许了。陈诚见过谭祥后，不仅为谭小姐落落大方的仪态和知书达理的高雅素质所折服，而且更为蒋介石、宋美龄亲自出马当介绍人而受宠若惊。他毫不犹豫地就接受了蒋、宋的美意。当然谭祥对陈诚的翩翩风度和军阶战功也很是仰慕，可以说双方一见钟情。

之后他们便以书信、电报保持联系。但是这里有一个严重的问题，那就是陈诚的原配夫人吴舜莲。这时，关系网又起了作用。陈诚托杜志远先生和吴舜莲的哥哥，也是自己读师范时的同学，现在的下属十八军军部军需主任吴子漪出面进行劝导，要吴舜莲同意办理离婚手续。吴舜莲在各方的劝说下只好同意离婚，并决心终身不再结婚。当时她只提出了一个可怜的条件："生不能同衾，死后必须同穴。"陈诚当即同意，然后由吴子漪写了一张离婚协议书，并注明：因舜莲不识字，故由子漪代为签名盖章，并愿承担一切责任。

1930年11月10日，陈诚与谭祥在南京黄埔路蒋介石官邸举行了订婚仪式。蒋介石为表示重视此事，特地忙中抽空乘坐飞机从南昌的行营赶回南京。1932年元旦，由杜志远主婚，蒋介石做证婚人，陈诚与谭祥在南京"励志社"举行了正式婚礼。

后来，他们的后代关系网又延伸到了更远方。陈诚和谭祥的长子叫陈履安，他曾与连战、钱复、沈君山并称为国民党的"四大公子"，担任过台湾科技大学第一任校长、教育部次长、经济部长、国防部长、监察院长等。

谭祥的二姐叫谭淑，她同样也联上了一个高官姻缘。她的丈夫是明朝天顺年间的建威将军袁扶桑第十四代传人、晚清两广总督袁海观的儿子袁思彦。

谭延闿的长女则是唐瑛的大哥唐腴胪的夫人，前面说过。

你看，这谭家与曾家外围的关系网也是如此可观吧！

一叶复一叶，千枝更万枝。昨夜沾雨露，开遍凤凰池。

上海道台家背后的姻缘

还得回头继续说名门李家。

前面说了，李文安的长子李瀚章有 11 个儿子，10 个女儿。长子李经畬的女儿李国锦（绣轩），后来又为李家建立了新一代的姻亲网。但是李瀚章的女儿，也就是李经畬的妹妹，更是建立了上一代红颜的姻亲网。

李瀚章的这个女儿叫李经萱，她的丈夫叫聂其焜，是曾国藩女儿曾纪芬与上海道台聂缉椝的小儿子。

要说起来，这个聂其焜和曾广珊是表兄妹，因为曾纪芬是曾广珊的小姑姑。你看，这李家和曾家又从聂家这里结上了更多的一层关系。

1921 年 1 月 10 日，中国历史上的第一家铁工厂在上海创立。董事长由张謇担任（有资料说他是清末最后一位状元，但事实证明在光绪三十年夏天参加殿试的刘春霖才是中国历史上最后一名状元，所以刘春霖戏称自己是"第一人中最后一人"；而张謇则是在光绪二十年参加会试，取一甲第一名进士的），总经理是聂其杰，厂长是黄炎培的弟弟黄朴奇，也是聂其杰的好友。

聂其杰就是聂其焜的三哥，号云台，以号行世，他是美国留学生，中国纺织机械制造业的先驱人物。同时聂家的兄弟中，除了聂其杰还有中国银行协理、中孚银行天津分行经理聂其炜，实业家聂潞生，清末民初湖南的武军司令官聂其贤，实业家聂其焌等。

聂其焜的姐夫们当然也全是精英人物。他们有晚清军机大臣瞿鸿禨的儿子瞿兑之，有吴佩孚的秘书张其煌，有湖南岳常澧道道台的公子，还有……可以说当时上海那座中西合璧的海派园林——聂家花园，就是精英家族的标志性建筑之一。

当然，聂家和后来的"第一夫人"宋美龄家也有关系。否则民国的姻缘社交网也就不神奇了。

聂其焜最小的姐姐叫聂其璧，这又是一位被公认的上海滩大家闺秀。聂其璧亭亭玉立，又会英语和法语，由于母亲曾纪芬和宋美龄的母亲倪桂珍是基督教好友，两人走动频繁，而常陪着自己母亲的就是她和宋美龄，所以她与宋美龄也就成了好朋友。不过那时的聂家可要比宋家显赫得多了，聂其璧的父亲那可是当时上海滩上的一把手，而宋家还没显赫。

1923年，亭亭玉立的聂其璧走进了婚姻殿堂，她的丈夫叫周仁，当时在上海交通大学任教务长。

周仁字子竞，是中国著名的冶金学家和陶瓷学家。他和民国的众多精英人物都有着密切的亲缘关系。因为他的祖母是盛宣怀的姐姐，也就是李经馥和曾广璇的儿媳妇盛毓菊的姑奶；同时，他的姐姐周峻更是中国名女，因为她的丈夫就是蔡元培。

在聂其璧与周仁的婚礼上，给聂其璧做傧相的是宋美龄小姐。

当然，不要以为李经萱的这个大姑姐就只是会吃喝玩乐的"绣花枕头"，其实到了关键时刻，你就会看出她是如何"该出手时就出手"的。

聂其璧虽是名媛小姐，但能力不凡。抗战初，所有的国民党政府机关都要撤退到内地，那时周仁这个书呆子正主持中央研究院工程研究所的工作，那里的大量仪器设备和书刊资料，被装在若干个大箱子里，要先乘船运到越南河内，然后再转火车运到昆明。你知道战时运输的紧张程度吗？估计要比现在的春运更可怕。这些箱子好不容易到了昆明火车站，可是站里的军人和难民铺天盖地，谁也不来理会这帮书生。这些大小箱子都堆在火车站的站台上，简直像小山一样，但谁也没有办法把它们运走。而且更难的是，那时昆明火车站系统通用的是法语，因为主要管事的都是法国人，不会法语就无法办事。这时，就该聂其璧出手了。她英语、法语都擅长，只见她一会儿找站长，一会儿又通过关系网去找朋友，在火车站上指挥若定，威风凛凛……结果不多时事情就被她搞定了，火车站不仅调拨来了几节车厢，而且还帮助他们把东西运走了。可见，真正的大家闺秀是有着独特的风韵和绝对精英的能力。

瑶琴久已绝，松韵自悲秋。67年后，亭亭玉立的聂其璧溘然长逝，昔日风光的宋美龄则在台湾的士林官邸"忆往昔，峥嵘岁月……"

清流主将的身前身后

1871年，又有一个23岁的年轻人怀着"三千里外觅封侯"的志向，来到京城参加大考，最终以名列二等第三的成绩进入了体制内。这个年轻人很喜欢"累疏陈经国大政"，经常慷慨议论天下大事，于是和张之洞形成一派，被称为是当时的清流主将，与张之洞、陈宝琛、宝廷一起被誉为"枢廷四谏"。

这个年轻人叫张佩纶，字幼樵。他也是反应敏捷的神童，据说少年上学时，数千字的文章能一挥而就。

1884年中法战争爆发，主战的张佩纶受命以三品卿衔会办福建海疆事宜，兼署船政大臣，但是他的官运实在不佳。8月23日的一场战斗，法军获胜，福建水师覆灭，马尾船厂被毁。于是他便与福建船政大臣何如璋一起被褫职遣戍，直到1888年才在李鸿章的斡旋下获释返京。回到京城后，虽然没有了官职但仍然有着名气的张佩纶，便进入了李鸿章的视野，于是就成了李鸿章的幕僚。

当然，李鸿章与张家也是有着渊源的，否则李大人为什么要给他斡旋呢。

张佩纶的父亲张印塘（字雨樵）曾经是杭州府知府、安徽按察使，他和李鸿章颇有交情，而且他们的祖父辈也与李鸿章家族是累世旧交。但是张印塘和他的夫人去世都很早，所以张佩纶只好寄居在堂兄家讨生活。他的先妻叫朱芷芗，是大理寺卿、军机章京朱学勤的女儿，他和朱小姐还有两个儿子。长子张志沧后来是翰林院庶吉士陈启泰的女婿，但是也去世得很早；次子张志潜后来是四川总督丁宝桢的女婿。

张佩纶在金榜题名后就离开了堂兄，带着妻子定居北京。可是朱芷芗红颜薄命，很早就病逝了。后来他又续娶了太子少保、闽浙总督边宝泉的女儿边粹玉，但是边粹玉同样是红颜薄命，她和张佩纶没有子女就去世了。

现在返回北京，成为李鸿章机要秘书和最器重的亲信的张佩纶已是孑然一身。有一天，李鸿章患感冒身体不适，不方便在书房与张佩纶议事，于是就招他到内室商量公务。对于达官贵人，内宅和外宅是非常有讲究的。外宅主要是招待客人、交往宾朋的地方；而内宅则是非亲莫入，因为这里有女眷们活动的场所，所以男性客人除非是至亲，一般是绝不许涉足的。现在，张佩纶已经进入了这个外人不许涉足的"禁区"。

就在他跨进房门的瞬间，忽然看到了李鸿章的床前还站着一个窈窕清丽的女子，她就是被李鸿章和赵继莲视为掌上明珠、秀外慧中的李菊藕，这一年她已经23岁了。

偶然撞见李菊藕，张佩纶内心惶恐的同时却也不免情动于衷。在与李鸿章谈话间，他忽然又瞥见桌上放着一本锦面的书，封面上的字迹娟秀，似乎是出自女子之手，不由得信手翻开。这一翻不要紧，页上的一首诗让他触目惊心：

> 论材宰相笾中物，杀贼书生纸上兵。
> 宣室不妨留贾席，越台何事请终缨！
> 豸冠寂寞犀渠尽，功罪千秋付史评。

有经历才能有感触。看罢此诗，宦海沉浮的张佩纶不由泪落沾襟。在他的心里已经把作者当成了红粉知己，当他知道作者就是李菊藕后，一出来就马上托人去求婚，李鸿章当然是一口应承了。

没有人能说得清这些是不是李鸿章刻意的安排，但是应该知道，虽然李鸿章不舍得李菊藕离开自己，但是女大当嫁，他也没办法。

据说张佩纶和李菊藕成亲那天，李鸿章的直隶总督衙门是张灯结彩，鞭炮齐鸣，人流如梭，门外是车如流水马如龙，其热闹喧哗的程度绝对和当时最热闹的南市有一拼。

1896年，他们俩的长子诞生了，起名叫张志沂，别号廷重，他后来的岳父就是长江七省水师提督的儿子、广西盐法道道员黄宗炎。

黄宗炎去世得很早，只留下一对龙凤胎，男孩叫黄定柱，女孩叫黄素琼，她就是张志沂的夫人，后又改名为黄逸梵，是留过洋的画家。她和张志沂生了一个女儿，起名叫张煐。后来她又改名叫张爱玲，于是她也就成为了中国文化史和娱乐史上经久不衰的传奇人物。

虽然张志沂和黄逸梵的婚姻并不美满，但是黄逸梵和小姑子张茂渊却非常要好。1924年张茂渊要出国留学，过着不痛快婚姻生活的黄逸梵，终于寻找到了自己梦想的自由天地，她借小姑子出国留学需要监护之名，便和她一起出国了。

男将星斗移，女把江山绣。谁说旋转乾坤不能够？

巨商之女的气派与人脉

1906年夏，扬州"冬荣园"主人、两淮盐运司陆静溪的二小姐陆英要出嫁了。

陆英的丈夫张武龄是民国著名教育家，曾创办过平林中学、乐益女中。他创办的乐益女中，当时来教课的老师有张闻天、柳亚子、叶圣陶、匡亚明这些大名人，而且在乐益女中，凡是贫穷人家的女孩，工人们的女儿，上学都不收学费。

张武龄和陆英成亲那天，合肥街道热闹非凡，据说当时陆府的嫁妆都是用大船从扬州运过来的，送嫁的队伍从合肥的四牌楼一路连绵到龙门巷，足足排了十条街。从龙门巷外到十里长亭都摆满了嫁妆，嫁妆中的金银首饰不计其数，连每把扫帚上都挂了银链条。

创办学校的张武龄为什么能有如此气派呢？

张武龄的祖父叫张树声，他是清末的淮军将领，也是李鸿章的亲信，曾经当过道台、按察使、布政使、知府、巡抚、总督、通商事务大臣等官职。同时，因为张树声的父亲张荫谷曾经是李文安的幕府，所以张李两家也是世交。

张树声有3个儿子，分别叫张华奎、张华轸和张华斗。

张华奎的儿子就是张武龄，次子张华轸的夫人就是李蕴章的四女李识修。后来张武龄的一个女儿又过继给了张华轸和李识修做了孙女。

这李家的婚姻很有意思，前面说过李鸿章的大妹妹李玉英，后来是安徽团练早期首领张绍棠的夫人。其实李玉英的祖父与张绍棠的祖母就是亲兄妹，后来张绍棠和李玉英的儿子张席珍，又娶了李蕴章家的大小姐。李蕴章的孙子李国栋又娶了张绍棠的孙女。

张武龄和陆英婚后一共生了四女五子。不说这五子，单说他们的这 4 个女孩，后来绝对是震动民国的四朵奇葩。

国务总理与那些不寻常的男女精英

李文安最小的儿子叫李昭庆。因为李昭庆是幼子，他后来就是跟在李鸿章的后面打仗，二哥给了一个级别不很大的虚职。不过李昭庆和他的 5 个哥哥一样，同样把李家的姻缘网发扬光大了。

李昭庆的儿子叫李经叙，李经叙的儿子叫李国源（垣），他的夫人就是北洋政府国务总理段祺瑞的长女段宏淑，后来又改名叫段式萱。

当然，段祺瑞和李家也是有着渊源的。

1885 年 6 月，段祺瑞这个已经落魄的前淮军统领段佩之孙，以优异成绩考入了由李鸿章创办的北洋武备学堂进入武备学堂第一期炮兵科学习，这一年他 20 岁。由于他"攻业颇勤敏，以力学不倦见称于当时，治学既专，每届学校试验，辄冠其侪辈"，所以在武备学堂受到了李鸿章的器重。第二年，他又与名举人吴懋伟的女儿结成姻缘。

吴懋伟只是一个举人，但是他的儿子吴光新却是北洋皖系的军阀将领，陆军上将，后来的陆军总长，所以段祺瑞的姻缘网也很是强大。

后来，段祺瑞以"最优等"的成绩从武备学堂炮科毕业后，就与其他四位同学来到德国柏林军校留学。回国后，他就成为了袁世凯扩编北洋军的重要帮手，也成为了北洋三杰（北洋之龙王士珍、北洋之虎段祺瑞、北洋之豹冯国璋）之一。他当过国务总理，是中国现代化军队的第一任陆军总长和炮兵司令，还担任过中国第一所现代化军事学校——保定军校的总办（蒋百里前任），蒋介石、傅作义等都应该算是他的学生。

也许正是因为有了前面的渊源，所以才有了后面他与李昭庆的亲家关系。

李家这姻缘网结来结去，看得人都有些发晕，可是没办法，中国的历史就是在这样的网中纠结地向前发展，直到今天或者继续到明天。

一万年来谁著史？三千里外欲封侯。笑指卢沟桥畔路，有人从此到瀛洲。

当然，李家的关系网并没有结完，因为从李文安开始的"文章经国，家道永昌"名字排序，到现在仍然还在把姻缘网无穷无尽地往下结，但是那就不是本书所能叙述的内容了。

第八章

这里的男女不寻常（下）

被女人网包围的顺天府尹

要说起来，李家和孙姓真是有着脱不开的姻缘。李瀚章的二小姐嫁给了孙传樾，结果就成就了一代金融精英；之后，李瀚章的四小姐又嫁给了一个孙姓的豪门。李四小姐的丈夫叫孙宝瑄。

孙宝瑄不是大官，他只是学问非凡，能文能诗，兼擅书法的思想家，但是他结交的朋友却全是俊杰人物，有章太炎、梁启超、谭嗣同、汪康年、张元济、严复等。

孙宝瑄的父亲叫孙诒经，做过太子少保，后来是光绪皇帝的师傅。当然孙宝瑄不只有"好爹"，同时还有好舅舅。孙宝瑄的舅舅叫朱学勤。

朱学勤最让人熟悉的事迹，就是当年计擒制造亚罗号事件、挑起战争的英外交官巴夏礼。朱学勤家里有一座名叫"结一庐"的藏书楼。他喜欢读书，博通古典，不过并没影响他做官，他是军机章京的领班，也是曾国藩的好朋友。

孙宝瑄的大哥孙宝琦（字幕韩）曾做过晚清驻法公使、驻德公使、顺天府尹、山东巡抚，后为民国的国务总理。

话说他弟弟的岳父李瀚章有 11 个儿子，10 个女儿，联结了广阔的姻缘关系网；但是孙宝琦更上一层楼，他有 8 个儿子，16 个女儿。当然，这也是他和 5 个夫人的"作品"。

1929 年，张志沂的夫人黄逸梵留学回国，经过西方文化的熏陶，黄逸梵更加厌恶这不痛快的婚姻生活，于是她提出了和张志沂离婚。

张志沂和黄逸梵离婚后，孙宝琦的七小姐、30 多岁的"剩女"孙用蕃又和他结合了，于是也就变成了张爱玲的继母。这样一来，孙宝琦也就成了张爱玲的"外祖父"，于是孙家就和李家又多了一层姻缘网。

当然，有 24 个子女的孙宝琦一定会把姻缘关系网发挥得和李瀚章一样。

1902 年 2 月 1 日，慈禧太后颁布谕令，准许满汉通婚。这时，孙宝琦迎来了一门从前想都不敢想的亲事，庆亲王奕劻主动找到他，想让自己的五公子载伦迎娶他的二女儿。

奕劻是什么人物？他姓爱新觉罗，是乾隆帝第十七子永璘的孙子，封庆亲王，曾任军机大臣、内阁总理大臣，是真正的皇族，而且比慈禧太后还大一辈。

奕劻一说要联亲，孙宝琦大骇，忙说自己办不起嫁妆。可是奕劻却说："别着急！到时候我派人把东西送到府上，新媳妇过门时再带过来即是。"这下孙宝琦没话说了，结果，孙二小姐出嫁时所带的嫁妆还真就是奕劻私底下送来的。

现在，已经没人能知道这孙二小姐是不是天仙，为何能让皇上的家人都如此献殷勤。和奕劻联亲后，在奕劻的推荐下，孙宝琦就从公使调任山东巡抚连升了三级，于是这才有了他大展身手、开始立宪活动的机会和舞台，而且他向德国收回部分铁路路权的举动赢得了时人的称颂。你看，真正的姻缘关系网永远都是和政治活动紧密相关。当然，孙宝琦除了皇族之外，还有更大的姻缘关系网。

他的大女儿叫孙用蕙，是盛宣怀四子盛恩颐的夫人。后来，盛宣怀哥哥盛善怀的女儿盛范颐又嫁给了孙宝琦的四儿子孙用岱。

他的三女儿的丈夫是曾做过湖南巡抚、云贵总督、直隶总督兼北洋大臣、政务大臣、武英殿大学士、总理衙门大臣的王文韶的孙子。

他的四女儿的丈夫是皇帝近臣宝熙的儿子。

他的五女儿是袁世凯的七儿媳妇，后来袁世凯又把六小姐袁篆桢嫁给了孙宝琦的一个侄子。

你看看，这被姻缘关系网包围着的顺天府尹是不是也和李中堂家的关系网差不多啊？

当然，这还没完，再接着往下看。

"京东第一家"的刘大小姐

民国曾经有过一个叫冯国璋的大总统，关于他后来的经历这里就不再叙述了，不过有关他的出世还得助于关系网的作用。

明代的开国勋臣冯胜是冯国璋的先人，但是到了冯国璋这辈，家道中落。不过他有幸遇到了一个贵人，也就是他的老师聂士成。可以说没有聂士成就不会有后来的代总统冯国璋。

其实聂士成的成功也是因为碰到了好的关系网。据说有一年，一个商人被匪徒追杀，他母亲把这个商人给藏起来了。这个商人幸免于难后，就和聂士成结成了好友。不久后，这个商人弃商从军进入了袁世凯祖父的弟弟袁甲三的部队当兵。等他当了军官之后就把聂士成介绍到他的部队。这时，冯国璋给聂士成做幕僚，于是在聂士成的推荐下，冯国璋就和袁世凯有了千丝万缕的关系。

自然，在朝廷为官的冯国璋也同样明白姻缘关系网的作用，所以他的女儿，后来就成为了孙宝琦的三儿媳妇。当然，冯家的姻缘关系网不可能只联结在孙家这一门亲戚上。

在清末民初的河北省有一个冀商的代表性家族，号称为京东第一家，也称汀流河刘家。你要知道，这刘家当时的买卖那可是北到黑龙江，南到上海，覆盖了大半个中国，有"南荣（荣毅仁家族）北刘"之称，是中国北方四大家族之首。

当然刘家可不光是知道做买卖，更是重视教育。"书中自有黄金屋"的道理，刘家还是认可的，而且刘家也确实从"书中"找到了"黄金屋"。当时刘家大门口挂着两块匾，一块是"同胞三科举"；一块是"会元第"。中国抗战胜利后，作为美国总统杜鲁门特使来华的魏德迈将军，当年都曾给刘家做过"家塾先生"。

咸丰五年，刘家的"第一才人"刘兆熊一跃中举取得功名，进入了清政府上层。于是他就首先和翁同龢接上了关系，成为了至交。然后在翁同龢的提携下，他又和庆亲王奕劻、张之万等人都有了联系。

有了刘兆熊的铺垫，他的子辈们也都相继进入了清政府上层。他的六子刘坦后任二品内阁中书，在清末时期又与袁世凯、黎元洪、冯国璋、徐世昌、张作霖等人物成为了好友。

在这些人物中，刘坦和冯国璋的关系最好。所以到了民国初年，刘坦的孙女刘益素到了婚嫁年龄时，就和冯国璋的孙子冯海岗结出了姻缘。

当然，除了孙家和汀流河刘家，冯家的关系网后面还有更强大的。

"九如巷四姐妹"——中国最后的大家闺秀

1930年秋天，徐志摩在胡适的帮助下来到了北京大学担任教授。第二年的4月，有一个叫卞之琳的学生和几个同学一起编了一本《北大学生周刊》，于是他就向老师徐志摩征稿。

卞之琳虽然是英文系的学生，可他很喜欢诗歌，上初中时，他曾从上海新月书店邮购了一册《志摩的诗》，吟后很是振奋，所以他很崇拜徐志摩，当然徐志摩也很是喜欢这个学生。

作为徐志摩的爱徒与崇拜者，卞之琳也同样对美女有着特殊的热爱。

1933 年秋天，卞之琳认识了一个从苏州来北大中文系上学的女孩，这位兰心蕙质、才华横溢的"闺秀"爱好昆曲和文艺，两人很谈得来。这个女孩叫张充和，她就是张武龄和陆英的小女儿，后来又过继给李识修做了孙女，所以她也是李蕴章的重外孙女。

张充和和她的 3 个姐姐张元和、张允和、张兆和一起，被后世合称为"九如巷四姐妹"，也叫"张家四姐妹"，是震撼中国的知名女性，其知名度在中国近代史上不次于宋家三姐妹，被称为"中国最后的大家闺秀"。

1929 年，张充和的三姐张兆和考入了胡适当校长的中国公学。和妹妹一样，聪明可爱、单纯任性的张兆和在这里也成为了众多男人的追求者。

这时，徐志摩的好朋友，后来的著名作家、历史文物研究家沈从文，经过徐志摩的介绍，正在那里当老师，于是他也就成为了追求者之一。沈从文曾悄悄地给张兆和写了一大堆情书。但是张兆和没有回应。后来学校里起了风言风语，说沈从文因追求不到张兆和要自杀，张兆和情急之下，就拿着沈从文的全部情书去找校长胡适理论。

张兆和拿着这些情书对胡适说："老师老对我这样子。"胡适却说："他非常顽固地爱你。"张兆和马上回了一句："我很顽固地不爱他。"胡适又说："我也是安徽人，我跟你爸爸说说，做个媒。"张兆和连忙说："不要去讲，老师好像不应该这样。"

张兆和没有得到校长胡适的支持，就只好继续听任沈老师对她进行感情文字的狂轰滥炸。后来沈老师终于抱得美人归，1933 年 9 月 9

日，沈从文在北平中央公园与张兆和结婚。

婚后不久的一天，在沈从文和张兆和的新家——北平西城达子营 28 号，巴金、靳以等人在此小聚，因为卞之琳是徐志摩的爱徒，所以和他们都很熟悉，也来此参加聚会，于是在这里卞之琳才认识了张充和。

卞之琳和张充和这颗爱情的种子没能发芽，虽然他整整爱了她 60 年，但这爱，却被他深深藏在了心底。后来，张充和与德裔美籍学者傅汉思结婚，双双去了大洋彼岸。

张充和兰心蕙质，才华横溢；张兆和聪明可爱，单纯任性；她们的二姐张允和则是被人形容为"年轻时她的美，怎么想象也不会过分"的女人。

张充和的丈夫是汉学家；张兆和的丈夫是著名作家；张允和的丈夫则是中国语言文字专家、汉语拼音的缔造者之一周有光先生。现在用电脑打出中国文字的方法就是周先生研究出来的。

周有光出生在常州的青果巷。青果巷这个地方除了成长过周有光，还养育着 3 个人：一个是盛宣怀，另一个叫赵元任（中国现代语言和现代音乐学大师），还有一个叫瞿秋白。

周有光留学日本京都大学，在美国工作时和爱因斯坦面对面地聊过天，他通晓汉、英、法、日四种语言，有"周百科"的外号。

她们的大姐张元和是著名的昆曲度曲家，她的丈夫顾传玠是著名的昆剧艺术家，蜚声曲坛，是曲学大师吴梅的挚友。

前面说过，想成为大家闺秀其中要有一个必要的条件，那就是必须要有闺秀的容貌，这可不是你自己能够左右的事情。"张家四姐妹"的母亲陆英，正好就满足了她们能够成为大家闺秀的这个必要条件。

这位从扬州东关街陆公馆走出去的二小姐，就是一个让人眼晕的绝色美人。以至于在媒婆掀开她的盖头时，让所有的婆家人都愣住了——"不得了！新娘子太漂亮了，光芒四射。"

但是正如张充和所说："十分冷淡存知己，一曲微茫度此生。"斗转星移，"最后的闺秀"离我们远去了。不过新的"闺秀"正在蓬勃地炒作，而且会层出不穷。

佩玉女人，眼花缭乱的关系

前面说只有"虚职"的李昭庆，同样把李家的姻缘网更加发扬光大，当然不只是他的孙子李国源（垣）娶到了国务总理的女儿段式萱，他的女儿也一样将姻缘网联结得出神入化。

李昭庆字子明，号幼荃。他少通经史，博学能文，持身端正，以员外郎身份从戎后，被曾国藩称赞为"沉毅英练不亚诸兄，海内人才萃一门"的小将。30岁时，他就统领武毅忠朴四营，后又统松凤兵一万余人。每次战中，他都"匹马斫阵，所向无前，每战必胜"，不过他"时以家门盛满为惧，退居人后"，所以才没求得官职。

不过英雄薄命，李昭庆39岁便早逝了。但是他仍然留下了4个儿子和4个女儿，他的这些儿女又将李家的姻缘网扩展得更加宏大。

他的长子李经方早年就过继给了李鸿章，也就是李鸿章的长子。当然，那时李鸿章还不认识赵继莲。三子李经叙的夫人是清政府第一任驻英国公使郭嵩焘的女儿；四子李经叙的夫人是御史许其光的女儿；长女的丈夫是淮扬道吴学谦；四女的丈夫则是四川总督刘秉璋的长子刘体乾（后来的四川宣慰使、民国江西省主席）。

说起李鸿章的挚友刘秉璋，应该说李刘两家有着无法理清的姻缘纽带，而且要从旁支算起那就更加繁杂了。

刘秉璋字仲良，他比李鸿章小3岁，出身于平民家庭。但是他有精英的老师，所以在他34岁时便考中进士，被选为庶吉士授编修。

后来他由翰林院编修投笔从戎，很受李鸿章的赏识。所以在李鸿章任江苏巡抚时，他便成为了知心幕府，同时也是淮军中除了李鸿章之外的唯一一名进士。据说他在升任浙江巡抚时，正值中法战争爆发，李鸿章便派他率军坐镇杭州。在战争的关键时刻，他就对家人这样说过："万一战场失利，吾得对国尽忠，夫人要尽节，三个儿子（指长子刘体乾、次子刘体仁、三子刘体信）要尽孝，小四、小五尚小，送给李鸿章了。"你看，他和李鸿章有着怎样的密切关系？

当然，百战之后的刘秉璋并未"对国尽忠"，而是步步高升，61岁终于成为了四川总督，8年后又被懿旨赏加太子少保衔。可以说从刘秉璋开始，他的后人创造了清末民国的又一个名门家族，姻亲网络遍布朝野。

除了长子刘体乾娶了李昭庆的幼女以外，次子刘体仁的夫人就是张树声的女儿，也就是大美女陆英的丈夫张武龄的姑姑，同时张树声的孙女又是李国锦的丈夫卞寿孙堂弟的夫人，所以这就又和"张家四姐妹"有了很近的姻亲关系。

次子刘体仁的儿媳妇是福州望族龚家的后人，而亲家母则是无锡望族杨氏的大小姐，亲家母的长兄杨味云后来是北洋政府的财政次长，杨味云的儿子杨通谊则是荣漱仁的丈夫。

三子刘体信的先夫人是淮军名将吴长庆的女儿，继室则是两江总督周馥的女儿；四子刘体智就是曾经准备给李鸿章做儿子的，他从小就在李鸿章的家塾里和李氏的子弟们一起读书，后来成为了中国实业银行的总经理，同时也是著名的收藏家。他的夫人则是孙家鼐的女儿，也就是孙多鑫和孙多森的姑姑，所以这就又和李瀚章有了很近的姻亲关系；五子刘体道的夫人是闽浙总督卞宝第的女儿，也就是李国锦的丈夫卞寿孙的姑姑，同时也是李鸿章的小儿子李经迈的连襟，而卞寿孙的姐姐又是刘体乾儿子刘寅生的夫人，于是这就又和陆英的丈夫张武龄有了关系。刘秉璋的长女和次女则先后嫁给了李鸿章的继长子李经方（李昭庆的长子）。

怎么样，刘家后人的姻亲关系网够庞大吧？和李家的姻亲关系也够复杂吧？

李国源（垣）的妹妹李国珍又将李昭庆一门的姻缘网发展得愈加庞大。

李国珍的丈夫刘攻芸曾经是张幼仪四哥张嘉璈的副手，后来是民国（大陆）中央银行的最后一任总裁。

刘攻芸的曾祖父叫刘齐衢，由于他父亲早亡，所以他就由伯父、也是林则徐的挚友刘家镇抚养长大。后来刘齐衢的弟弟刘齐衔成了林则徐的大女婿，曾任河南巡抚。而刘攻芸的舅舅陈宝琛（字伯潜）曾经是溥仪皇上的老师。陈宝琛的夫人王眉寿则是原工部尚书王庆云的孙女。王眉寿的弟弟王仁堪则是光绪年状元、民国大总统徐世昌的老师、梁启超的考官和媒人。

你看，刘攻芸的关系网是不是很广阔？当然这还没有完，他在后面还有关系。

再说李昭庆的次女和三女。

李昭庆去世后，李鸿章就把他的三女儿养育在了自己的身边，看得比自己的亲生女儿还重。到了女大当嫁时，李鸿章当然也要为她安排好终身大事。这时，一个人选便很自然地出现在了李鸿章面前，他就是淮系中的得力干将、后任过台湾巡抚的外交家邵友濂。

据说当年的上海静安寺路上，最具豪名的有3家：一是盛宣怀家，二就是李鸿章的五弟李凤章家，第三家姓邵，主人邵友濂是清朝的政治家与外交家，曾任台湾巡抚，是官至一品的大员。因为这几家都靠近外国人在上海的娱乐中心斜桥总会，于是就被称为"斜桥盛府""斜桥李府"和"斜桥邵府"，他们是静安寺街绝对的三大豪门。

邵友濂字筱春（小村、攸枝），他早年是两江总督曾国荃的幕府，后来在曾纪泽出使俄罗斯时作为曾纪泽的副手，为签订《伊犁条约》发挥过作用，再后来在俄皇尼古拉二世加冕时，又作为李鸿章的副使前往祝贺。

正因为他与曾、李二人有如此的关系，所以李鸿章就首先向邵友濂提出了结儿女亲家的意思。邵友濂自然是满心欢喜，于是三小姐便以李鸿章女儿的身份嫁给了他的长子邵颐。

可是邵颐与三小姐婚后，三小姐只生育一女，叫邵畹香，然后便红颜凋落，很早就病发了。虽然邵颐后来又续娶了一房，但是仍然没有儿子，然后他也去世了。

不过她的女儿邵畹香同样结出了自己的姻缘网，她的丈夫叫蒯景西，是光绪年间的清政府赴欧洲留学生监督和京师督学局长蒯光典的儿子。

当然，蒯光典也是李家的世亲。蒯景西的母亲是李昭庆的次女，也就是邵畹香的二姨，所以邵畹香和蒯景西其实也是表兄妹。

在邵颐过世时，他的弟弟邵恒才只有7岁，但是这个小男孩承载起了邵氏家族的全部希望。当然和李家一样，作为官至一品的大员，邵家的姻缘网也是与所有的豪门经纬相接。

邵恒的娃娃亲夫人就是盛宣怀的四女儿盛樨蕙小姐，当然也就是盛毓菊的四姑。由于邵颐没有男孩，后来邵恒和盛樨蕙就把长子过继到了长房邵颐的门下，这个小男孩叫邵云龙。他是盛宣怀的外孙子，同时又是李鸿章与李昭庆的外孙子。这样一来，他也同时就成了张爱玲和张家四姐妹的表叔。当然，这还只是他未成年时的亲缘关系。

1916年，盛宣怀在上海去世。在去苏州安葬外祖父的过程中，邵云龙见到了大舅盛昌颐的女儿盛佩玉，这年邵云龙10岁，盛佩玉11岁。从这时开始，这个佩玉女孩就和表弟邵云龙一起玩耍了。两人玩到了十七八岁时，开始有了朦胧的恋情。这时，邵云龙在《诗经》中看到了一句"佩玉锵锵，洵美且都"，他为了能和表姐的名字相配，便给自己改名为邵洵美。1925年，邵洵美赴英国留学。临行前，他委托母亲盛樨蕙回娘家去提亲，结果当然是没有问题。

那么，这个有着广泛关系网的邵洵美到底是做什么的呢？

邵洵美和徐志摩一样，也是英国剑桥大学留学生，与徐志摩并称为"诗坛双璧"，同时他还是散文家、出版家、翻译家。他被誉为"民国美男子"之一。

他的圈子里精英人物颇多。他的结拜兄弟有谢寿康、徐悲鸿、张道藩，好朋友有胡适、徐志摩、林语堂、沈从文、闻一多、夏衍、邹韬奋、刘海粟、刘纪文和曾孟等，当然还有陆小曼、张幼仪、唐瑛这些大名媛。

为人慷慨的邵洵美不仅会写诗，同时还有"小孟尝"之美称。他好酒好赌，所以经常在花木交荫的宅第里"一掷呼卢，输赢百万"。他讲究雅赌，认为赌博也应该有"诗意"才行，因此看不起那些世俗赌徒。据说他越是输钱，诗就写得越好，所以又自称是"赌国诗人"。

1927年1月15日，21岁的邵洵美终于与22岁的表姐盛佩玉在上海卡尔登饭店正式举行了结婚仪式。不过有了表姐这个美丽夫人的邵洵美，还是和那时的风流人物一样，仍然有着自己的红颜知己。

1935年5月，一个名叫艾米丽·哈恩的30岁美国女人，以美国《纽约客》杂志社中国通讯记者的身份来到了上海。

一天晚上，邵洵美这个貌俊多金、才华横溢的风流男子与经历丰富、风情摇曳的异国女郎在一个社交场合相遇了，而且一见钟情，开始了一场旷世绝恋。邵洵美根据上海话的发音，给异国女郎起了一个中国名字叫项美丽，又把她的小名MICK翻译成了一个香艳的汉语名字——蜜姬。

出人意料的是，这个项美丽不仅经常出入邵家，还与盛佩玉成了好朋友，而且与邵家大小人等都和睦相处，邵家人昵称她为"蜜姬"。

1937年8月14日，上海沦陷了。这时，美丽的"蜜姬"不仅成为了邵家的保护神，而且更为中国的文化做出了贡献。

当时邵洵美和家人都躲进了法租界，可是他的出版社里很多设备都没能带出来。这时，项美丽就凭着外国侨民的身份和神通广大的交际能力弄到一张特别通行证，并亲自举着美国国旗押车，一天之内来回跑了17次，将这些设备以及很多书籍都从日军占领区里抢运出来。

也许有人说她是热爱中国，但更重要的是她爱邵洵美。所以说民国的姻缘关系网，不仅是亲缘关系，同时也是和社会的政治变化息息相关。

"斜桥盛府"，关系大无边

前面说了，当年上海静安寺路上的"斜桥盛府"已经是豪门高第了，但是盛宣怀的父亲更厉害，他把现在苏州有名的旅游胜地"留园"——当时叫刘氏寒碧庄，当成了自己的家。

盛宣怀是什么人物就不再详述了，但是他的父亲又是什么精英人物呢？

盛宣怀的父亲叫盛康，他和李鸿章是至交。1858年，湘军与太平军正在安徽、江西、湖北一带拼命厮杀，这时任湖北巡抚的胡林翼被后勤工作弄得焦头烂额，于是他就将理财能手盛康招到了自己的麾下。

这时，李鸿章也在曾国藩（此时曾国藩部正驻节江西和湖北）幕下帮办营务，所以就和负责后勤的盛康成为了同事，进而又成了好朋友。后来，盛康就由李鸿章以"才具优长"的推荐词推荐给了朝廷，于是便得以步步高升。盛宣怀因为父亲的关系就进入了李鸿章的幕府，成了李鸿章的得意门生和机要秘书，同时也是他后来大办洋务的重要帮手。

除了和李家的关系网之外，盛家还有更多的姻缘纽带。

盛康的长子叫盛善怀，是盛宣怀的哥哥，他女儿盛范颐的丈夫就是孙宝琦的四公子孙用岱，你看这盛孙两家的关系网有多密切？当然这也不是全部。盛宣怀的先夫人董氏是明末"秦淮八艳"之一董小宛的同族。董氏早逝后，他的继夫人庄德华则是常州大族庄毓莹的三小姐。

盛宣怀的四子叫盛恩颐，他的夫人就是孙宝琦的大小姐孙用蕙。七子盛昇颐的夫人也是豪门出身，她的父亲吕海寰是著名的外交家，也是中国红十字会的创始人之一，曾经当过工、兵、外务部尚书等官职。

清末民国的姻亲网总是经纬交织。

李鸿章的女婿张佩纶有一个堂弟叫张佩绩，他的儿子张叚臣的长女叫张允宜，她后来的丈夫就是吕海寰的孙子吕遒颐，所以盛昇颐又是吕遒颐的姑父。盛宣怀的四小姐盛樨蕙的丈夫是邵恒。盛宣怀的五小姐盛关颐的丈夫林庆纶是台湾富豪，字薇阁，号肇权，是台湾板桥林家的成员，当年孙中山进行革命活动的赞助人之一，也是活跃于日本统治时期的台湾银行家兼慈善家，台湾华南银行的创办者之一。担任过台北厅参事、大稻埕区长、台北州协议会员、台湾总督府评议委员等职，曾一度是台湾最富有的人。

林薇阁为什么能和盛家有关系呢？原来他的舅舅也是陈宝琛，所以李昭庆的孙女李国珍的丈夫刘攻芸也就是林薇阁的表兄弟，而且陈宝琛和李鞠耦的关系也非常密切，所以通过李家的关系，当然也就和盛家有了关系。

你看，清末民国的姻亲关系网是不是神奇得让你咋舌？

盛宣怀还有一个八小姐叫盛方颐，她的丈夫叫彭震鸣。这个彭震鸣是上海滩有名的公子哥儿。他长得帅又善唱程派戏，是程派的名票，人称"彭老七"。为了唱戏，彭老七还特地办过两个私营广播电台，专播戏曲节目，有时请人点播而他自己来唱，自娱自乐。彭震鸣敢于这么玩票，那他一定也不简单。因为他的外祖父叫周扶九。周扶九是江南巨富，他家的纹银据说最多时能有 3000 万两（盛宣怀最后的家业也只有白银 1160 万两）。

虽然八小姐盛方颐的丈夫有一个富有的外祖父，但是六姐结出的那片"新天地"则更有力度。盛宣怀的六小姐叫盛静颐，她的丈夫叫刘俨庭，是刘安江的公子。刘安江字澄如，号锦藻。据说刘家的资本最鼎盛时有 2200 万两白银，当时清政府的年财政收入才 7000 万两白银。

刘安江的父亲叫刘镛（字贯经），官至正二品光禄大夫，相当于清政府的国策顾问。

刘锦藻（刘安江以号行世）是刘镛的次子（长子刘安澜早逝），他 13 岁中秀才，26 岁中举人，32 岁与南通的张謇同榜甲午科进士及第，中两榜进士，于是他与张謇从此成了同年和挚友。他家挂着的匾额全是皇上亲自题写的。

刘镛的闺秀们也同样是刘家姻缘网络的开创人。刘镛的长女是蒋家媳妇，她的丈夫蒋锡绅是藏书世家蒋维基的儿子，也是刘锦藻和张謇的挚友（目前有众多资料认为刘镛的长女是蒋锡绅的儿媳妇，即学部总务司郎中蒋汝藻的夫人。但是刘镛出生于 1825 年，而蒋汝藻出生于 1877 年，翁婿相差 52 岁基本是不可能的，同时蒋锡绅也不可能将挚友的姐妹娶为儿媳，所以刘镛的长女即是蒋汝藻的母亲）；另一女则是礼部尚书、一品大学士徐甫的儿媳妇。

再后来，刘锦藻的孙子，也同时是刘安澜的孙子刘忻万（因为刘忻万是清末民国著名藏书家、嘉业堂主刘承干的儿子，而刘承干则是刘锦藻的长子，后过继给刘安澜），又成了李鸿章的曾孙女婿，所以刘家和李家也同样有着姻亲的联系，也所以刘家李家和盛家就都是互相关联的姻亲。

盛静颐虽然是清末"首富"的女儿，又是刘家的儿媳妇，但是名声却不大，可她的妹妹则是绝对的大名鼎鼎。

在民国期间，上海滩有两个很出名的七小姐，一个是张爱玲的继母、孙宝琦的七小姐孙用蕃；另外一个就是盛静颐的妹妹盛爱颐。她也是孙用蕃的七小姑子、盛佩玉的七姑。据说盛爱颐长得那是"惊为天人"，所以才能以"盛七"的名号闻名整个上海滩。

1886 年，盛宣怀认识了一个叫宋耀如的牧师，交往过后他们便逐渐成为了好朋友。宋耀如毕业于美国万德比尔特大学神学院，结识孙中山后，他参加了兴中会和同盟会，开始逐渐成为集传教士、实业家和资产阶级革命党人于一身的传奇人物。

宋耀如的夫人叫倪桂珍，她是耶稣教牧师倪蕴山与徐光启后裔徐氏的三女儿。

倪桂珍的大姐叫倪桂清，她丈夫牛尚周是清政府官派留美幼童，后任江南制造总局帮办，和宋耀如是好朋友。

倪桂珍的二姐叫倪桂妹，她丈夫温秉忠是牛尚周的表弟，留学美国麻省伍斯特理工学院，后为两江总督端方的幕僚、苏州海关监督，是清政府的二品大员，和宋耀如也是好朋友。

正是因为这两位好朋友把自己的小姨子介绍给了宋耀如，宋耀如才和倪桂珍有了一场旷世姻缘，于是也才有了著名的"宋氏三姐妹"。

天资聪慧的倪桂珍先后毕业于上海妇女联合救济会创办的布里奇曼女子学校和上海西门佩文女子中学，是钢琴名手和虔诚的耶稣教信徒。婚后有一段时间，因为宋耀如和盛宣怀的关系，她就在盛家做了养娘（当年介于家庭教师与乳娘之间的一种特殊职业，专门为官宦或巨富人家看管孩子）。因为有了这种关系，所以后来宋霭龄就成为了盛家五小姐盛关颐的家庭教师。

1907 年，温秉忠把宋耀如和倪桂珍的次女宋庆龄、三女宋美龄两姐妹带到了美国留学，接着宋庆龄的大弟弟宋子文也来到美国，进入了哈佛大学经济系学习，后又获得哥伦比亚大学博士学位。

宋子文毕业回国后，因为他家和盛家的关系，于是就担任了盛氏汉冶萍公司总经理，也就是盛七小姐的四哥盛恩颐的英文秘书。又因为这层关系，宋子文就认识了盛七小姐盛爱颐，于是他又主动担任了盛七小姐的英语教师，后来他们就恋爱了。

但是盛七小姐的母亲庄夫人不同意，这时正是1923年的10月，孙中山在广州的大元帅府正忙得昏天黑地，所以宋子文没有时间再为此事缠绵下去，因为二姐宋庆龄已经和孙中山说了，要让宋子文火速南下广州，有更重要的工作需要他来担任。就这样，两人只好依依不舍地分了手，再后来，这个盛七小姐就成为了庄铸九的夫人，庄铸九是她母亲庄夫人的内侄。

1927年，宋子文已经成为了南京政府的财政部长。有一天，宋子文来到庐山避暑，在这里他忽然想给母亲倪桂珍建造一幢别墅，于是庐山管理局的官员就给他找来了庐山营造厂厂长张谋之。建造别墅的事情当然圆满完成了，同时宋子文还有了一个更大的收获，那就是娶到了张老板的千金张乐怡小姐。

出生在庐山日照峰3号别墅中的张乐怡，风姿绰约，亭亭玉立，曾经是上海中西女中的校花，后来又毕业于南京金陵大学。在上海中西女中还有一个校花（张乐怡下一届）叫陈皓明，她则是上海盐业银行行长陈庶青的千金，后来便又成为张乐怡弟妹，也就是张远东的夫人。1927年6月14日，宋子文和如花似玉又落落大方的漂亮女孩张乐怡喜结良缘。

1946年，盛恩颐的次子盛毓度阴错阳差地被军统关进了监狱，于是大家央告七小姐给宋子文打个电话，请这位曾经的政府行政院院长出面帮忙。结果七小姐和盛毓度在第二天中午就团聚了。

在后来的日子里，宋子文还是一直也没有忘记七小姐，就在七小姐晚年患病期间，宋庆龄还曾叫自己办公室的工作人员专程从北京去探望她，这大概也与宋子文有关吧。

前面说过，能够称为大名鼎鼎的人物必然要有着自己独特的处世风格。盛宣怀去世后，本来按中国传统大家庭的做法，女儿是分不到遗产的。然而进入民国之后，女子地位不断提高，况且盛爱颐姐妹与宋家姐妹还都是好朋友，所以在宋家姐妹的支持下，盛氏姐妹就赢得了遗产。据说能有150万元的现银。于是盛七小姐就拿出了其中的60万元和丈夫建起了曾被誉为"远东第一乐府"的上海百乐门。

凄凉别后两应同，最是不胜清怨月明中，命运无常。

在盛宋的"姻缘"中，虽然庄铸九的幸运路人皆知，七小姐的悲伤无处遁形，但是她在宋子文那里输掉了神往的爱情，却也在庄铸九这里寻到了安详的幸运。

第九章

戎马倥偬中的红粉佳人

"龙潭三杰"与"歌舞三杰"的家国关系

前面在李中堂家的姻亲网中转了太久，有些读者已经看晕了，清末民国的精英姻亲网就是这般纠缠，所以即使是跳出了李大中堂家，也还是又进入另一个与他有关系的精英家族。

1930年前后，湖南曾家（曾国藩）出现了一次新娘逃婚事件（此类事件此前曾发生过几次），这个逃婚的新娘叫冯大璋。

冯大璋逃到了日本，后回国来到重庆国立药学院读书。1939年前后，已经改名为杨洁的冯大璋在苏联大使馆武官处工作时，认识了中共中央南方局军事组的翻译傅大庆，通过军事组组长叶剑英的介绍，1941年元旦，傅大庆和冯大璋在曾家岩50号周公馆举行了婚礼。1944年7月，傅大庆被日寇逮捕后失踪。于是叶剑英就收养了他和杨洁的女儿傅小庆作为自己的养女。

当年冯大璋逃出了曾家的婚姻，可是曾国藩的弟弟曾国荃的曾孙女曾宪植后来却成了叶剑英的继夫人，于是冯大璋又和曾家有了"关系"。

叶剑英的女儿叶向真是著名电影导演。她的前丈夫叫刘诗昆，他是著名的钢琴家；叶向真的第二任丈夫叫罗丹，他是著名的摄影师。

罗丹的外祖父是做地下党情报工作的"龙潭三杰"之一，名叫钱壮飞。用当时领导人伍豪的话说，那就是："如果没有'龙潭三杰'，中国革命的历史将被改写。"罗丹的外祖母张振华是清朝著名宰相张英、张廷玉父子的后人，她和钱壮飞是北京医专的同学。罗丹的舅舅叫钱江，就是后来拍摄过《洪湖赤卫队》《白毛女》《东方红》等电影的电影摄影师和导演。钱江有一个姐姐叫钱蓁蓁。1926年时，因为父亲钱壮飞是北京光华影片公司编导，所以趁工作之便，11岁的钱蓁蓁就在影片《燕山侠隐》中扮演了一个角色。1927年，钱壮飞从北京调任上海从事秘密情报工作，这时钱壮飞偶然在报上看到了一则广告——黎锦晖筹备中华歌舞团，计划赴南洋演出，为此招募新学员。正是这则广告改变了钱蓁蓁的人生轨迹，同时也让民国的姻亲关系网更加丰富多彩。

后来，钱蓁蓁就与王人美、胡蝶同被称为是"歌舞三杰"。1937年，钱蓁蓁离开"孤岛"上海，撤往内地，在武汉加入了中国电影制片厂。由于战乱，钱蓁蓁根本顾不上旅途生活问题，所以连床褥子都没带。有一天，她突然发现有了一床褥子，原来是电影制片厂的工程师罗静予把褥子让给了她。于是，钱蓁蓁就和罗静予产生了爱情，不久在郭沫若的证婚下，他们在武汉举行了婚礼。他们的长子就是罗丹。

在罗静予去世后，钱蓁蓁又嫁给了徐悲鸿和吴作人的学生、中国的第二代油画大师艾中信。

休言半纸无多重，万斛离愁尽耐担。这条从曾家连接出的姻缘线，从叶家和钱家这里将走向更广阔的空间。

"魏家女儿"，硝烟弥漫中的情网

曾昭和的弟弟叫曾昭言。

1856年，在曾国荃的湘军里有一个营务官叫魏光焘，后来他又成为了左宗棠的重要幕僚。历经百战后到了晚清时，魏光焘便成为了清政府政治、军事、外交上的重要人物，历任陕甘总督、云贵总督、两江总督、南洋大臣、总理各国事务大臣。

魏光焘的小女儿就是曾昭言的夫人。魏光焘的二女儿叫魏湘若，她的丈夫叫朱剑凡。朱剑凡又名周家纯，是朱元璋的27世孙。他的父亲周达武（字梦熊）早年是左宗棠的部下，后任甘肃提督。在此期间，他与时任甘肃按察使的魏光焘交谊深厚，于是他们便商议结成儿女亲家。1900年，17岁的周家纯终于正式迎娶了魏光焘的女儿魏湘若。

1902年，周家纯和密友杨开慧的父亲杨昌济一起东渡日本留学，在这里他结识了黄兴、陈天华等一批著名的革命者。两年后，他回国在长沙的宁乡速成师范担任了教员。1905年5月1日，他做出了一个对中国历史进程有着改变意义的重大决定——捐私宅开办女校，命名为"周氏家塾"。1907年，他又将女校正式命名为周南女学堂，1908年他更是毅然决定毁家兴学，捐献总值达111000银圆的资产，扩建周南校舍，后又将女校改名为周南女子师范学堂，由他担任校长。民国成立后，周家纯恢复了朱姓，于是改名朱剑凡。

为什么说他的周南女校对中国历史进程有着改变的意义呢？因为这里曾经走出过向警予、蔡畅、杨开慧、帅孟奇、劳君展、黄彝、曹孟君、丁玲、劳安……

朱剑凡不仅是教育家，他也是战士。1924年他赴广东追随孙中山先生，致力于北伐的前期准备工作，并在广州担任了中央政治训练班教务主任、国民革命军第2军顾问。1926年返回长沙后，又任国民党长沙市党部常务委员，出任长沙市市政筹备处处长兼长沙市公安局局长，市政府成立后任市长。1929 年在上海，他又与宋庆龄等人发起成立了自由大同盟。在教育与政治上，朱剑凡是人物；在姻缘网上，朱剑凡也是大有作为。

1927 年，毕业于南京金陵女子大学的三女儿朱仲芷，在武汉经国民革命军第 2 军（朱剑凡为该军顾问）党代表李富春和夫人蔡畅的介绍，认识了第 2 军第 6 师的党代表兼政治部主任肖劲光，不久他们便相爱并结婚。

1938 年，朱仲芷的小妹妹朱仲丽从上海东南医学院毕业，不久来到了三姐和姐夫的工作地点延安，任王家坪和杨家岭医务所所长。由于肖劲光的关系，她就认识了中央军委副主席兼总政治部主任王稼祥，经过一段时间的接触后，他们于 1939 年正月正式结婚。

早年，朱仲芷和朱仲丽的祖父周达武在落成一园书院后，曾经邀约名流撰写过一副对联："旧令伊夏屋，补苴睹楼台，近水草木含芳，自渐润色未能，宦迹倥偬虚岁月；尔多士春华，启秀看文海，回澜诗坛拔帜，从此会心不远，人材蔚起奋风云。"也许他早就预料到后人会有如此的作为。

其实在清末民国不光笔墨砚台、诗情画意之间的精英人物姻缘关系网是那般光怪陆离；硝烟弥漫、戎马倥偬中的精英人物姻缘关系网，一样也是如此的精彩纷呈、千红万紫。

尽管是"往事不堪听角楼，苍崖白日浩溟蒙"，不过精英永远还是精英，这不会有所改变。

狂朱五的身前身后

曾国藩的长女叫曾纪静，早年由曾国藩做主，嫁给了好友袁芳瑛

（字漱六）的长子袁秉桢（字榆笙）。客观地说，曾国藩的这次结亲还真没有心怀门第之好的想法，况且袁漱六也不是什么大的官宦，只是松江知府。他看重的只是袁漱六的人品和学识，因为袁漱六是与朱学勤、丁日昌并称的三大藏书家之一，他的藏书楼名为卧雪楼。但是袁漱六早逝后，袁榆生却不成才，曾纪静忧郁成疾，没有留下子女就病逝于婆家湘潭。

对于长女曾纪静的婚姻悲剧，没人知道曾国藩的真实心情，但是他仍然继续着这样的联姻。

曾国藩的次女叫曾纪耀，她的丈夫陈远济（字崧生）是曾国藩的好友江西吉安知府陈源兖的儿子，出任过清政府驻英、法、比参赞。因为曾纪耀和陈远济也没有孩子，于是他们就过继了一个侄女做女儿，她叫陈光玑。所以陈光玑也就是曾广璇等人的表姐妹。陈光玑从小跟随父亲陈远济出国，一直生活在巴黎，直到10岁后才回国。后来，这个有着洋派习惯的陈光玑又为曾陈两家结出了好大一片姻缘网。

1891年，瞿鸿机奉督四川学政。他这次带来了一个亲戚，也就是他夫人的外甥，19岁的朱启钤，并安排他进了盐务局工作。这一时期，朱启钤在这里结交了不少贤俊，尤其是和唐才常成为至交。这个19岁的朱启钤就是陈光玑的丈夫，两年前他们就已成婚。朱启钤为什么要随姨父赴川呢？

朱启钤谱名启纶，字桂辛，别号蠖园，晚年自号所居曰"勤炳烛斋"。他的父亲叫朱庆塘，号稚皋。朱庆塘的夫人傅梦琼是河南布政使傅寿彤的长女，她的次妹傅宝琼的丈夫是湖北布政使黄彭年的儿子黄国瑾；三妹傅幼琼的丈夫就是瞿鸿机。所以在朱庆塘去世后，傅梦琼便委托妹夫瞿鸿机提携儿子朱启钤。

其实，不仅朱启钤和陈光玑有姻缘关系，曾国藩和瞿鸿机本身也是亲家。因为瞿鸿机的儿子瞿宣颖，就是曾纪耀的小妹妹曾纪芬的五女婿，因为这双层的亲戚关系，瞿鸿机自然会努力地提携朱启钤了。从四川开始，朱启钤便走上了辉煌的人生历程。

1903 年，在军机大臣兼政务部大臣瞿鸿机的推荐下，朱启钤升任译学馆监督，1904 年经徐世昌介绍，他又与正春风得意的袁世凯认识，之后便辞去译学馆职进入了北洋系统。1906 年清政府设立巡警部后，朱启钤任京师内城巡警厅厅丞。1911 年袁世凯东山再起后，朱启钤任京浦铁路督办，1919 年任南北议和北方总代表，1912 年袁就任临时大总统后，他又任交通部总长，1915 年又由内务总长兼任交通总长，再后来还代理过几天国务总理。

朱启钤声名鹊起，但是陈光玑却红颜薄命，她早于 1898 年就病故了。陈光玑病故后，朱启钤的继室叫宝珊，她和朱启钤共生育一男九女，这些儿女们又为朱家创造了壮观的姻亲网络，同时也为民国的裙带姻亲网增添了新鲜的内容。

朱启钤和于宝珊的长女叫朱淇筠，她是章以吴的夫人。章以吴好像不太出名，但是章以吴的父亲，也是朱启钤的好朋友章一山却是绝对的精英人物。

章一山是俞樾的学生，曾任过北京女子师范学校校长，是著名的学者、教育家和书法家。章以吴是天津南开的学生。在南开，章以吴有一个至交同窗，而且他们的朋友关系持续长达 60 年，他的这个朋友就是伍豪。

其实要是说起来，伍豪先生和朱家也是有关系的，因为伍豪的叔父就是朱启钤的学生，所以伍豪先生一直称章以吴是"以吴兄"。后来章以吴的儿子章文晋又给伍豪当了翻译，并做过外交部的副部长。

在朱淇筠病逝后，章以吴续娶的夫人叫罗婉容。她曾是伍豪的护士，她的先夫曾定夫是著名医生，也是伍豪的故友。

1931 年 9 月 18 日，日本关东军按照精心策划的阴谋，当晚攻占了北大营，次日占领整个沈阳城，这就是震惊中外的"九一八"事变。

事变后的 11 月 20 日，上海《时事新报》上发表了一篇题为《哀沈阳》的诗歌："赵四风流朱五狂，翩翩胡蝶最当行。温柔乡是英雄冢，哪管东师入沈阳。告急军书夜半来，开场弦管又相催。沈阳已陷休回顾，更抱阿娇舞几回。"

前面说过，康有为的女儿康同薇的丈夫叫麦仲华，麦仲华的妹夫叫罗孝高，他有一个同学加密友叫马君武，而马君武正是这个《哀沈阳》的作者。

客观地说，作为与蔡元培同享盛名、曾有"北蔡南马"之誉的马君武的这首诗写得很好，但是因为他"不明真相"，所以"赵四风流朱五狂，翩翩胡蝶最当行"这两句就引起了当事人的争议。这里先不说"赵四风流"和"翩翩胡蝶"，只说"朱五狂"到底是谁。

在民国历史上曾经有一个号称是"北洋名媛"的女人叫朱湄筠，她就是朱启钤的五女儿，也就是"朱五狂"指代的人物。

抗战期间，有一天朱湄筠在香港的一家饭店里看到了马君武，于是她就走过去对他说："马先生，你认识我吗？我就是你诗中所写的朱五小姐。"马君武一看，然后拔腿就走。这故事到底是真是假没人亲自做证。

马君武原名道凝，又名同，改名和，字厚山，号君武，他是中国近代学者、教育家，广西大学的创建人，也是第一个翻译并出版了达尔文《物种起源》的中国人。马君武是唐景嵩和康有为的学生，也是胡适的老师（上海公学），所以他和前面的那些人也都有着千丝万缕的复杂关系。所以说民国的这些精英或名媛们只要经过师生或者姻亲关系联结，没转几圈就又会团结到一起了。

马君武从给唐景嵩当学生开始就进入了精英的关系网。他后来又拜谒了戊戌变法失败后流亡在新加坡的康有为，向康有为行了弟子礼，于是就又成了康有为的学生。再后来，他在日本留学时又碰到了同是康门弟子的汤觉顿。在汤觉顿的介绍下，他认识了梁启超和日本人宫崎民藏。宫崎民藏是孙中山的忠实友人，经过宫崎民藏的引见，马君武又认识了孙中山。1905 年，他第一批加入了同盟会，并和黄兴、陈天华等人共同起草了同盟会章程。后为上海公学总教习，1921 年任孙中山总统府秘书长，北洋政府司法总长。

说完马君武，继续说朱湄筠。

朱湄筠后来的丈夫确实很精英，他叫朱光沐，字秀峰，北京大学法科毕业，是张学良的亲信秘书，因此张少帅就亲自为他们主婚。当然，朱湄筠或者说朱家与张学良本身也有着亲戚关系。

1930 年 10 月，张学良的胞弟张学铭就任天津市公安局局长，第二年 3 月又出任了天津市市长兼任公安局局长和东北政务委员会财务整理委员会委员。

在天津期间，张学铭认识了朱湄筠的六妹朱洛筠，他们常出入于各种社交场合，因为此时张学铭尚有夫人（张学铭先夫人姚氏是东北医院院长之女，两人成婚后长期感情不和，后离异），所以他们就成为了非常要好的朋友。

"九一八"事变后东北沦陷，张学铭愤而辞去了天津市市长一职，出国到欧美游历。在德国，他又遇见了老朋友朱洛筠，此次异国相逢，他乡遇故知，国难家仇使两人都别有一番滋味在心头，所以相互关系更加密切，又由于张学铭已和姚氏离婚，所以终于结成了百年之好。

不过，张学铭和朱洛筠的交接，还有着另外的关系。

四小姐与张少帅的苦恋情缘

1912 年 5 月 28 日晨，香港。

北洋政府广九铁路局局长赵庆华（字燧山）的第四个女儿，也是他的幼女出生了。据说那天早晨，香港的东方天际上出现了一片绮丽多彩的霞光，于是这个小女孩便起名为绮霞，又因为出生于香港，所以乳名又叫香笙。在少女时代，她又有了英文名字叫 Edith，根据译音又叫赵一荻，又因为她在姐妹中排行第四，所以又被称为赵四小姐。这才有了后来马君武校长打油诗中的那句："赵四风流朱五狂。"

当然，如果从亲戚的角度说，马校长把她们排在一起确实是很正确的，因为什么？马上你就会知道了。

赵庆华离任铁路局局长后，曾任东三省外交顾问，后为交通部次长，是总理梁士诒麾下的三大将之一。赵一荻幼年时，父亲赵庆华回天津居住，与朱启钤成了近邻，所以两家的儿女们就常有往来，这样赵一荻也就与朱洛筠成为了闺密和同学。

赵一荻学习认真，每次考试总是名列前茅，但是这并没影响她广泛的兴趣。她爱好骑马、打网球、游泳、开车、跳舞等等，当然最大的嗜好就是看新式小说。

要想玩骑马、打网球、游泳、开车、跳舞这些活动，在民国时期的一般城市很难做到。但是在 20 世纪 20 年代的天津，要想找这些玩儿的地方那简直是太容易了。

在当时的天津，有一个赫赫有名的蔡公馆，那里是当时天津颇有名气的上流社会交际场所，常常在家中举办舞会，放映电影。蔡公馆的主人叫蔡少基，清末民初时曾任过北洋大学总办、天津海关道台，后来又成为了张学铭三哥张学曾的岳父。张学铭的大哥张学良是蔡公馆的常客。

1927 年夏天的一个晚上，喜爱跳舞的赵四小姐因为只有 16 岁，还未到正式进入社交圈的年龄，但是经过她的软磨硬泡，终于还是让姐姐们给带进了她神往已久的蔡公馆。

就是这个晚上，她见到了仰慕已久的少帅张学良，并和他跳了一次舞。从此，她和少帅一生的命运发生了改变，也由此才使民国的姻缘网跌宕起伏，花团锦簇。

当然，赵一荻的几个哥哥还有姐姐早就和少帅张学良是朋友，所以后来她私奔沈阳时，才得到了哥哥和姐姐们的协助。从沈阳开始，她和张学良便有了一生的相守。正是因为有了这些关系，所以张学铭在天津才能交往上朱洛筠。

当然，赵一荻与张学良的姻缘也同时受到了严峻的压力，因为此时的少帅已经是有妇之夫，他的夫人叫于凤至。于凤至是当地富商于文斗家的大小姐，而且于文斗也是少帅父亲的好朋友。于凤至美丽而又有智慧，所以就连皇上的老弟爱新觉罗溥杰都盛赞她"长得很美"。后来，宋美龄的母亲倪桂珍也看上了她，收她做了干女儿，也就是宋美龄的干妹妹。

1929 年冬，于凤至和赵一荻第一次见面了。于凤至回忆说："我冒着鹅毛大雪，带着蒋妈赶到你的住处，见了面我才知道你不仅是位聪明贤慧的妹妹，还是位美丽温柔的女子。你那时万没有想到我会在你最困难的时候来'下奶'，当你听我说把孩子抱回大帅府，由我代你抚养时，你感动得嘴唇哆嗦，眼泪就像断了线的珠子一样滚落下来，你叫一声：'大姐！'就抱住我失声地哭了起来……"

1960 年以后，宋美龄劝张学良弃佛教转信基督，并提出如果真诚信奉基督必须解除与于凤至的婚姻关系。这对张学良来说实在是一个两难抉择。

1963 年 10 月，身在美国的于凤至知道这一情况后便给赵一荻写信说："……20 多年的患难生活，你早已成为了汉卿最真挚的知己和伴侣了，我对你的忠贞表示敬佩！……现在我正式提出：为了尊重你和汉卿多年的患难深情，我同意与张学良解除婚姻关系，并且真诚地祝你们知己缔盟，偕老百年！"张学良捧读此信，热泪盈眶。

1964 年 7 月 4 日，在台湾北投温泉附近的一座教堂里，张学良和赵一荻这对患难 37 年的伴侣终于正式举行了婚礼。

夜雨秋灯，梨花海棠相伴老；小楼东风，往事不堪回首了！

1991 年 5 月 29 日，张学良的老部下吕正操来到纽约拜会张学良，但是他们见面的地点很有意义，也很有意思——那是原民国中央银行总裁贝祖贻的家。贝祖贻就是著名建筑学家贝聿铭的父亲。

张学良为什么要在这里见面呢？当然还是和姻缘关系网有关。

1926 年，负责京、津地区警备任务的张学良和外交总长顾维钧交往密切，于是经过顾维钧的引荐，张学良便得识了回国述职的驻法外交官蒋履福，同时也认识了和他一同回来的四小姐蒋士云。当然，这时的蒋士云还是一个梳着两条辫子的小姑娘。

天生丽质的蒋士云出生在苏州的商宦世家，因为在蒋氏家族女孩子中排行第四，所以被称为蒋四小姐。作为驻外使节的千金，她熟读英语和法文。

1930 年秋冬，张学良来到上海，在出席上海市市长张群为他举行的宴会上，他又一次和蒋士云邂逅了。这时风姿绰约的蒋士云已经留学毕业成了沪上名媛，而不再是梳着两条辫子的小姑娘了。

这天晚上，张学良的心里开始有了这位小四妹的影子，而蒋士云其实早就深深爱上了这个大哥哥。1931 年 2 月，蒋履福让蒋士云去意大利继续攻读学业，同时也希望她把爱侣的目标定在欧洲。但是蒋士云却割舍不断对张学良的一片深情，于是，她和赵四小姐当年从天津奔沈阳一样，从上海来到了北京，宁可屈尊作为少帅没有名分的如夫人也在所不惜了。可是，她与张学良的情缘还是失之交臂了，因为这时赵四小姐已经名花有主，所以蒋四小姐只好远赴欧洲开始了自己新的生活。

9 月，失恋的蒋士云在罗马旅行时又意外与一位老熟人邂逅，他就是中央银行总裁贝祖贻。贝祖贻因发妻庄夫人刚刚去世，他前来欧洲散心消愁。所以此次异国相逢，他乡遇故知，两人都别有一番滋味在心头，所以相互关系更加密切，沉寂的心灵竟然碰撞出了爱的火花，于是蒋士云毅然决定嫁给贝祖贻做续弦夫人。

1932 年春，蒋士云和贝祖贻在上海结婚，张学良在繁忙的焦头烂额之际，仍然派人赴沪给蒋士云送去贺礼，以表祝福之忱。

西安事变发生后，1937 年 3 月张学良被委员长囚禁在浙江奉化时，蒋士云从上海来到奉化，在她的老朋友戴笠的帮助下，她和贝祖贻前来探望张学良，不过没人能说清楚他们当时的真实心情。

蒋四小姐和赵四小姐这两个大家闺秀，因为也能弄明白那其中的道理，所以她们基本是相处和睦。用蒋四小姐的话说，那就是："她给我送过礼，我也请她吃过饭。"

其实，赵一荻与蒋士云的关系还不止这些。再后来，赵一荻三姐赵嫌云的女儿李棠，又成了贝祖贻次子贝聿昆的夫人，所以她也就是蒋士云的"儿媳妇"。这样一来，民国财政部司长家的蒋四小姐就和北洋政府交通部次长家的赵四小姐又多了一层关系，尽管这个"关系"多得很是让她俩纠结，不过那也没办法。谁让少帅的一生总是喜欢名门闺秀中的"四小姐"呢？据说少帅的第二位夫人也是一个四小姐，她叫谷瑞玉，是一个天津商家的女儿。因为她的二姐夫是张作霖手下的将军，三姐夫是少帅麾下一位副官，所以四妹谷瑞玉在一次家宴上就和少帅相识了，这个谷四小姐后来成为了少帅的"如夫人"。因为当时少帅和于凤至没有离婚，所以这个谷四小姐只好住在天津，并没有明确的身份。

"于凤至是最好的夫人，赵一荻是最患难的妻子，贝太太是最可爱的女友，谷四小姐只是一段传说"，也许这就是张学良的宿命姻缘。

"南天王"与"东北王"的姻脉

当年朱启钤在清政府任职时，有一个好朋友叫徐世昌，他既是状元王仁堪的学生，又是袁世凯的盟兄，也是后来的民国大总统。

后来他们从好朋友又发展成为了亲家，因为朱启钤的孙子朱文榘迎娶了徐世昌的侄女徐绪玲。

1907年，东北改设行省，徐世昌被任命为东三省总督，朱启钤也随他来到了东北，任蒙疆事务局督办。在这里，朱启钤又认识了一个好朋友，他叫张作霖，当时为奉天巡防营前路统领。

和冯国璋的恩人聂士成差不多，张作霖祖上没有任何的要人关系网，可是他又和前面说过的那些精英人物一样，也碰到了一个有识之士，这个人叫杨景镇，是晚清秀才，也是教书先生。

杨景镇免费让张作霖上学念书，还救济他纸笔等学习用品。后来，张作霖当了大官就特地请杨景镇到沈阳来，在家里开设了私塾馆，让他再当张学良的老师，同时让他的女婿栾贵田做了张氏帅府的内账房负责人，后来又升为军需处的少将处长，主管整个奉系军队的军需事务。

因为父辈的关系，张学良也就和这些父辈的儿子们都成了朋友。在他老爸成为"东北王"和北洋政府末代国家元首前后，当时他身边的几个小兄弟就包括"四大少"：军政府财政委员会委员长曹汝霖的公子曹璞、东北保安总司令吴俊升的儿子吴泰勋、香港富豪何东爵士的三公子何世礼和朱启钤的二公子朱海北。所以张家兄弟与朱家姐妹也都是老相识了，也因此张家与朱家便有了好几层亲朋关系。

除了张学铭与朱六小姐，张学良的秘书朱光沐与朱五小姐之外，朱四小姐津筠还是张学良的副官飞行员吴敬安的夫人，朱九小姐洪筠则是张学良拜把兄弟吴俊升的独生子吴泰勋（字幼权）的夫人。

1928年6月4日凌晨5点30分，张作霖与吴俊升等人乘坐的专列经过京奉、南满铁路交叉处的三孔桥时，火车被日本关东军预埋炸药炸毁，吴俊升当场死亡，张作霖被炸成重伤送回沈阳，于当日去世。因三孔桥在皇姑屯火车站以东，所以史称为"皇姑屯事件"。

张作霖与吴俊升是把兄弟，经过张学良引荐，吴泰勋又结识了戴笠，于是他们三人再次结拜（所以，后来蒋四小姐去探望张学良，才找到戴笠给予帮助，这除了她和戴笠的交情外，张学良与戴笠本身的关系也起了一定的作用）。后来吴泰勋在戴笠的关系照应下进入了军统，吴泰勋在天津的家，也就成为了日伪时期军统天津站的活动据点。

1917年，北洋政府任命张幼仪的四哥张嘉璈为中国银行总行副总裁，他的顶头上司叫冯耿光。

冯耿光是金融、军事、艺术界的"三栖明星"，出任过中国银行总裁、袁世凯总统府参谋本部高级参议、陆军少将，同时还是最忠实的"梅粉丝"（梅兰芳）。他性格豪爽，挥金如土。可以说梅兰芳后来能有成就，很大方面都是得于他的帮助。所以后来梅兰芳自己说："他人爱我，而我不知，知我者，其冯侯乎！"

冯耿光的儿子叫冯武越，法国和比利时留学生，后来是张学良的亲信干将，曾任过东北航空公署少将设计主任和东北文化社少将主任等职。他的夫人就是赵一荻的大姐赵绛雪，所以他后来成为了张学良的大连襟。

张家除了和赵家、朱家有众多的往来，当然还有着更多更广的姻亲网络。

张作霖有众多的夫人，但是前几个夫人没有出身精英家庭的。只有他的五夫人寿懿出身名门，她的祖父富明阿是吉林将军袁崇焕的后裔；父亲寿山是徐世昌的朋友，曾被授骑都尉兼云骑尉世职。

张作霖与寿懿的儿子叫张学森，他的女儿张闾蘅后来成为了张学良的秘书，于凤至的义女，张氏家族的"大总管"，同时也是香港歌星黄大炜的继母。

张作霖的长女叫张首芳（张冠英），她的丈夫鲍英麟是黑龙江和吉林督军、陆军总长鲍贵卿的儿子。

张作霖的三女叫张怀瞳，她的丈夫赵天赐是清朝最后一任东三省总督，是后任临时参议院议长赵尔巽的小儿子。

张作霖的六女叫张怀敏，她的丈夫翟元坤是清末奉天省省长翟文选的孙子。

1929年冬，赵一荻为张学良生下了一个男孩，他叫张闾琳。就是因为张闾琳的出生，于凤至和赵一荻第一次见面了。这个赵一荻唯一的儿子后来成为了美国航天署的专家。

当然，张学良和赵一荻的儿子仍然要有他自己的姻缘网络，而且他的姻缘网更加精英。

1909年，清政府黄埔陆军小学堂学长邓仲元将在陆小就读的几个学生介绍加入了同盟会，这其中有陈铭枢、邓演达、张发奎、薛岳、叶挺……还有一个叫陈济棠。

邓仲元原名邓士元，别名铿。出身于广东惠阳的名门望族，他的长辈邓承修官至鸿胪寺正卿，和梁鼎芬是好朋友，后来回乡在惠阳的淡水创办了崇雅书院，是首任校长（后来的继任校长叫邓镜人，就是邓演达的父亲）。辛亥革命后，邓仲元曾任广东军政府陆军司司长、粤军总部参谋长兼陆军第一师师长，陆军上将。

这个加入了同盟会的陈济棠（字伯南）不是豪门出身，他的父亲陈金益（字谦受）只是一个教书的秀才，但是由于有了老师邓仲元的指引，他便一路拼杀，在45岁时终于成为了粤系军阀的代表人物，国民党陆军一级上将，后来长时间主政广东，有"南天王"之称。

西安事变发生后，因为赵四小姐要去陪伴囚禁中的张学良，于是就把张闾琳送到美国，托付给了张家的故友伊雅格。为了不暴露张闾琳的身份，伊雅格将张闾琳改名为"克尔"。

在艰险的环境中，克尔生活得很低调。直到考上加州大学，也没有同学知道这个中国男孩是什么背景。这时，他和一个同样也不知道是什么背景的女孩陈淑贞产生了感情。但是，本来应该浪漫的爱情却让他们谈得很诡异，因为他们谁也不过问各自家里的事情，但彼此又都隐约觉得对方不简单。

尽管互相不了解对方的家庭背景，但是爱情的力量还是让他们结婚了。直到婚后，陈淑贞才终于说出了自己的身份——她是陈济棠的侄女。张闾琳觉得对方如此坦诚，也就不好再隐瞒自己的身份了，于是陈淑贞才知道丈夫竟然是张学良和赵四小姐唯一的儿子。

两个名将之后，在异国他乡结成了连理，终于为民国的姻缘关系网涂上了奇异的色彩。

名湖谁是主，天许作闲人。短发时看镜，浮生悟此身。五百年间事，风流过眼频。在民国精英们的戎马倥偬中，儿女情长的姻缘关系网也一样千丝万缕。

今天，尽管硝烟已经离我们远去，但是那其中留下的红粉情缘，却仍然盘桓在精英名媛们的关系网中，而且这些关系网通过红颜们的编织，还要再结出新的"结"来，正所谓是"桥留犀带古，图绘屐痕新"……

第十章
从晓霞山到岳麓山的关系链

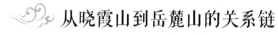

龙潭之女，引无数英雄入网

1927 年，上海"四一二"政变发生后，钱壮飞因执行任务一时与组织失去了联系。年幼的钱蓁蓁在无人照顾的情况下，田汉就把她托付给了自己的好友黎锦晖。当时黎锦晖正好在招收"中华歌舞团"成员，他对钱蓁蓁的到来热情欢迎，当他得知钱蓁蓁的身世后，更是对她照顾得无微不至。当然，田汉和黎锦晖并不只是好友的关系，同时他也是黎锦晖大哥黎锦熙的学生。负责照顾钱蓁蓁的黎家，那可是清末民国史上久负盛名的世代名门。

黎锦晖的祖父黎葆堂是湖南湘潭晓霞山人，清末著名的藏书家。黎锦晖的父亲黎培銮顺理成章地成为了精英的诗人、画家和老师。

黎培銮有 8 个儿子，他们被称为"黎氏八骏"。按照《说文》上的解释，骏者，马之良材也。后也把骏者比喻为才能出众的人。在魏襄王墓中挖出来的《穆天子传》中说，周穆王驾车用的八匹马就是"骏"，它们能日行三万里。这八"骏"的名字按照毛色被分别命名为：赤骥、盗骊、白义、逾轮、山子、渠黄、华骝、绿耳。因此，后世也就留下了所谓的"天子八骏"之词。

咱们来看看这"黎氏八骏"的关系网。

第一骏叫黎锦熙，他是语言、文学、文献学家，著名的国学大师。做过北师大文学院长，是九三学社的筹建者，注音符号的发明人之一。同时也是陈昌、蔡和森、田汉、老舍等人的老师。

黎锦熙的后夫人贺澹江是他的学生，也是贺长龄的后人，黄杏生的孙女，齐白石的亲传弟子。因为云贵总督兼署云南巡抚贺长龄和曾国藩有亲家关系，贺长龄的弟弟贺熙龄和左宗棠有师生关系，贺熙龄的儿子贺毅和两江总督陶澍有翁婿关系，陶澍和名臣胡林翼有翁婿关系，贺毅和胡林翼有连襟关系，所以这样一来，贺澹江也就与这些人物有了相关的联系。

当然，除了这些久远的"姻亲"网，贺澹江与当时的名人也有着密切的关系，后面再告诉你。

前面说过，1929 年的清华大学里有四大校花，其中有一大校花叫黎宪初，她就是黎锦熙和贺澹江的女儿。黎宪初这个美女加才女，当年在清华园里那是风光无限，不但是一些小男生把她当成"梦中情人"，就连一些像吴宓那样的大教授也是心仪神往。

黎校花虽然没有和吴大教授过多交往，但是也没能逃脱大教授的苦恋，结果嫁给了另一个精英人物——陈之迈。陈之迈是美国哥伦比亚大学哲学博士，曾任清华大学、北京大学、南开大学、西南联大的教授，后来是国民党行政院参事兼第一组主任。

黎家第二骏就是钱蓁蓁的义父黎锦晖。黎锦晖是中国流行音乐的奠基人，中国现代儿童歌舞音乐的拓荒者，明月歌舞团的创办人。当年，这个明月歌舞团吸纳了好多精英的艺坛名人，聂耳、王人美、钱蓁蓁、周璇、薛玲仙、胡笳等，都是其中的重要成员。黎锦晖虽然从事艺术，但同样也是同盟会会员，而且还在国会众议院秘书厅担任过职务。

作为名门大户的公子，黎锦晖 18 岁（1908 年）便奉父母之命，与同乡徐珊珂结了婚，翌年生下了女儿黎明晖。但是由于他与徐珊珂是封建包办婚姻，相互之间并没有真正的爱情，所以这段婚姻勉强维持到了1925年，两人的婚姻关系终于以离婚而告结束，女儿黎明晖留给了黎锦晖。黎明晖后来在百代公司灌录了中国第一张流行歌曲唱片《毛毛雨》，同时也是中国的第一代歌星。

1927年，黎锦晖在上海爱多亚路创办了中国第一所专门培养歌舞人才的"中华歌舞专门学校"，并完全以个人力量操持整个团体几十名演员的生活。当时学校只招收到了20多人，这其中有徐洁凤、章锦文、刘小娥、黄精勤、顾梦鹤、马陌芬、谭光友等。虽然学生不多，但黎锦晖办学却十分认真，他还请来了著名话剧演员唐槐秋、音乐家及语言学家严工上等老师来此讲课，同时还开设了国语、算术、英语、乐理、声乐、器乐等课程。看来黎锦晖确实懂得教育，这也许是他家祖传的基因吧。

1928年2月，学校迁到了上海旧城区的小东门，又改名为"美美女校"，这时因为它已经小有名气，所以学生也多了起来，王人美、钱蓁蓁、薛玲仙等人就是在这时进入"美美女校"的。

因为黎锦晖的"美美女校"不收学费，公开演出的收入也很有限，所以长期维持学校的运转困难很大，于是他在友人的鼓励和一位南洋商人的资助下，决定组建一个"中华歌舞团"，跨出国门远赴南洋（因南洋侨胞较多）巡回演出，这样一来便能得到一笔收入。

1928年5月，歌舞团正式成立，由黎锦晖和黎明晖任正副团长，成员中有他的七弟黎锦光，还有马陌芬、顾梦鹤、谭光友、严折西、王人艺、章锦文、徐洁凤、王人美、钱蓁蓁、薛玲仙等人。歌舞团先在香港大剧场演出，一曲唱毕，全场掌声雷动，演出取得了圆满成功。离开香港后，歌舞团接着又去了泰国的曼谷，新加坡，马来西亚的吉隆坡、怡保、槟榔屿，再转到印尼的苏门答腊、雅加达等地。这次巡回演出，不仅大获成功，同时黎锦晖也完成了自己的爱情之旅。

在黎锦晖创办"中华歌舞专门学校"之初，一个叫徐洁凤的女孩就首先报名加入，不久她便与校长黎锦晖成为了恋人，黎锦晖还为她改名叫徐来，这应该是取自名句"清风徐来，水波不兴"之意吧，好像名士都喜欢给自己喜欢的女人改名字，所以黎锦晖也不例外。

歌舞团的演出虽然取得了成功，但是黎锦晖并不善于经营和核算，所以"声誉很高，亏损不少"。到1929年2月演出结束时，连拿出全部团员回国的路费都成了问题，不得不在巴达维亚把歌舞团解散，安排大部分团员回国自谋生路。黎锦晖和他的女儿黎明晖、徐来等人，因缺乏足够的经费不能回国，就滞留在了新加坡。

滞留在国外没有任何经济来源，黎锦晖不得已只能与当时在上海中华书局任职的四弟黎锦纾联系，托他与书店老板商量先借一部分钱解决眼前的困难，书店老板找到出版商，出版商知道黎锦晖擅于写歌，便提出要他写一批歌曲，供出版商出版，以版酬抵借款。

黎锦晖在巴厘岛进行歌曲创作时，和他一起居住的有女儿黎明晖、团员钱蓁蓁和徐来。根据当地的法令，钱蓁蓁和徐来必须要"改名依亲"才行。那时钱蓁蓁正是花季少女，明晖就对她说："你就做我妹妹吧。"于是，钱蓁蓁就成了黎锦晖的义女，改名叫黎明莉；而徐来和黎明晖同岁，已是花样年华，于是黎明晖就问她说："你做我爸的太太吧，当我后妈。"没人能考证出当时的具体实情，但是1929年10月，当他们从新加坡返回上海后不久，黎锦晖便在上海"一品香酒家"与徐来举行了婚礼。

1930年初，黎锦晖又一次成立了歌舞团，以"明月当空，千里共婵娟，人人能欣赏"之意，把歌舞团起名为"明月歌舞团"，同时又把义女黎明莉的名字改为了黎莉莉。

应该说"明月歌舞团"在民国的历史上实在是太著名了，除了薛玲仙、王人美、黎莉莉这些原班人马，后来又有白虹、英茵、严华、严斐、聂耳、周旋、胡蝶等名人的加入，可以说当时没进过"明月歌舞团"的演员算不得明星。

这时，有着"东方标准美人"之称的徐来已经开始从影，进入了"明星影片公司"。她开始频繁地出入于各种交际场所，结识了很多军政要员，其中包括唐生明、戴笠等人。

作为"东方标准美人"，徐来成为"男人迷"并不奇怪。于是在1935年夏，徐来带着女儿小凤突然离家出走，去了南京。几天之后，黎锦晖收到徐来委托律师转来的信，要求与他协议离婚。好友就劝黎锦晖说："既然徐来心已不再向你，不如及早离了的好。"于是，1935年11月，两人在律师代理的情况下，在离婚协议上签了字。然后，"清风徐来，水波不兴"的"东方标准美人"便成了"风流将军"唐生明的夫人。受到如此重大的打击后，黎锦晖病倒住院了。但是他和蒋百里因祸得福一样，在住院期间又收获到了新的爱情。

此时，北平"洛华女中"一个国民政府监察大员的养女，名叫梁栖，在报纸上看到黎锦晖病倒住院的消息后，不顾家庭的反对，毅然来到了上海看望黎锦晖，并一直在医院里陪伴着黎锦晖。此时的黎锦晖已经是"上无片瓦，下无寸土，只有负担，没有积蓄"，不仅彻底无产而且还负债累累，并且还大梁栖20多岁，于是他深有顾虑。但是梁栖并不介意这些，她给予黎锦晖生活上的照顾和精神上的安慰，使他从几乎不能自拔的绝望中重新燃起了希望。黎锦晖也渐渐被梁栖的真情感动，最后同意了梁栖"凰求凤"的请求。当有人议论他们之间的年龄悬殊时，梁栖坦然对答道："良禽择木而栖，才子佳人信有之。"

1936年春，黎锦晖终于和梁栖喜结连理，并且给她改名为梁惠方，还为他们的婚礼创作了一首新歌《爱的新生》："我虽心中创口未收，我虽两眼涟涟泪流，爱的伟大，爱的慈悲，爱的温柔，我不能再灰心不前，从今我俩一生共受，爱情千载万年永不朽。"

黎锦晖与梁惠方用后半生的时间坚守了这个"爱的承诺",他们相濡以沫,同甘共苦,共同度过了后半生贫困艰难但又幸福的岁月。

下面再简单叙述一下黎家其他的六骏:黎家第三骏叫黎锦耀,他是采矿专家;第四骏叫黎锦纾,是柏林大学博士;第五骏叫黎锦炯,是造桥专家;第六骏叫黎锦明,是著名作家,和鲁迅是好朋友,同时也是谷善庆(原北京军区政委、上将)的岳父;第七骏叫黎锦光,是著名音乐家,著名电影《天涯歌女》的作曲;第八骏叫黎锦扬,是美籍华人作家,也是以英文写作打入西方文坛的华人先行者。

说完了这"黎氏八骏",下面再说说他们的父亲黎培銮的关系网。

"师生恋"中的恋网

"黎氏八骏"的父亲黎培銮是四乡闻名的文人学士,他和中国画界的大师级人物齐白石是老乡和挚友,当年他们二人一起作画、刻印、作诗,还组织发起过"龙山诗社"。后来齐白石又成为了黎锦熙夫人贺澹江的老师,所以他们的关系网很不一般。

齐白石的老师是王闿运,王闿运是曾任同治皇上的顾命八大臣之一肃顺的家庭教师,后来又给曾国藩当过幕府,主讲过成都尊经书院,辛亥革命后是清史馆的馆长。他的学生里精英的人物有好多,光是"戊戌六君子"中就有两个。所以说齐白石成为大师级人物并不是偶然加努力,而同样有着自己的关系网。所以,在1929年,北平大学艺术学院院长徐悲鸿才能亲自坐着四轮马车来到齐家,请他去北平大学艺术学院当教授。

当然,别以为这里把徐大师牵扯进来只是因为他和齐白石是朋友这层关系。你还要知道,这徐大师后来又成了第二代油画大师艾中信的老师,而艾中信就是黎莉莉的第二任丈夫。你看,这关系网又转回来了吧？不过这还没转完。

徐悲鸿的先夫人叫蒋碧微，原名蒋棠珍，碧微是徐悲鸿为她起的名字。天生丽质，才艺俱佳的红粉佳人蒋碧微，出生于世代望族的书香名门，她的父亲蒋梅笙是一位饱读诗书的学士，曾经当过复旦大学的教授。蒋碧微13岁时，由蒋梅笙做主许配给了查家的二公子查紫含。这要是后来真成了亲，咱们就不能把她放在这里写了。

话说当年，蒋佳人没嫁给查家是因为她逃婚了。她和徐悲鸿私奔来到了日本，后来又去了法国。他们在法国和一个叫张道藩的人成为了好朋友，然后徐悲鸿和张道藩又与邵洵美、谢寿康成了"结拜兄弟"。

后来，徐大师又恋上了学生孙多慈。这场师生恋让徐大师和蒋佳人的感情出现了裂痕，结果蒋佳人就转向了徐悲鸿的"盟弟"张道藩，她和徐大师离婚后便与张道藩一同去了台湾。不过正是因为有了徐大师的这场"师生恋"，所以民国的姻亲关系网就又多了好多的"网结"。

在这些"网结"中，先说说这个和蒋碧微一起去了台湾的张道藩。张道藩是民国时代的政治史、文化运动史、美术史、戏剧史都无法绕开的人物，可以说他的关系网是四通八达。

张道藩出身于书香门第，其祖上数人高中进士，也有数人是同盟会的精英人物。他的叔叔张家瑞就是筹建黄埔军校的7名委员之一，兼任蒋校长的秘书和校考试委员会委员。他和当时的叶教官还一起承担了修建校舍、招收学员等大量细微具体的工作，确保了军校的如期招生。他还和邵力子、伍豪、何应钦、钱大钧等人同为校史审查委员。不过后来他又和原粤军总司令许崇智一起做起了买卖。

张道藩不仅叔叔精英，他自己也很精英。他22岁留学英国，凭着一身才气考入了伦敦大学美术学院，成为该院有史以来的第一位中国留学生，26岁成为国民党伦敦支部负责人。后来又在英国维多利亚公园学校、克乃佛穆学院、伦敦大学思乃德学院、巴黎最高美术学院等进行深造。他在留学期间结识了恩师陈立夫，从此他就走上了文化的道路，并终身与陈立夫保持密切的联系。

要说起他的恩师陈立夫，那关系网可就又"结"上前面的那些精英人物了。陈立夫是20世纪中国的重要人物之一。他19岁时就以全上海第5名的成绩考入了天津北洋大学，后留学美国。31岁任国民党中央党部秘书长，是国民党历史上最年轻的秘书长，也是国民党的政治家。当过教育部长、立法院副院长等。

陈立夫的父亲陈其业也是日本留学生，不过陈其业这个名字不太显赫，但是他有个二弟可了不得，就连蒋介石都要管他叫"大哥"。他就是陈其美。

陈其美（字英士）是近代革命志士，也是当年上海一带最著名的帮派——"青帮"的老大。他在上海创办的精武武术学校，霍元甲是总教师。陈其美在辛亥革命初期和黄兴同为孙中山的左右股肱，被孙中山称为"革命首功之臣"。他是蒋介石的拜把大哥（陈其美为老大，黄郛为老二，蒋介石为老三），是蔡锷的好朋友，也是张静江、张群、邵元冲、吴忠信等人的挚友。

陈立夫的夫人孙禄卿和陆小曼是同门，都是刘海粟的弟子，当过国立中央大学艺术系教授。你看，这些红颜名媛们不管是做什么职业，到最后都总是能"结"在一起。

猎猎南风拂驿亭，五更牵缆上空泠。惯行不解愁风水，瀑布滩雷只卧听。

扯不断、理还乱的"慈悲之恋"

张道藩从担任贵州省党务指导员开始，一直做到了国民党中央宣传部长和台湾立法院长，长期从事官办文化教育事业，参与控制国民党文宣与党务系统。当然，这里他叔叔张家瑞、恩师陈立夫和蒋委员长的关系有关。

张道藩在和蒋碧微之前，他原来的夫人是法国女郎苏珊。先不说张道藩和蒋佳人的事儿，来看"占"了蒋佳人这个"窝"的红颜才女孙多慈。

孙多慈是不是美女，历史上评价不一，但她是一个具有悲剧色彩的著名女画家，这个绝对属实。孙多慈出身于书香门第，因为她的同宗祖父就是孙家鼐，所以她和孙多鑫、孙多森等人都是同宗兄妹，也所以她和前面的李家及其他名门望族也就都有了联系。

孙多慈的父亲孙传瑗是一位研究中国古典文学的教授，同时还任过东南五省联军总司令孙传芳的秘书和国民党安徽省常委。也有人说他和孙传芳好像有一点亲戚关系，这应该不属实，因为孙传芳是山东人，而孙传瑗则是安徽人，他们只是名字恰巧相近而已。

因为孙多慈喜欢绘画，所以她在1930年就通过父亲的朋友宗白华的介绍，来到了南京中央大学美术系做旁听生。当时徐悲鸿正好是美术系的主任，也时常亲自授课。因为孙多慈的冰雪聪明，加上一定的绘画天赋与少女的清新纯真，在艺术家徐悲鸿的眼中，自然是可爱且又可心的。于是，在徐先生的笔下就多了一些描绘孙多慈少女风姿的素描与油画。这样一来，他们之间的关系就被一些小道消息传得沸沸扬扬，结果就让本来和徐悲鸿感情一直不和的蒋碧微恼火了。

这种事情从来都是夫妻越龃龉越容易生疏。1931年7月，孙多慈以第一名的成绩正式考取了中央大学美术系。在这以后的4年里，她和徐悲鸿师生间的情感便也日见笃厚。

1937年抗战爆发后，已经毕业的孙多慈随着父亲一家辗转流徙到长沙，这时徐悲鸿来到长沙与孙多慈见面，然后他们全家接到了桂林，而且还为孙传瑗在广西政府谋到了一职。几个月后，徐悲鸿在

《广西日报》上刊出了一则与蒋碧微脱离同居关系的启事，他们的朋友沈宜申拿着这张报纸去见孙传瑗，想极力促成徐、孙的婚事，谁知孙传瑗竟坚决反对，而且带着全家离开了桂林，转往浙江丽水。孙多慈只好在丽水的一所中学里教书，而身心俱疲的徐悲鸿也应邀去了印度讲学。

两人天各一方后，孙多慈在父亲的安排下，嫁给了时任浙江省教育厅厅长的许绍棣。1943年，徐悲鸿又认识了廖静文，后与她结成了夫妇。

当然，"慈悲之恋"到这里并没完结，他们后面还有着众多"扯不断、理还乱"的关系。

知有飘零，毕竟飘零，便是飘零也感卿。可是，到底孙多慈是卿，还是蒋碧微是卿呢？

茶王的侄女也会造炸弹

前面说过，黎锦熙夫人贺澹江是黄杏生的孙女。黄杏生有个弟弟实在是太精英了，他叫黄兴。

黄兴原名黄轸，字克强，号竞武，是"中华民国"的开国元勋。黄兴22岁中秀才，28岁被湖广总督张之洞选派去日本留学，30岁创办华兴会。华兴会被清政府查封后，他再赴日本。1905年7月在杨度的介绍下，他在凤乐园结识了刚到日本的孙中山，并力主孙中山筹组中国同盟会。

1911年4月27日，黄花岗起义爆发，时任同盟会统筹部部长的黄兴亲率敢死队进攻两广督署，右手负伤，起义失败后，他又潜往香港养伤。不过右手负伤可谓是"塞翁失马"，因为他在这次起义中又找到了自己的爱情。

早在1891年秋，17岁的黄兴就在父母的安排下，与同县乡绅廖星舫之女廖淡如结婚。但是黄兴并不满意这个由父母包办的婚姻，于是便有了后来的自由恋爱。这个与黄兴相濡以沫的女人叫徐佩萱，后改名为徐宗汉，她是辛亥革命的女杰，是胡汉民、马君武的挚友，近代中国妇女运动的先驱人物。

徐宗汉虽然出身高第，可她却不是光会绣花吟诗的闺秀，而是从硝烟弥漫中闯过来的"穆桂英"与"花木兰"。当年，她与高剑父、潘达微一起组织过广州同盟会分会。在黄花岗起义前，她与外甥李应生等在香港摆花街同盟会机关制造炸弹，并率领亲友将枪械弹药秘密运进广州。临起义时，又将起义机关迁至广州溪峡，接着又将武器运至城内分发给敢死队员。

如此看，你也许以为徐宗汉一定是出生于"武士"之家，但是你错了，其实她家还真就是"儒家"。徐宗汉的叔叔徐润是近代的中国茶王，也是清政府当年选派赴美留学幼童的出资担保人。在徐润出资担保的这些学生中，后来成为精英人物的就有：铁路工程师詹天佑、矿冶专家吴仰曾、民国政府首任总理唐绍仪、北洋大学校长蔡绍基、民初外交部部长梁如浩等。

不过，在这个弥漫着茶香和书香的家庭里，也确实走出了一大批巾帼英雄。其中徐宗汉与两个姐姐徐慕兰和徐佩瑶就一起被称为"同盟会徐氏三姐妹"。徐宗汉18岁时由父母做主许配给两广总督、洋务委员李庆春的次子李晋一为妻，并且生有一女一子。几年后李晋一病逝，徐宗汉就毅然脱离家庭投入到了民主革命的洪流中，当然此时对她影响最大的还是她的大姐徐慕兰。

徐慕兰原名徐佩兰，她是李庆春的长子李紫石的夫人，当然也就是徐宗汉的妯娌了。徐慕兰不仅贤惠能干，而且具有革命思想。她秘密加入同盟会后，以富家少奶奶的身份做掩护，为辛亥革命广州起义挑起运输、联络重任，是广州女革命党人的中心人物。她在枪林弹雨中担任过广东女子北伐队的队长，率队参加了对张勋的作战，是近代中国妇女运动的真正先驱者。

徐慕兰曾经在李家发动过"起义"——她把长子李应生、三子李沛基和小姑子李佩书、儿媳妇黄悲汉以及家里的仆人邓慕芬、亚和等11人都发展成为了革命战士。她的长子李应生和三子李沛基，不仅和小姨（二婶）徐宗汉一起制造过炸弹，还在黄花岗起义中勇敢地承担着纵火以乱清军耳目的任务。李沛基更是精英，他16岁就参与了策划暗杀清朝官吏的任务，将炸弹悬于广州府，成功炸毙了清政府广州将军凤山。

在黄花岗起义的战斗中，黄兴身负重伤脱险后回到溪峡机关，正好遇见了徐宗汉，徐宗汉急忙为他裹敷伤口。29日，徐宗汉又为黄兴改装，以避过清兵的盘查，然后与密友女医师张竹君（杨杏佛先夫人赵志道密友）一起护送黄兴乘船来到香港，进入了雅丽氏医院治疗。医师在为黄兴动手术之前要求家属签字，徐宗汉在张竹君的怂恿下便以妻子的名义签了字，手术后她又尽心照顾，于是志同道合的两个人从此便成为了革命夫妻。

黄兴出院后与胡汉民等人移居九龙，10月10日武昌起义成功后，黄兴接到宋教仁的急电，于10月17日由徐宗汉陪同来到上海，又前往武昌指挥革命军战斗。这时沪、宁及沿江口岸尚未光复，清军查验极严，难以通行。他们到上海后，徐宗汉又求助于张竹君，张竹君立即出面组成开往武汉战地的红十字救伤队，让黄兴扮作医疗员，徐宗汉扮成护士，随行的还有宋教仁、陈果夫等人，于10月28日终于到达了武汉。

12月31日，徐宗汉随黄兴到达了南京，参与筹建民国临时政府。1916年10月31日，操劳过度的黄兴在上海逝世，1917年4月15日，在蔡锷国葬岳麓山3天之后，黄兴也国葬在岳麓山，并修有黄兴墓庐。1944年3月8日，徐宗汉在重庆病逝。

黄兴与徐宗汉生有二子，与廖淡如生有三子二女。长子黄一欧是经孙中山、章太炎介绍加入同盟会的，他也是同盟会中最年轻的会员。后来在黄花岗起义中，他又是死里逃生的少数幸存者之一。武昌起义后，他又成为了父亲的得力助手。

黄兴和廖淡如的小儿子黄一寰曾留学日本，任过新华通讯社国际部主任，是著名的日本问题研究专家，后参加远征军，在途中双目失明后，又成为了著名的盲文教育家、中国的盲文之父，被人们誉为是黑暗世界的"普罗米修斯"。

黄兴与徐宗汉的儿子黄一美毕业于巴黎大学，先后任职于国民政府外交部和赈济委员会，他的夫人张瑛是国民党资深元老张继的女儿。张继原名张溥，字溥泉，他是日本早稻田大学留学生，"中华民国"第一届参议院议长，也是最早接洽孙中山联俄联共的人，还是李大钊、陈独秀、蔡和森、张太雷、张国焘等精英人物在国共合作时期加入国民党的介绍人。

张继的关系网很有意思。他的义兄是"梨美人"的丈夫章太炎和章士钊，义弟是邹容，亲家当然就是黄兴了，而且他和黄兴本身也是好朋友。

前面说黎锦晖的女儿黎明晖后来成了一个很牛的人物的生活秘书，其实这个很牛的人物就是章士钊。

黄兴与徐宗汉的小儿子黄一球先后任职于德国、美国航空企业，抗战后回国在民航公司工程部任职。他的夫人程博德是国民党资深元老程潜的女儿。程潜字颂云，日本陆军士官学校毕业生，同盟会会员，国民革命军一级上将。曾任湘军都督府参谋长、非常大总统府陆军总长、广东大本营军政部部长等职。

其实要说起来，程潜与黄兴早在 1904 年就成为了好朋友。

1904 年 10 月，程潜入日本东京振武学校补习科学和日文，在这里他就结识了黄兴、宋教仁、李根源、李烈钧等人。12 月，程潜又同黄兴、宋教仁等百余人组织了革命同志会，开始从事民族革命。武昌起义爆发后，程潜曾经到武昌助黄兴指挥炮兵反攻汉口，袁世凯称帝后，程潜又赴云南和好朋友蔡锷并肩作战，进行护国战争。

一去渡沧海，高扬摩碧穹。秋深霜气肃，木落万山空。从黄兴的关系网再回溯到"黎氏八骏"，然后接着黎氏的脉络再走进新的关系网。

第十一章
强人墨客的网络世界

"标准美人"和"风流将军"的前生后世

1927年，上海。

黎锦晖创办的"中华歌舞专门学校"在上海公开招生，黎明晖、徐来成为最早的队员。

歌舞学校，顾名思义就是学习表演歌舞的团体，所以也就必须要有人捧场才行。因为黎锦晖是湖南人，所以当时就有很多在上海的湖南老乡前来捧场，当然更重要的是这里还"秀色可餐"。

一天晚上，一个阔少打扮的年轻人又前来捧场了。当时徐来和黎明晖正忙着帮黎锦晖接待新生，她只是很随便地看了这个年轻人一眼，并没有多想什么，但是谁也没想到在8年之后，他们却成为了夫妇。

这个风流倜傥的年轻人叫唐生明，当时是国民革命军第四集团军警卫二团团长。在这些女孩子中，唐生明最喜欢的就是徐来。可是黎明晖不喜欢这个色眯眯的年轻人，所以她就叫徐来少和他接触。但是事情的发展并不依人们的想法而进行。在当时上海滩的恐怖形势下，徐来或者说歌舞学校根本就不可能少和他接触。

有一天，王人美的哥哥王人杰被官军追捕，黎锦晖把王人杰藏了起来，结果他自己却被军警抓走了。没办法，徐来只好去求唐生明帮忙，同时王人美也对唐生明说，你要不帮老乡的忙，实在是太丢人了。应该说，王人美和唐生明也是有着关系的，他们是什么关系后面再告诉你。在这两个妹子的说情下，唐生明把黎锦晖从监狱里救了出来。

1929年10月，黎锦晖和徐来在上海"一品香酒家"举行了婚礼，这时唐生明已经高升至第四集团军第八军副军长了。在黎锦晖和徐来去了南洋后，唐明生发现自己非常想念徐来，得知徐来已经嫁给了黎锦晖，他更是非常痛苦，于是就辞了军职，开始花天酒地……

到了1931年，作为黎太太的徐来已经是著名的电影演员了。一次黎锦晖和徐来带团去天津演出，唐生明正好也在天津，于是他和徐来又一次见面了。这时他们都已经比以前更成熟了，唐生明对徐来的爱也更加浓烈……

此刻，周璇在黎锦晖的栽培下，风头正旺，于是徐来和黎锦晖之间的关系就出现了异常，唐生明的机会也就到来了。终于，在杜月笙、戴笠等人的帮助下，徐来和唐生明住进了杜月笙借给他们的别墅，徐来和黎锦晖于1935年11月签下了离婚协议。

唐生明到底是什么人物呢？他原名季澧，字生明，1926年10月黄埔军校第四期毕业生，曾任常桃警备区司令、国民党中将参军等职。在日本侵华期间，他曾奉蒋介石之命在汪伪政府做卧底；在国共内战期间又掩护共产党的地下活动，使湖南得到了和平解放。他考上黄埔军校四期后和戴笠成了同学和好朋友，他管戴笠叫学弟。

前面说过，戴笠和张学良、吴泰勋是把兄弟，其实他和杜月笙也是把兄弟，所以杜月笙和唐生明的关系便可以想象。当然，戴笠在中国社会的各个阶层都有着最广泛的关系网，包括军官、银行家、海外商人、上海黑帮和四川袍哥、足球明星、交际花、演员等，而且精英的文化人物也有很多都是他的朋友。黎锦晖的女儿黎明晖做过他的生活秘书，当时是《苏报》和《甲寅》周刊主编的牛人章士钊曾是他的好朋友，并且给戴笠做了在葬礼上的赞词——"生为国家，死为国家，平生具侠义风，功罪盖棺犹未定；誉满天下，谤满天下，乱世行春秋事，是非留待后人评。"

如果说唐生明后来能娶到"东方标准美人"有戴笠的帮助，那么，后来徐来又给戴笠带来了一个美人。

其实马校长在写张学良的那首著名的打油诗时，他没想到竟然会把张学良的把兄弟戴笠也给带了进去——"赵四风流朱五狂，翩翩胡蝶最当行。"这里说的"翩翩胡蝶"，当然指的就是著名演员胡蝶小姐，而胡蝶后来正是戴笠的女人。

胡蝶原名胡宝娟，是一个小家碧玉。她的父亲胡厚泽做过京奉铁路的总稽查，胡蝶的姑姑是唐绍仪的弟媳妇，因为有了这层关系，胡厚泽和弟弟胡辉泽才能从南方来到北方的铁路局工作。

不过胡厚泽并不懂得艺术，胡蝶这个小家碧玉能走上明星之路，主要还是因为她有一个精英老师。她的这个老师叫陈寿荫，不仅是电影艺术家，而且还是南浔"二象"家的三女婿，关于他的关系网后面还要有联系。

胡蝶也曾经算是黎锦晖的学生，1933年在明星公司主办的《明星日报》评选电影皇后的活动中，她以绝对优势当选为电影皇后。

早在1931年，胡蝶的堂妹胡珊在一次茶叶交易会上，认识了一个风流倜傥的年轻人，他叫潘有声，当时是上海德兴洋行的总经理。不久，在胡珊家中，胡蝶第一次见到了潘有声。其实胡珊把潘有声介绍给胡蝶的时候就是希望他们认识，可是胡蝶心里根本没在意，只当是在社交场合认识普通朋友。但是胡蝶高贵大方的气质，却给潘有声留下了极为深刻的印象。

此时，胡蝶刚刚与自己的初恋情人林雪怀解除婚约。由于胡珊的搭桥，潘有声和胡蝶还是进一步交往了。经过一段时间，胡蝶就慢慢地喜欢上了这个身材伟岸、气质风雅的商人。1935 年 11 月 23 日，他们终于在上海的一座教堂里举行了结婚典礼。

1937 年上海沦陷，1942 年胡蝶一家几经辗转，终于抵达了山城重庆，借住在中学时的同学林芷茗家中。林芷茗是胡蝶的同学和密友，她的丈夫杨虎和戴笠关系十分密切，抗战前曾担任过上海淞沪警备司令。

胡蝶和潘有声从香港转西贡，又经桂林到重庆的过程中，他们托运的全部积蓄在半路上被人打劫了。胡蝶到达重庆后就通过林芷茗找到了杨虎，杨虎又找到了戴笠。

早在上海时，戴笠和胡蝶也是社交场合的熟人，不过并没有什么交情。在戴笠的安排下，胡蝶被打劫的积蓄基本上都被弄到或者买到了，当这些失而复得的东西放到胡蝶面前的时候，胡蝶感动了。

1944 年春，当疲惫不堪的胡蝶从电影外景地返回家中时，又忽然听说潘有声在几天前被警察抓走了，至今下落不明。胡蝶心急如焚，连夜来到了戴笠的寓所，请求他营救。等胡蝶离开戴公馆刚回到林芷茗家中，潘有声就被军统局送了回来，见到潘有声平安归来，胡蝶再也支持不住了，终于一病不起。在胡蝶养病期间，戴笠便经常来到林芷茗家中看望胡蝶。他还对杨虎说："你怎么能让大明星住在这样委屈的环境里？"于是杨虎就顺水推舟地说："你不是有很多别墅空着吗？"就这样，胡蝶一家就搬到了曾家岩别墅。

接着，戴笠又任命潘有声为专员，让他去昆明做生意。此刻的潘有声已经明白了一切，但是他无能为力，最后孤身回到了上海，在和胡蝶曾经住过的旧巢里过起了隐居生活。

这时，戴笠就通过徐来做胡蝶的工作。可是就在戴笠和胡蝶的婚事万事俱备的时候，就在胡蝶与潘有声悲叹两人缘分已尽的时候，1946 年 3 月 17 日，戴笠乘坐的专机失事了……

之后，胡蝶终于又回到了潘有声的身边，从此两人离开了曾经给胡蝶带来无数光环的上海，蝶恋双飞，定居香港。其实唐生明还有一个更主要的关系网。

1929年，初冬，蒋冯战争爆发。隆隆炮声停息后，蒋百里被捕了。而这个让老师蒋百里被捕的学生就是唐生明的大哥、代理陆海空军总司令唐生智。

唐生智原名孟潇，字生智。他22岁考入保定军校第一期，因学习成绩优异，成为了校长蒋百里的得意门生。毕业后他参加了辛亥革命和讨袁、护法战争，北伐时任国民革命军第八军军长、前敌总指挥、第四集团军总司令、湖南省主席，后来又当过国民党政府军事参议院院长、第五路军总指挥、国民党训练总监部总监、国民党陆军一级上将。有一句话说："人生沉浮不断，有时你会是鲜花上的露珠，而下一瞬间就可能是路边的尘埃，可如果尘埃的生活让你觉得轻松，那就不是跌落。"是啊，从徐来到胡蝶；从黎锦晖到唐生明……谁又能说出自己是露珠还是尘埃呢？

"东方居里夫人"和她的密友

1975年2月13日，美国纽约。

这天是情人节的前一天，在美国纽约的吴健雄住所里，才女孙多慈紧握着吴健雄的手，脸上泛着淡淡的笑意离开了这个世界。也许在这最后的时刻，她会想起徐悲鸿，也会想起她和吴健雄那曾经葱茏的年轻岁月……

在1929年的国立南京中央大学校园里，有3个最要好的女孩，一个是孙多慈，一个是吴健雄，另外一个叫李家应。

先说吴健雄。现在的天上有一颗小行星，它的名字就叫"吴健雄星"，这是经国际小行星中心批准，中科院紫金山天文台用国际编号为2752号的小行星命名的。

吴健雄是蒋恩钿的老乡，是美籍华人，是被称为"东方居里夫人"的核物理学家，曾获美国最高科学荣誉的国家科学勋章。

可以说吴健雄和孙多慈是真有缘分。吴健雄后来到美国留学时，她和孙多慈又一次巧遇了。当时孙多慈正准备在美国筹办画展，于是，吴健雄就邀孙多慈住在她家里，但是孙多慈怕影响她的研究，却迟迟不去。画展结束后，吴健雄就主动找到孙多慈，硬将她的行李搬到自己家中，腾出一间敞亮的大房间让孙多慈住。

1970年前后，孙多慈患上了乳腺癌。于是她的丈夫许绍棣急忙与在美国工作的两个儿子联系，同时也告诉了吴健雄。这时的吴健雄已经不只是孙多慈的密友，而且还是许绍棣和孙多慈的亲家，因为许绍棣的女儿此时已经是吴健雄的儿媳妇了。

孙多慈去世后，许绍棣独自一人回到台湾。他孑然一身，默默地守着挂满四壁的孙多慈画作。5年之后，许绍棣在台湾也走完了他生命的旅程，和孙多慈的骨灰合葬于阳明山。

倚翠竹，总是无言；傲流水，空山自甘寂寞。也许这就是孙多慈爱情的宿命吧。

"杭州第一美人"和她的男人们

俗话说："苏州才子，杭州佳人。"此话不虚。再往前的这里不说，只说民国时代的杭州佳人，她叫王映霞，当时是"杭州第一美人"，时人送她"荸荠白"的雅号，有"天下女子数苏杭，苏杭女子数映霞"之称。

当然，这里说王映霞并不只是因为她有"杭州第一美人"称号，更重要的是她与前面精英人物的关系，因为她曾经是许绍棣的情人。

这样吧，咱们在这先把他们这些关系弄出一个顺序：张道藩的情人是蒋碧微，蒋碧微的丈夫是徐悲鸿，徐悲鸿的情人是孙多慈，孙多慈的丈夫是许绍棣，许绍棣的情人是王映霞，王映霞的丈夫是郁达夫。现在咱们再往下看，就应该能更清楚一些了。

先来看看王映霞的丈夫郁达夫是何等精英，又有着怎样的关系网。

郁达夫并不是达官显贵，他也是一个写字的，但是他写得很精英，结果就成了比达官显贵更有名的人物。1917 年 8 月，21 岁的郁达夫从日本回国省亲，因为母亲已经给他订好了一门亲事。本来在海外留洋的郁达夫并不喜欢这种旧式婚姻，不过当他第一次见到未婚妻时，却惊呆了。

这个女孩叫孙兰坡，出身于富阳乡绅家庭，上过私塾，知书达理，能诗善文，早在郁达夫的家乡一带就有很大的名气，被称为是乡间少有的才女。郁达夫是见识过无数奇花异草的人物，所以他对孙兰坡那所谓"名动乡里"的容貌并没激动。可是当孙小姐开口后，郁达夫对她超群不凡的学识和风趣的谈吐感到惊讶不已，她的知书达理顿时让郁达夫的心里生出了怜惜之情。因为郁达夫曾经对女性美有 3 条标准：外貌、品德、才华，而孙兰坡正是这三者皆备之人。于是，他在与孙兰坡初次见面到分别的一个月里，经常书信来往，诗歌唱和，甚至还商量过结婚的具体事宜，很有感情。

然后，郁达夫又回到了日本继续留学。结果在此期间，风流倜傥的郁达夫又与后藤隆子、田梅野、玉儿等日本女孩产生了恋情。尤其是后藤隆子，她被郁达夫昵称为"隆儿"。

就在这时，家人催郁达夫回国成亲。他只好于 1920 年 7 月 24 日与孙兰坡举行了婚礼。但是由于郁达夫的坚持，没有举行什么仪式，也没有证婚人和媒人到场，更没有点蜡烛、放鞭炮，孙兰坡只是在夜色降临的时候，乘一顶小轿来到了郁家……郁达夫婚后再赴日本，两人继续鸿雁传书。这时郁达夫决定给她改名叫孙荃。

婚后又回到日本的郁达夫并没有忘记隆子，可是她家已毁于火灾，没人再知道她的下落了……

留学归国后，郁达夫携孙荃来到安庆教书。浪漫多情的郁达夫在这里又结识了一位叫海棠的姑娘。不久后，郁达夫把孙荃送回老家，又只身来到了北京，在这里他和鲁迅、沈从文成为了好朋友。

1927年1月14日，郁达夫在上海的留日同窗孙百刚的家里邂逅了他的亲戚王映霞。郁达夫马上就被这个"明眸如水，一泓秋波"的女孩迷住了。其实此时的王映霞早已是郁达夫的粉丝，而郁达夫经过了解才知道，她就是杭州女子师范的校花、杭州四大美人之首。

王映霞本姓金，学名金宝琴，小名金锁（"锁"字是由金、小、贝3个字组成，意为金家的小宝贝）。她在童时就过继给了杭州名士王二南做了孙女，又易名为王旭，号映霞。王映霞15岁考入杭州女师。她在学校学过郁达夫的作品后，便对郁达夫的文才十分倾倒，可是她未曾想到竟然会在亲戚孙百刚的家里见到自己崇拜的偶像。

所以在郁达夫的疯狂追求下，王映霞终于有了表示。但是她要求郁达夫必须先和孙荃离婚。郁达夫做不到这一点，于是他在绝望中给王映霞写了一封绝交信。可是没想到，第二天王映霞却拿着信来找他说，愿意和他这样一起走下去……郁达夫与王映霞在上海同居后，孙荃回到了富阳老家，并宣布与郁达夫分居。

1927年6月5日，郁达夫和王映霞在杭州聚丰园餐厅举行了订婚宴，向世人公开了他们的关系。1928年2月，王映霞与郁达夫在杭州西子湖畔大旅社举行了婚礼。应该说这是一场震动全城的婚礼，至今仍有很多材料记载当时的盛况。然而自由恋爱的婚姻并不一定就美满，正像父母包办的婚姻并不一定就痛苦一样。

这对"富春江上神仙侣"（柳亚子赠郁达夫诗）的爱情并没有经得起时间的推敲，由于诸多方面的原因，他们之间开始产生摩擦，渐而产生罅隙。这时，郁达夫又在家中发现了许绍棣写给王映霞的情书。最后这对当年的"神仙侣"终于以"协议离婚"的方式分道扬镳。

这里为什么会出现许绍棣呢?

因为他和郁达夫是日本留学时的同学和好朋友,而且他也一直在暗恋着王映霞。许绍棣也很精英,他历任过浙江省立高级商业学校校长、国民党浙江党部执行委员兼宣传部长,蒋介石南昌行营秘书兼设计委员,浙江省教育厅长,国民党中央执行委员、立法委员。

不过,王映霞和许绍棣并没有结果,许绍棣后来在王映霞的介绍下找到了孙多慈,而王映霞自己则找到了时任重庆华中航运局经理的钟贤道。在给孙多慈和许绍棣牵线搭桥的媒人中,除了王映霞,就是孙多慈的闺密李家应了。

孙多慈和许绍棣的婚姻有了结局,张道藩和蒋碧微的婚姻有了结局,徐悲鸿和廖静文的婚姻也有了结局。那么,郁达夫呢?

1940年8月,王映霞和郁达夫在新加坡协议离婚后只身返国,而郁达夫则携带儿子继续在南洋的风雨中漂泊。后来他的儿子就由郁达夫和王映霞的好朋友陈仪抚养成人。

陈仪又是多精英的人物呢?他就是当年被袁世凯派出去追杀蔡锷的"杀手",后来的国民党二级陆军上将,台湾行政长官兼警备总司令。

再说王映霞。王映霞回到重庆后就在亲朋故旧的介绍下,进入军委会特检处做了秘书,后又到外交部文书科当科员。1942年4月,在国民政府前外交部部长王正廷的牵线搭桥下,与时任重庆华中航运局经理的钟贤道结成了连理。

王映霞的第一次婚礼轰动杭州,这次的婚礼则轰动重庆。前一次是才子佳人,来的客人多是文人墨客。这一次则是佳人富佬,那些当时的大明星都来此赴宴。据说重庆的中央电影制片厂还为他们拍摄了新闻纪录片。

当王映霞离开新加坡之后,郁达夫的心境极其孤寂和颓唐。这时,他的身边又出现了一个国色天香的美女,她就是英国情报部的华籍职员李小瑛。但是他们的恋情很快就被战火毁灭,英军开始撤退时，李小瑛只好与郁达夫依依告别。

1942 年，日军进逼新加坡，郁达夫为躲避日本人的迫害，化名为赵廉，与胡愈之等人撤退到苏门答腊，在这里他碰到了年仅 20 岁的何丽有。为掩人耳目，他便与何丽有正式结婚。

1945 年的 8 月，日本宣布无条件投降后，郁达夫准备组织人迎接盟军。29 日晚上 8 点多，郁达夫正在家中与几位朋友聊天，忽然有一个土著青年把他叫出去讲了几句话，郁达夫随即回到客厅，与朋友打个招呼就出去了，衣服都没来得及换，穿着睡衣和木屐就消失在了茫茫夜幕中，从此便再也没有回来……而何丽有此时正在产床上痛苦地呻吟，随着一声婴啼，郁达夫的女儿郁美兰来到了世间……

20 多年后，当年和郁达夫一起撤退到苏门答腊的胡愈之成为了郁美兰的叔公公。因为郁美兰此时已经嫁给了胡愈之的侄子胡序建。

蹀蹀御沟歌决绝，山中无意采蘼芜。这民国纠结的爱情真是让关系网增添了无穷的韵味。

黑白两道的"国士"和他的关系世界

1946 年 3 月 17 日，戴笠在南京岱山坠机。

戴笠死后，蒋介石示意教育部长陈立夫发动一些文化、教育、法律界的人士给戴笠写挽联。可是给戴笠写挽联确实不容易，陈立夫心急如焚。这时国民党元老张群便推荐大律师章士钊主笔，于是章士钊稍加思索后，便一挥而就完成了那副名传天下的挽联。

那么，这个已经在前面的各种关系网里出现过几次的章士钊究竟又是什么人物呢？他又与哪些精英家族和人物有着关系呢？章士钊是学者、作家、教育家和政治活动家，曾任过广东军政府秘书长和南北议和的南方代表。

要说起他和前面出现过的那些人物的关系，那真是太多了：他与黄兴是同学和好朋友，做过朱启钤家的家庭教师，与陈独秀、张继等人创办过《国民日报》，和俞明震一起共过事，和蔡元培等人组织过教育会，与章太炎、张继、邹容是结拜兄弟。章士钊不光和这些政治活动家有关系，他和戴笠、黄金荣、杜月笙这些黑道人物也一样有着过硬的交情。

1905年春天，流亡日本的章士钊在东京遇到了一个19岁的奇女子，于是他便坠入了爱河。当然，这个叫吴弱男的奇女子是清末民初响当当的知名人物，时人有云："有清三百年江南女子，莫诞于柳如是，莫怪于吴弱男。"

吴弱男14岁就赴日本东京青山女子学院留学，攻读英语，19岁加入同盟会，和她妹妹吴亚男、何香凝、秋瑾是同盟会第一批女会员。她是孙中山的英文秘书，据说她那时曾"与孙文上下议论，持极端欧化说，又谓'非自由平等，不足征欧化'，气焰万丈"。她和李大钊也是好朋友，后来李大钊给她的几个儿子都当过家庭教师，而她又是李大钊女儿李星华的干妈。

章士钊对吴弱男的爱慕，被他的结拜兄弟章太炎看在眼里。于是他就尽量多安排章士钊与吴弱男工作上的接触。终于，章太炎的"成人之美"结出了成果，1909年4月6日，吴弱男和章士钊在英国结为夫妻。可是，自由恋爱的婚姻也不可靠。1919年，章士钊在上海又认识了一个女子，在和吴弱男吵闹了10年后，他们于1929年终于分手了，吴弱男远去了欧洲。

章士钊在上海认识的这个女子叫奚翠贞，她是黄金荣的干女儿。章士钊和奚翠贞结合后并没有子女。1936年，章士钊在上海当律师时接了一笔官司，上海滩有一个叫谈雪卿的美女，被一个追求她的大家公子始乱终弃，还生了一个女儿。于是，大美女为此就找到了章士钊帮忙打官司（也有资料说是公子的父亲找到章士钊帮忙解决），最后官司以公子出了5万元钱告终。这时恰好奚翠贞还没有生育，于是她就抱养了那个大美女的私生女，章士钊给她取名叫章含之。

不负章家所望，若干年后章含之就成为了中国著名的外交家，与王海容、唐闻生、齐宗华、罗旭合称为新中国"外交界五朵金花"。

章含之的前丈夫洪君彦是著名的经济学专家。洪君彦和章含之离婚后，娶到了当年著名的喜剧电影《五朵金花》中最美的一朵金花朱一锦。不过，后来他们两人也离婚了。

洪君彦和章含之的女儿当然也绝对是精英女士，她叫洪晃，曾被评为中国十大魅力女人之一。洪晃的第一任丈夫是美国律师。第二任丈夫就是中国第五代导演的代表人物之一陈凯歌。

再接着说章含之的养父章士钊。1941年，60岁的章士钊在重庆经杜月笙的介绍，认识了四大名旦之一的程砚秋的入室弟子殷德珍（原名雪明珠）。1945年秋天回到上海后，章士钊就另买了房子与殷夫人同住，于是奚夫人就被冷落了……

日月穿梭，爱与不爱终成旧梦。1973年4月1日，一代名媛吴弱男在上海病逝，享年87岁。整整3个月后的7月1日，一代"国士"章士钊带着未完成的重任，在香港与世长辞，享年92岁。

丁香才过紫藤繁，犹有风光到牡丹。下面还有更艳的"牡丹"绽开。

第十二章

高第街与临府庄的"PK"

从大宅门里走出来的精英女士

1911 年，胡愈之在薛朗轩的教授下，以第一名的成绩考入了绍兴府中学堂，在这里他又成为另外一个精英人物的学生。这个精英人物叫周树人，当时是绍兴府中学堂的学监。

从这时开始，胡愈之就与周树人成为了师生和战友。1932 年底，周树人与宋庆龄、蔡元培、杨杏佛等人在上海发起组织"中国民权保障同盟"的活动，他力邀胡愈之参加，后来两人均被选为执行委员。1936 年周树人病逝后，胡愈之又担任了丧仪活动的秘书长，可见他们的关系有多么密切。

周树人原名周樟寿，字豫才，主要的笔名是鲁迅。他和黄侃、许寿裳、钱玄同都是同学，也都是"章疯子"（章太炎）的学生。

周樟寿的父亲周伯宜去世得早，但是他却给这个世界创造了 3 个精英男儿，他们的母亲叫鲁瑞，她原是大户人家里最小的女儿。

周伯宜的二儿子周作人。原名櫆寿（后改为奎绶，字星杓），他和周樟寿、许寿裳、钱玄同等人都是同学，后来他又成为许寿裳的长子许世瑛的老师，所以这许家和周家确实是有缘分。

周作人的姻缘很有意思。母亲鲁瑞的二姐叫鲁莲，二姐夫叫郦拜卿，女儿叫郦永平，周作人喜欢上了这个美女表姐。可是这个大美人从小就许配了人家，她的丈夫车耕南是交通大学毕业生，是铁路工程师，但是他们的婚姻并不幸福。周作人和美女表姐的姻缘没有结果，于是他就去了日本留学，在那里认识了一个日本美女叫羽太信子。这次他们的婚姻成功了。

周伯宜的三儿子叫周建人。周建人初名松寿，乳名阿松，后改名建人，字乔峰。他是现代著名社会活动家、生物学家、中促会的创始人之一、妇女解放运动的先驱者之一。

周建人迎娶了二嫂羽太信子的妹妹羽太芳子。周家的姻亲关系网又一次"结"到了异国。不过周建人和羽太芳子的异国婚姻保持的时间不太长久，后来他又有了一个新夫人——他的学生王蕴如。

再接着说周树人。1906年夏天，周树人在日本留学时，三番五次地接到母亲催他回国完婚的电报，原来母亲鲁瑞给他相中了一个女人，她叫朱安。

1906年7月26日，25岁的周树人成为了新郎，而新娘朱安已经是29岁了。当夜，周树人坐了一宿，彻夜未眠。此后几天便是在母亲的房中看书、入睡。第4天，他以"不能荒废学业"为由，再次启程回日本，这一走就是3年。他自己对这段婚姻有过这样的总结："母亲送给我的一份礼物，我自当好好供养。但爱情是我所不知道的。"因此，他和朱安就分别陷身于婚姻的坟墓，区别只是"一人在里头，一人在外头"，两人都同样在荒原与冷雨中吞噬着无尽的苦涩。

1923年，42岁的鲁迅（此时他已经开始使用这个名字了）在北京出版了他的第一部小说集《呐喊》，同时还兼任北京大学、北京师范大学和北京女子高等师范学校的讲师。

在北京女子高等师范学校，鲁迅讲授《中国小说史》。这时，总有一个女学生会挤到第一排中间的座位上，特别崇拜地听这个穿着补丁大褂的鲁老师的课，这个女学生名叫许广平。

1925年3月11日，鲁迅收到了一封特殊的来信，信中向他求教"中国女子教育的前途"等问题，信末的署名是：谨受教的一个小学生许广平。鲁迅当天就给她回了信，这令许广平欣然不已。半个多月后的一天，许广平就和几个同学一起走进了老师鲁迅的寓所。接着从3月到7月之间，他们之间便通信四十余封，在共同的理想和信念下，两人渐渐碰撞出爱情的火花。

8月，北京女子师范大学出现了与校长杨荫榆有关的风波，鲁迅全力支持学生许广平和刘和珍，结果却被教育总长章士钊免职。

1926年8月，鲁迅受林语堂之邀离开北京去厦门任厦门大学文科教授。这时的许广平已经毕业，于是他们两人分别登上了"新宇号"和"广大号"轮船，鲁迅赴厦门，许广平则回到广州任教。

热恋中的两人乍分两地，相思之情便更加浓烈。1927年1月，鲁迅辞去厦门大学职务来到广州中山大学执教，这样两人就又相聚了。10月8日在上海的横滨路，这对经过数年磨难的有情人终于结了伉俪。用许广平订下的同居契约说，那就是："我们以为两性生活，是除了当事人之外，没有任何方面可以束缚，而彼此间在情投意合，以同事一样相待，相亲相敬，互相信任，就不必要有任何的俗套。我们不是一切的旧礼教都要打破吗？所以，假使彼此间某一方面不满意，绝不需要争吵，也用不着法律解决，我自己是准备着始终能自立谋生的，如果遇到没有同住在一起的必要，那么马上各走各的路……"这一年，鲁迅46岁，许广平28岁。

28岁的许广平其实也曾经历过真正的恋爱。她1922年考入北平女子高等师范学校之后，就认识了在北京大学读书的青年李小辉，他和李小辉的爱情之花没等到有结果，1924年1月，李小辉不幸因猩红热病结束了年轻的生命，这就使许广平受到了雷震般的痛击。直到18年后，许广平还痛心地回忆说："因为它曾经摧毁了一个处女纯洁的心。"

话说在广州的越秀区，有一条连接北京路和起义路的古老商业街，它叫高第街。据说以前这条街上有个财主的女儿与一个叫高弟的小伙子相爱，被财主家的佣人揭发，两人私奔出走。后来高弟夫妻在外发达后就回到这里，见到财主已家道中落，于是就买下了整条街，并改名为高弟街。再后来有一个秀才路经此地，认为高弟这个街名太俗，于是就改了一字，取高中科举、高家府第之意，叫"高第街"。虽然这只是一个传说，但这里是"广州第一家族"盐业巨贾许拜庭的发祥地，是许广平童年生活过的家。

笔名景宋的许广平就是"广州第一家族"许拜庭的后人，她20岁进天津直隶第一女子师范学校预科，就担任了天津爱国同志会会刊《醒世周刊》的主编，成为了伍豪同志的部下，后来历任过政务院副秘书长、全国妇联副主席等职务。

可以说，在广州高第街"广州第一家族"盐业巨贾许拜庭的后人里，像许女士这样的精英人物多如牛毛。现在仍然能出现在教科书中的人物就有：反英军入广州城斗争的功臣许祥光、有"许青天"之称的许应镕、廉洁清官许应锵、民国粤军总司令许崇智、辛亥革命元老许崇灏、"铁血将军"东征名将许济、红军名将许卓、著名教育家许崇清等等。你看看，这许女士的关系网还了得吗？

许广平的堂兄叫许崇清，这可是绝对精英的人物，他为许家增加了一大片的姻亲关系网。许崇清别号志澄，同盟会会员，是著名的教育家和教育哲学家，新教育学和新中国高等教育的奠基人之一，在中国开拓辩证唯物主义教育理论的先驱。他三次出任中山大学校长，曾任广东省教育厅长、广东省副省长。1920年，许崇清从日本学成回国后，蔡元培就邀请他去北大，但是因为一些事情，他竟然与蔡元培进行了一次正面论战，这下就让他的大名传到了孙中山的耳朵里。孙中山发现他确实是精英人物，于是就和朱执信先后挽留，让他留在广州担任市教育局局长一职，后来又与陈独秀一起组织并领导了广东省教育委员会。

当年，孙中山接受李大钊提出的改组国民党的重要建议，于是就特意委派廖仲恺为代表与苏俄全权大使越飞进行会谈。但由于有北洋政府特务的严密监视，所以会谈被迫转移到日本进行。这时，廖仲恺的大哥廖仲舒正在日本担任外交官，所以廖仲恺就为他的学生及战友许崇清牵起了红线，把廖仲舒的女儿，也就是自己的侄女廖六薇（又名廖承麓）介绍给了他，并且又让他们的婚礼选择在日本进行。这样的话，廖仲恺就可以借着出席他们婚礼的契机完成与苏俄代表的谈判。

许崇清和廖六薇的女儿许慧君是化学家，站在这个女化学家前面的男人朱光亚是研究原子弹的物理学家，现在天上有一颗星星就叫"朱光亚星"，它和那个"吴健雄星"是一样的有名气。

除了许崇清，许广平还有 3 个绝对精英的堂兄，他们是许崇灏、许崇济与许崇智，他们三兄弟被称为是孙中山麾下的"许氏三杰"，曾经为辛亥革命立下过赫赫战功。许广平还有一个牺牲很早的兄弟叫许崇耆，又名许卓。他是日本士官学校留学生，然后又留学法国，和伍豪是同学，后来又领导过百色武装起义，23 岁就担任了红七军政治委员，只是才 27 岁就牺牲了。

1929 年 9 月 27 日清晨，鲁迅和许广平的爱情结出了果实，他们的儿子诞生了，因为婴儿是出生在上海，于是许广平就为孩子起名叫海婴。

脉脉斜晖悠悠绿水，一点灵犀梦牵离幻。前面从周家说到许家顺便还接到了廖家，中国精英人物的姻亲师生关系网就是这样一"结"又一"结"地向外扩展着……

临府庄庇护下的男士女眷

刚才说许崇清和廖六薇的女婿朱光亚在天上有一颗星星，所以这里就要再接着说在天上也有一颗星星的吴健雄。

吴健雄的丈夫叫袁家骝，他20岁毕业于燕京大学，28岁获美国加利福尼亚理工学院研究院博士学位，是享有国际声誉的物理学家，是袁世凯的孙子。

袁世凯是什么人物？他是"中华民国"的首任大总统，后来又是"中华帝国"的皇帝，虽然只有83天。袁世凯当然也是从小就有背景的精英人物，他的父亲袁保中是河南项城袁氏家族中的掌门人。祖父叫袁澍三，叔祖父叫袁甲三。

可以说，袁世凯的关系网就是来自于他的这位叔祖父。因为袁甲三不仅后来成为了官居一品的朝廷大员，漕运总督兼江南河道总督，提督八省军门；而且更重要的是，他还是袁世凯的养父袁保庆的提拔人。

当年，因为袁保中的弟弟袁保庆无子，所以袁澍三就让保中把袁世凯过继了弟弟保庆，这样袁世凯就成了袁保庆的继子。

袁世凯是和袁甲三的儿子袁保恒一起出去学习的。袁保恒学习认真刻苦，后来就成为了户部侍郎。可是袁世凯却是一个不太喜欢写诗作画的孩子，他参加过两次乡试都未考中，最后便决定弃文就武。于是他就投靠了父亲袁保庆的结拜兄弟淮军统领吴长庆，也就是吴保初的父亲，吴弱男的祖父。

你看这袁大总统是不是又和高第街的许家有了关系？因为袁世凯和吴保初是结拜兄弟，吴保初是章士钊的岳父；章士钊和章太炎也是结拜兄弟，章太炎是周树人的老师；而周树人则是高第街许家后来的女婿。所以说民国男英女杰之间的关系网确实是纵横交错。

袁世凯的关系网简直是大得铺天盖地。他的子女就多达32个，再加上孙辈达到了79人,你说要联起姻来,关系网该有多大?

　　他的长子叫袁克定,娶到了古籍收藏家吴大澂的六小姐——吴本娴。吴家的关系网除了有袁家,还有一个费家。

　　费家的主人费延庆(号吉甫)是吴江名士,他的嗣子费树蔚就是吴大澂小女儿吴本静的丈夫。费树蔚是读书过目不忘,被人称为神童的人物,曾做过河南督学,后来又给袁世凯当过幕僚,参与过程德全的辛亥光复之举,后任政事堂肃政厅肃政史。费树蔚和吴本静一共生了三儿一女。老大费福焘是著名的电机专家,任过国民政府资源委员会的专门委员,做过中央机器厂的代总经理。老二费福熊(后改名费巩,字香曾)复旦毕业,牛津大学留学。先后任过《生活周刊》的主编,浙江大学政治经济学副教授、训导长,也是校长竺可桢的好朋友。费巩的夫人就是袁克定和吴本娴的女儿袁家第。

　　老三费福煦留学美国密歇根大学研究院。费树蔚和吴本静的女儿费福燕(后改名令宜)是美国伯纳教育学院和鲁林大学的留学生。她的丈夫就是王季同的长子王守竞。

　　再接着说袁克定。袁克定和吴本娴的长子叫袁家融,是地质学家,他的夫人王惠是湖北督军、陆军上将王占元的女儿。袁克定和吴本娴的长女叫袁家锦,她的丈夫雷存政是江北提督、河南护军使雷震春的长子。除了有这两个将军的亲家外,袁克定还是汪精卫的结拜兄弟,同时也是精英人物张伯驹的表姐夫。关于精英人物汪精卫和张伯驹的关系网后面再说。

　　再说袁世凯的次子袁克文。袁克文号寒云,他与张学良、张伯驹、溥侗并称民国四大公子。袁克文熟读四书五经,有过目不忘的本领。他6岁学识字,7岁读经史,10岁习文章,15岁就能诗赋,不过他却不喜欢当官。据说在他钱袋最紧的时候,"东北王"张作霖和山东督军张宗昌都曾聘他去做高级参议或顾问之类的官员,但都被拒绝了。

袁克文除了精通书法绘画，喜好诗词歌赋，还极喜收藏书画、古玩。同时他又是昆曲名票，青帮大哥。而且还在上海、天津等地开香堂广收门徒，号称是"南有杜月笙、黄金荣，北有津北帮主袁寒云"。袁克文去世时，正是他最潦倒时。他的家里办不起丧事。于是，他帮里的徒子徒孙就只能凑钱帮着办。他出殡那天，他"帮"里的徒子徒孙不下4000人都来参加，甚至有些青楼女子还扎了白头绳前来哭奠。天津的和尚、道士、尼姑、喇嘛也都来送葬，就连北京广济寺的和尚、雍和宫的喇嘛，也从北京赶赴天津为他超度亡灵。

袁克文的元配夫人刘梅真是长芦大盐商、天津候补道刘尚文家的女儿。袁克文的长子叫袁家嘏，他的夫人就是扬州才子方地山的四女儿，琴棋书画无所不精的方庆根（又名方初观）。有关她的关系网，本书后面还要有好多的联系，这里暂时不说。袁克文的三子就是吴健雄的丈夫袁家骝。袁克文的小女儿叫袁家祉，她的丈夫段昭延是民国陆军总长段芝贵的儿子。

再说袁世凯的三子，他叫袁克良，后来成了疯子。他的夫人是京师大学堂的第一任管学大臣张百熙家的女儿。袁世凯的四子袁克端是书法家，当过张作霖大元帅府的参议。他的夫人是大盐商何仲璟的女儿。袁世凯的五子袁克权（自号百衲）是英国齐顿汉姆公学的留学生。他的夫人是端方的独生女儿陶雍。袁世凯的六子袁克桓是实业界很有作为的精英人物。他的夫人陈征是晚清江苏巡抚、陈启泰的女儿。袁世凯的七子袁克齐，他的夫人是袁世凯把兄弟孙宝琦的五小姐。袁世凯的八子袁克轸，他的夫人周瑞珠又称"十一小姐"，他的岳父周馥的家族文化史构成了中国近代史上的一道绚丽风景。

周馥字务山，号兰溪，属于自学成才的典范。他最著名的一个事就是曾经在曾国藩给朝廷的军情奏折中，把一句"屡战屡败"改成了"屡败屡战"，就因为这一点睛之笔，给曾国藩带来了莫大的好处。

当然这只是传说，没有档案记载。

周馥后来就在李鸿章办公的官府前摆了张书案，给士兵们免费写书信和对联，结果声名很快就在士兵中传开了。李鸿章听说后亲自跑来考察了一番，结果发现面前的这个中年人确实是个人才，又好在那时没文件规定考公务员必须要文凭，于是就被李鸿章破格招去当了办公室秘书，从此他就逐渐成为了李鸿章幕府中的重要一员，最后成为总督一级的封疆大吏。

有人说：周馥的成功貌似带有运气成分，仔细分析则不然，机遇永远在那里站着，只有勤奋和有眼光的人才能抓住它。

当时，袁世凯的嗣父袁保庆还在世，他因为各种关系要经常来往于李鸿章府中，便偶尔也带着年少的袁世凯去长长见识，那时袁世凯就知道了周馥这个大才子。后来袁保庆又与周馥在两江总督马新贻的幕府里共事，于是他们的关系就走得很近。儿时的袁世凯对周馥能写一手漂亮的毛笔字佩服得五体投地，可是当时这两个年龄相差近20岁的人，怎么也不会想到在日后他们竟会成为最相契的儿女亲家。所以在周馥去世时，女婿袁克桢在挽联中这样写道："识英雄于未遇，说来真古道所稀，数吾父知音，唯公最早。"

袁世凯九子袁克久的先夫人叫黎绍芳，她是黎元洪的女儿。不过他们婚姻的政治因素实在是太明显了。因为当时黎元洪已经被袁世凯软禁在了瀛台。袁世凯为了拉拢黎元洪，就提出要合亲。黎元洪在没办法的情况下，只好同意让二女儿黎绍芳嫁给了袁克久，结果最后酿成了悲剧，黎小姐39岁抑郁而终。

袁世凯十子袁克坚的夫人陆毓秀是山西督军陆建章的女儿。陆建章是袁世凯的部下，他奉袁世凯之命创建了西北军，是后来的大精英人物冯玉祥、宋哲元、商震的老领导，冯玉祥的原配夫人刘德贞就是他的内侄女，所以袁克坚和冯玉祥也算是连襟。

袁世凯十一子袁克安是美国留学生,他的先夫人李宝慧是天津最有名望的大盐商李士铭家的小姐。不过李小姐红颜薄命,后来袁克安又娶到了在天津洋场闻名的交际花张美生。

袁世凯十二子袁克度也是美国留学生,他的前夫人是天津电报局局长罗朝汉(字云章)家的女儿罗惠如。罗惠如母亲孙云的嫂子则是袁甲三(袁世凯祖父袁澍三的胞弟)把兄弟、晚清名将曹克忠的孙女。这姻亲关系网绝对能让人晕死。

袁世凯十三子袁克相,毕业于燕京大学,英文流利,更以擅写篆书在天津闻名。他的前夫人张寿芳是前清大学士那桐的大孙女。

袁世凯十五子袁克和的夫人张允倩是天津八大家之一的"铁门张家"的二小姐,她的父亲张调宸既是盐运使,也是大总统冯国璋的副官。

袁世凯的儿子们的姻亲关系网就如此庞大,那他的闺女们又有着怎样的红颜网呢?

袁世凯的长女叫袁伯祯,她的丈夫张允亮是两江总督兼南洋大臣张人骏的五子。因为张人骏的祖父张印坦与张佩纶的父亲张印塘是亲兄弟,所以张佩纶就是张人骏的叔叔,也所以袁伯祯和李菊藕有了关系。又因为张爱玲的大伯父、张佩纶的长子张志沧的夫人是陈启泰的二女儿,所以张爱玲又和袁克桓有了亲戚。袁世凯的次女叫袁仲祯,她的丈夫是洋务运动的主要领导者之一薛福成的孙子薛观澜。一开始袁仲祯是许配给了端方的侄子,但是袁仲祯不满意,后来就悔了这门亲。这时薛观澜在热爱体育运动的同时还狂热地痴迷于京剧,与袁克文、张伯驹以及宋子文来往密切,于是张伯驹就把袁仲祯这个二表妹介绍给了薛观澜。

袁世凯的三女叫袁叔祯,后来又改名叫袁静雪。这个袁静雪绝对有故事,因为她不仅是大家闺秀,更是侠女。据说在袁克文举行葬礼时,袁克定闻讯后也到天津来吊唁,袁静雪因为记恨他唆使袁世凯称帝的事情，于是就支走了众家眷，然后带着袖珍手枪令帮里的兄妹们摆开阵式，要教训一下她的这位长兄。后来幸亏她二嫂刘梅真及时赶到，灵堂才没弄成战场。不过吓得袁克定在袁克文的灵前磕了个头后就急匆匆地溜了。

袁世凯的五女叫袁季祯，她的丈夫是礼部尚书陆宝忠的儿子陆鼎生。但是五小姐结婚不到两年就病故了。

袁世凯的六女叫袁篆祯，因为她的丈夫是孙宝琦的侄子，所以她也就是张爱玲继母孙用蕃的弟妹。

袁世凯的七女叫袁复祯，她的丈夫叫荫铁阁，是陆军部尚书荫昌的儿子。荫昌字五楼，后改字午楼。他留学德国，做过武备学堂总办，是袁世凯的救命恩人之一，而且袁世凯在天津小站新建陆军时，他还给袁世凯推荐过著名的"北洋三杰"。

袁世凯的十三女叫袁经祯。当年袁世凯把五女儿袁季祯嫁给陆鼎生时，袁季祯不满意这桩婚姻，情绪郁郁寡欢，没两年就病逝了。结果礼部尚书陆宝忠很不高兴，袁世凯为了表明自己真心要与陆家联姻的想法，于是又把心爱的十三女袁经祯嫁给了陆鼎生。袁经祯和陆鼎生却感情融洽，两人恩爱有加。

如果袁世凯当初能知道袁经祯和陆鼎生会如此恩爱，又何必要白搭上五女儿的性命呢？看来姻缘这东西实在是太奇妙了，没人能看得清楚。

袁世凯的十四女叫袁怙祯，她是一个小美女。她的丈夫曹士岳是民国总统曹锟的儿子，不过后来他们又离婚了。曹士岳虽然不是什么正经人士，但是他的姐姐曹士贞却十分了得。这个曾经的"中国第一小姐"生性刚烈，最喜欢舞枪弄棍，还使得一手漂亮的七节鞭，绝对可以和袁静雪"PK"，并且后来她也和袁静雪一样命运多舛，令人悲怆。

前面，本书从绍兴的周樟寿联结到高第街的许家，又从许家联系到袁大总统家，这亲姻的关系网实在是庞大。1916 年 6 月 6 日袁世凯病逝，后葬于安阳市北郊洹水北岸的临府庄北地。

书到这里，不禁就想起了庾信的那首《枯树赋》：

昔年种柳，依依汉南。今看摇落，凄怆江潭。树犹如此，人何以堪。

是啊，这简单的 24 个字，写尽了今与昔，喜与悲，聚与散，繁华与衰败，依依与摇落，欣然与悲怆，热闹与凄凉。它道出的是一种人生哲学，一种醒世态度。

第十三章
政治圈文化圈科技圈圈里有圈

一双"天足"配上的美好姻缘

1922年，孙中山在李大钊的建议下要学习俄国的革命经验，于是他就委派廖仲恺为代表与苏俄全权大使越飞进行会谈。但是北洋政府对此监视得很严密，所以会谈便被迫转移到第三国进行。

为了找到最好的"掩护"，廖仲恺把侄女廖承麓介绍给了许崇清。因为当时廖承麓的父亲廖仲舒在日本担任使节，所以他们的婚礼在日本进行就有了正当的理由。于是，他们的会谈成功了。接着就由廖仲恺安排，许崇清与廖承麓在北洋政府驻日公使馆举行了"璧合成双美，阿娇归学士"的隆重婚礼。这里的"双美"暗指会谈和婚姻双成功，阿娇是指廖承麓，学士就是许崇清。

廖承麓又名廖六薇，她的父亲廖仲舒原名廖恩焘，别字凤书，别号凤舒、忏庵。在日本东京帝国大学政治系毕业后，曾代表袁世凯出席过南北议和会议，历任过古巴、朝鲜、日本等地的外交官。

廖承麓还有一个姐姐叫廖香词，她在英、法、意等国读过书，学的是音乐和绘画，后来嫁给了英国牛津大学法学博士和美国哥伦比亚大学哲学博士陈应荣。他们有一个女儿叫陈香梅。

陈香梅19岁就成为了民国中央通讯社的第一位女记者，20岁出版了第一本散文与诗《遥远的梦》和第一本小说集《寸草心》，在上海滩名噪一时。后来她就成为了著名的社会活动家、著名华侨领袖，全美70位最有影响的人物之一，从肯尼迪到克林顿，先后有8位美国总统都对她委以重任。她的丈夫是著名的"飞虎队"指挥官陈纳德。

廖仲舒的父亲叫廖竹宾，是美国汇丰银行旧金山分行副经理。廖竹宾还有一个儿子，也就是廖仲舒的亲弟弟——廖仲恺。

廖仲恺原名恩煦，字以行，香港皇仁书院毕业，25岁留学日本早稻田大学和中央大学，然后结识孙中山并参加同盟会，任总部外务干事。辛亥革命后任广东都督总参议、总统府财政部长兼广东省财政厅厅长、黄埔军校党代表、军需总监、大元帅秘书长、国民党中央执行委员会常委等要职。

他的夫人何香凝原名瑞谏，又名谏，号双清楼主，是中国较早经营茶叶出口的茶商何炳桓家的九小姐（大排行）。何香凝最喜欢的事儿就是读书。她先后在日本的东京女子大学、女子师范学校和女子美术学校留学。在日本她结识了孙中山先生，并在孙中山和黎仲实的介绍下成为了中国同盟会的第一批女会员，接着她又介绍丈夫廖仲恺加入了同盟会。

何香凝在女子缠足的年代通过与家庭的抗争，保留了一双"天足"，结果这双"天足"却成为了她与廖仲恺美好姻缘的"红娘"。廖竹宾深知小脚女人是中国的一种耻辱，所以他就留下遗嘱：儿子必须娶一个大脚妇女做媳妇。可是在19世纪末年，中国的妇女几乎都裹着小脚，社会上见不到多少大脚妇女，尤其是上层社会里不缠足的大家闺秀更是难找到。世间的好事常有天作巧合。经过打听，廖家很快得知大亨何炳桓家的九小姐就留有一双"天足"。当时何家其实也正为九小姐脚大难找婆家而忧心忡忡，结果就这样两家皆大欢喜了。

廖仲恺和何香凝有一儿一女。他们的女儿叫廖梦醒，岭南大学毕业，留学法国，擅书法，精通日、英、法多种语言，长期担任宋庆龄秘书，是宋庆龄的挚友和得力助手，也是著名的社会活动家。廖梦醒的丈夫叫李少石，他是柳亚子的密友，民国时期第二战场上的地下工作者，曾接送过邓小平、蔡畅等大领导，做过伍豪先生的英文秘书。李少石和廖梦醒的女儿叫李湄。在李少石牺牲后，她就成了伍豪的干女儿。

廖仲恺和何香凝的儿子叫廖承志，岭南大学毕业，留学日本早稻田大学，通晓五国语言，擅长诗词、书画、戏剧，学识渊博，是著名的革命家、社会活动家。他26岁就担任红军第四方面军总政治部秘书长，30岁任八路军香港办事处负责人，负责领导南方各省的工作及八路军广州办事处，兼任"保卫中国同盟"秘书长。

站在廖承志背后的女人叫经普椿，她是中国近代教育家、书画家经亨颐的小千金。

常青劲节身，霜雪任侵凌。借问林间叟，如我有几人。

从许家"结"出的廖家关系网先编织到此，接着咱们再另穿经纬，让他们的关系网进入新的空间。

"词王"和夫人的内亲外戚

这个新进入的空间其实还是联结着前面的大网。

被人称为神童的费树蔚有一个二姐叫费漱芳。费漱芳的丈夫叫柳念曾，他们的儿子叫柳亚子。柳亚子原名慰高，字稼轩，号亚子。他和何香凝、经亨颐、李少石这些人物都是密友，他一生写下了7000余首诗，200余首词，有《柳亚子自传年谱》《磨剑室诗集》《词集文集》《南社纪略》等著作，被称为词王。

柳亚子的夫人叫郑佩宜，又名郑之瑛，她是商人兼教育家郑式如府上的大小姐。郑式如教育出来的后代实在是太精英了，可以说郑家的姻亲人物绝对是民国科技史上的一道亮丽风景。

郑式如的长子郑咏春是江苏高等学堂的教授。郑咏春的长子郑重是著名的海洋学家、教育家、厦门大学海洋学系主任。郑重的夫人顾学民是著名的无机化学家、厦门大学化学系主任。郑重和顾学民的儿子郑兰荪是中国科学院院士、著名无机化学家。郑咏春的长女郑葆是清华大学教授谢惠的夫人。郑咏春的次女郑芳是清华大学教授、中国实验心理学家周先庚的夫人。郑咏春的小女郑蕙是浙江丝绸工学院教授、著名的蚕桑专家。

郑式如的次子郑桐荪（又名郑之藩）是著名数学家，清华大学的教务长，清华大学数学系的开创者之一。郑桐荪的长子郑师拙是著名生物学家，美国西北大学教授。郑师拙的夫人张新月是美国罗斯福大学教授。郑师拙和张新月的长子郑盛华和夫人王芝美都是美国电脑工程专家。郑师拙和张新月的次子郑盛杰是数学博士。郑师拙和张新月的女儿郑宗舜是美国哥伦比亚大学教授。郑桐荪的次子郑师清是著名生物化学家。郑桐荪的小女叫郑士宁，她的丈夫陈省身是美国科学院院士、蜚声国际的数学大师、著名教育家、中国科学院外籍院士，获得过美国总统奖。郑士宁和陈省身的女儿叫陈璞，她的丈夫朱经武是国际杰出物理学家，举世闻名的高温超导体发现者，任过香港科技大学校长，也是获过美国总统奖的牛人。

怎么样？这郑家的科技风光是不是亮丽得耀眼？

不过这还没完。再说郑佩宜的姨夫，也就是郑式如的连襟谭新润。他是嘉兴名士谭日森的独子，留学日本回来后担任过京奉铁路皇姑屯车站站长。他的儿子谭其骧是顾颉刚的学生，后来又成了中国历史地理学科的主要奠基人和开拓者。

怎么样？这郑家的社科风光是不是也亮丽得耀眼？

欣赏完郑家的亮丽风光，还得接着说"词王"自己的关系网。他和郑佩宜的儿子柳无忌是近代著名的诗人、旅美散文家。他的夫人高蔼鸿是英文教授。

柳无忌的大妹妹叫柳无非，她的丈夫陈麟瑞是留学过美国、英国、法国、德国的戏剧家、翻译家。柳无非和陈麟瑞的儿子陈君石是中国工程院院士，中国食品毒理学学科的创始人之一。

柳无忌的小妹妹柳无垢是宋庆龄的秘书，廖梦醒（她同时也是柳亚子的干女儿）的朋友，曾做过外交部政策委员会的秘书长。

怎么样？柳家的风光也一样亮丽得耀眼吧？

旧院风流，新亭涕泪，寰抱空今古。下面再接着说从柳家这里接出的另一条重要的姻亲网线。

名将之女与物理学大师

"词王"柳亚子母亲郑佩宜的侄女婿——陈省身（郑士宁的丈夫），那也是出身名门。陈省身的父亲叫陈宝桢，他 15 岁中秀才，做过天津地方审判厅的法官。他的同乡好友钱宝琮是南开大学数学系的教授，也是中国古代数学史和中国古代天文学史研究领域的开拓者之一。因为有这种关系，所以陈宝桢就让陈省身提前报考了南开大学，结果 15 岁的陈省身也成了"秀才"——南开大学理学院的本科学生。

后来，陈省身成为了微分几何之父，南开大学数学研究所的创始所长，也是在天上有星星（陈省身星）的精英人物。再说陈省身和郑士宁的姻缘。前面说袁大总统的关系网时，说过袁克文的亲家，他小女儿袁家祉的老公公是民国陆军总长段芝贵。当时给这个段总长做文书的秀才叫杨邦盛。他的儿子杨武之是数学教育家，清华大学和西南联合大学数学系主任，是陈省身的老师，后来成为了陈省身和郑士宁的红娘。杨武之的儿子也一样精英，他叫杨振宁。

杨振宁也是物理学大师，虽然他还没有"星星"，但他却是诺贝尔物理学奖的获得者。他5岁就能认识3000多个汉字，16岁中学还没有毕业就考入了西南联大。

杨振宁的前夫人杜致礼是辅仁大学中文系毕业生，留学美国著名的女子学院——卫斯理学院，攻读英国文学。她不仅是深得宋美龄喜爱的大美女，同时也是绝对的将门才女，因为她的父亲就是国民党军队著名将领杜聿明。

山川憔悴同经秋，暮云收尽见芳洲。接着说下面的网亲。

方氏家族的婚姻关系

前面咱们说了不少大家闺秀的婚礼，像"杭州第一美人"王映霞轰动杭州和重庆的婚礼，像袁克桓开着火车专列迎娶陈征的婚礼，像张佩纶和李菊耦那比最热闹的南市还要热闹的婚礼，像张武龄和陆英从龙门巷外到十里长亭都摆满了嫁妆的婚礼……不过还有一种婚礼也是大家闺秀们的"专利"，那就是平淡，平淡得令人咋舌。

不过，究竟是哪位大家闺秀才能凸显出这样的风采呢？她就是柳"词王"母亲费漱芳的侄媳妇——方初观（方庆根）。她是袁克文长子袁家嘏的夫人。

方初观的父亲方地山名尔谦，字地山，又字无隅，别署大方，他13岁中秀才，是著名学者、书法家、楹联家，号称民国"联圣"。他和袁克文一样，一生都是佯狂放荡，不修边幅，所以与同样佯狂放荡的张大千成了忘年交。

小时候，有一次方地山的父亲带他去焦山旅游，山上有尊四面佛，一个方丈见他年龄尚幼却谈吐不俗，就有心要试试他的才情，于是便指着佛像给他出了个上联："面面皆空佛。"结果方地山不假思索就朗声应答："高高在上人。"弄得方丈连忙合掌称奇，随即又命小沙弥捧出笔砚请方地山将此联写下来。方地山也没客气，提笔便写出："面面皆空，佛也须有靠背；高高在上，人到此要回头。"

袁克文小方地山 16 岁，他们的结识可以说是袁世凯的功劳。有一次，袁世凯在妓院里看到一副藏头嵌名联，这是写给一位名叫来喜的青楼女子的。联说："来是空言，且借酒杯浇块垒；喜而不寐，坐看明月照婵娟。"袁世凯觉得这对联写得很好，一问知道是方地山的文笔，于是他就请方地山做了袁克文的家庭教师。当时袁克文虽然才只有 11 岁，但是异常聪明，袁克文要先考考这个老师。于是，他就用线系了一枚古钱，又燃香悬于一铜盆之上。方地山自然明白，这是孩子在以诗钟形式考校他的学问呢，于是他欣然应对。袁克文先出的联是"少之时不亦乐乎"，方地山一听也吓得一惊，他沉思了一下，便说出了"卿以下何足算也"。此时，正好钱落铜盆。在响声未绝之际，只见袁克文已经双膝跪倒。

方地山的弟弟叫方泽山，在当地颇有才名，后来齐名文坛。方泽山 12 岁中秀才，15 岁中举人、点解元，被当时的国人惊呼为"扬州神童"。17 岁进京会试时，他与广东解元梁启超相识并互引为重，于是被称为"北方南梁"，后来他又和谭嗣同成为了好朋友。

方初观的大姑，也就是方地山和方泽山的大姐叫方留姑，她是陈延怡的夫人。陈延怡和方留姑的儿子叫陈易，字臣朔，又字凫忆，号药闲。他天资过人，气宇轩昂，善辞令，喜交游，有侠气，诗画皆佳。曾任过扬州贫民院院长，办过《淮扬日报》，开过"待访轩"古董店，执教过上海中医学院。又因为陈易建了"亭榭高低风月胜，柳桃杂错水波环"的扬州凫庄，所以后人又称他为"凫庄故主"。如果现在你去扬州旅游，别忘了去这里看看。

陈易的堂叔爷叫陈重庆，他也是精英人物。陈重庆 4 岁就会做对联，诗书画三绝，现在的扬州瘦西湖有"长堤春柳"四个字，那就是陈重庆的手书。因为陈重庆的舅舅就是卜寿孙的祖父卜宝第，所以陈重庆也就是卞寿孙的表叔。

民国的姻缘网就是如此的神奇，方地山和李瀚章也有亲戚。

方初观的大姐方庆欢是刘师颖的夫人。刘师颖虽然不太有名，但是他的堂哥刘师培却绝对精英。刘师培是清代学者、经学大师、文学大家刘贵曾的儿子。他8岁就开始学《周易》辨卦，12岁就读完了四书五经，少年时代就有"国学大师"之称，与辜鸿铭、马寅初、胡适并称为"北大四才子"。

你看，方地山的关系网要说起来那也是很广的。

地荒天老当歌哭，小凤有约，胭脂三生空色相；山灵水色资卧游，大方无隅，文章千古独幽明。

"清末四公子"引出的那些人物

1889年，16岁的方泽山在乡试中考中举人并点解元，于是被惊呼为"扬州神童"。方泽山在第二年赴京会试时，结识了梁启超、谭嗣同等人，同游京都，和谭嗣同成为了好友后就不再去应试了。

那么这个谭嗣同又是什么人物呢？谭嗣同是著名的维新派人物，戊戌六君子之一，曾经是湖南巡抚陈宝箴的部下和好友，协助陈宝箴在湖南举办过新政。谭嗣同的父亲谭继洵做过光禄大夫、湖北巡抚兼署湖广总督，所以他当时是著名的清末四大公子之一。

陈宝箴的儿子陈三立也是清末四大公子之一，陈三立的儿子就是那个会13国语言的名人陈寅恪。陈寅恪的大哥叫陈衡恪，他是鲁迅的同学和好朋友，著名画家，也是吴昌硕的学生，后来又和李叔同、齐白石成了莫逆之交。陈衡恪的夫人叫范孝嫦，她是著名诗人范肯堂的女儿。

再说方泽山的好友谭嗣同。1898年9月28日，在北京宣武门外菜市口刑场，谭嗣同和另外五志士英勇就义了。

谭嗣同就义后，有一个侠客"伏尸大哭，涤其血殓之"。过往的人都说："此参政剑师王五公也。"

这个剑师叫王五，本名王正谊，因为能使一把100多斤重的大刀，所以后人又都称他为"大刀王五"。谭嗣同10岁时就和王五学习刀法，后来他们就以兄弟相称。在变法期间，王五便主动担负起谭嗣同的衣食住行和保安工作。虽然王五能使100多斤重的大刀，但是最后还是倒在了八国联军的枪口下。他被枪杀后，也和谭嗣同当年一样没人敢来收尸，于是他的好朋友霍元甲从天津赶来连夜将他埋葬了。

"谣风遍万国九州，无非是骂；昭雪在千秋百世，不得而知。"

是啊，又有谁能弄明白中国历史上这些事情呢？

欧阳家族与威震天下的人物们

1873年，一个26岁的年轻人中举了，然后便担任了清政府的内阁中书。这时，谭嗣同的父亲谭继洵正在担任户部主事，于是他就聘请这个年轻人来教儿子谭嗣襄和谭嗣同。

这个年轻人就是后来的清末名儒欧阳中鹄。欧阳中鹄，字节吾，号瓣姜。他是知识渊博的清末名儒，用谭嗣同的话讲，那就是"实能出风入雅，振前贤未坠之绪"。

欧阳中鹄的儿子叫欧阳自耘，字笠耕。欧阳自耘精通音律，但因体弱多病，所以常年在家疗养。不过他有一个能诗会画并通晓中医的夫人——刘倚霞。

刘倚霞是船山学社的创始人，孙中山的好朋友刘人熙（字艮生，号蔚庐）的女儿。欧阳自耘和刘倚霞的儿子叫欧阳予倩。他号南杰，艺名莲笙、兰客、桃花不疑庵主，是日本明治大学和早稻田大学留学生、著名的戏剧、戏曲、电影艺术家，中国现代话剧创始人之一，和郭沫若、田汉、曹禺、老舍等都是好朋友。

欧阳予倩的夫人叫刘韵秋，欧阳予倩和刘韵秋的儿子叫欧阳山尊，他是中国戏剧的奠基人和北京人艺的创始人之一，被称作中国话剧界的"活化石"。

欧阳予倩的妹妹叫欧阳立征，她是绝对的大美女。柳亚子曾经写诗赞美这个大美女："浮云富贵已无求，天遗松筠劲节留。张楚刘齐都愧死，一扁孤岛有春秋。"

欧阳中鹄的儿孙精英，他的学生也同样精英。除了名震天下的谭嗣同之外，还有一个叫唐才常。唐才常字伯平，他是清末维新派领袖，著名的政治活动家，当时与谭嗣同并称为长沙时务学堂教习中的"浏阳二杰"。可是他牺牲得也有些早，否则在中国的近代史上也必将留下光辉的记录。

不过他的儿子唐有壬却仍然精英。唐有壬是日本庆应大学留学生，聪明颖悟，很有才华，擅于演讲，长于撰文，与竺可桢的大舅哥陈源一起被称为现代评论派的健将。

这里牵缠进唐才常不只是因为他和欧阳中鹄的师生关系，更关键的是唐有壬的夫人就是欧阳自耘的女儿——欧阳立征，所以唐才常也是欧阳自耘的亲家。

唐有壬和欧阳立征的儿子唐满城是著名舞蹈家，北京舞蹈学院教授。唐满城原名叫唐满成，因为他和夫人杨威都是舞蹈家，所以在他们的婚礼上，田汉就即兴命笔写了一首七绝，最后两句是"何日风波靖台海，满城歌舞庆扬威"，于是唐满成就改名为"唐满城"了。

当然，大美女欧阳立征家的关系网到这里并没有完，但是必须先在这里告一段落了。

"江南第一美女"和她的人物圈

谭嗣同、陈三立、吴保初和丁惠康曾经是清末的"四大公子"，但是时过境迁，清朝倒台后，民国就建立了，却仍然继续着"四大公子"的流行，他们是：张伯驹、袁克文、张学良和溥侗。当然，这个说法不一定正确，但是本书不负责鉴定这些历史之谜，主要是来说他们之间的姻亲关系网。

前面说过，廖仲恺的夫人何香凝是画坛杰出的美术家，她很喜欢和其他画家一起合画。和她一起合画过的人里面，有一个著名画家兼美女，号称"江南第一美人"。曾任《苹果日报》社长的学者董桥先生曾经这样描写过这个美女：亭亭然玉立在寒梅旁边，长长的黑旗袍和长长的耳坠子衬出温柔的民国风韵……而张大千则称她的画是"神韵高古，直逼唐人"。这个"江南第一美人"叫潘素，她是位居"民初四公子"第一位的张伯驹的夫人。关于潘素的身世，人们说法不一。如果按照学者张中行先生的说法，那就是："这位女士，有人说是清末大名人潘祖荫的女孙，青春时期流落武汉，后归张伯驹，学画，到晚年成为名家。"不过也有人说潘素并非是"流落武汉"，而是在上海"大张艳帜"，有"潘妃"之誉，是一个当红的佝人。1939年张伯驹到上海处理银行业务时与她相遇，张伯驹当场为之倾倒，惊为天人，并立撰一联曰："潘步掌中轻，十里香尘生罗袜；妃弹塞上曲，千秋胡语如琵琶。"于是两人从此便如胶似漆，最终琴瑟和鸣。如果按照张中行先生的说法，那么潘素就应该是吴湖帆夫人潘静淑的同族，那么张伯驹也就和吴湖帆有了关系。

再说潘素的丈夫张伯驹。张伯驹绝对是一代名士。他是集收藏鉴赏家、书画家、诗词学家、京剧艺术研究家于一身的文化奇人，同时也是官商的公子。据说他能把一部《古文观止》倒背如流，三千多卷的《二十四史》，他 20 多岁时便已读完了两遍，354 卷的《资治通鉴》，他可以从头讲到尾，如数家珍，唐诗宋词，脱口而出的就有 2000 多首。张伯驹不是光会写字画画的公子，他还在袁世凯的陆军模范团骑兵科里受过训，也在曹锟、吴佩孚、张作霖的部队和国民党第 11 战区司令长官部任职。

张伯驹的伯父张镇芳是民国河南都督兼民政长。张伯驹的姑姑张锦芳，是袁世凯嫡亲大哥袁世昌的夫人，所以张伯驹和袁克文也就是表兄弟。

第十四章
美女与侠女的网情

才女萧红的交际圈

其实不只是"千秋胡语入琵琶"的"江南第一美人"离我们远去了，一代才女们同样也离我们远去了。

1936年5月以后，鲁迅的病情开始加重了，到后来他就卧床不起，既不能看报，也不能看书，只能安静地躺着。

据说此时，在他的枕畔放着一张木刻画，画面上是一个穿着大长裙子的女人，飞舞着翩翩的长发迎着风萧萧地奔跑着，在女人的脚边，是一丛盛开的红玫瑰……

现在，后世的文化人对此有着很多种解读，通常的说法都是把这个穿着大长裙子的女人，看成是鲁迅的学生萧红。但是鲁迅在自己的日记里曾经对这幅画有过这样的解释——这是俄国版画家皮科夫为波斯诗人哈菲兹诗集首页做的装帧图，而这幅装帧图所体现的则是青春与爱情。

应该说生命弥留之际的鲁迅，之所以久久瞩目着这幅木刻画，就是因为对青春与爱情的深深留恋。

至于一定要将画中那个奔跑的女子联想成是真实的谁，那就有些过于牵强了，因为她只是青春与爱情的一个虚拟载体而已。当然，此刻的鲁迅是不是像俄罗斯诗人莱蒙托夫的诗中说的那样："我深深地被你吸引，并不是因为我爱你，而是为我那渐渐逝去的青春……"就无法再考证了。

不过，不管这个穿着大长裙子的女人是不是隐喻着萧红，作为民国四大才女之一的萧红，确实被鲁迅称为"当今中国最有前途的女作家"。萧红原名张乃莹，最开始家里人给她取的名字叫张秀环，又叫荣华。

萧红在民国女作家群里长得不算漂亮，文采也不见得最好，她能在史上留下一笔，应该说与恩师鲁迅先生给予她的帮助是绝对分不开的。

萧红是出生在土财主家的女儿。她的父亲张廷举（字选三）当过县教育局长和督学；她的第一任丈夫王恩甲是黑龙江省防军第一路帮统王廷兰的次子。但是王恩甲这个家伙是个游手好闲的流氓，他后来把萧红逼向了绝路。不过绝处逢生，这时萧红又认识了她的第二位丈夫萧军。也正因为有了萧军，萧红才成为了鲁迅的学生。

萧军是干什么的？他是鲁迅的学生，东北作家群的领军人物，还是我党第二战场的工作者，曾担任过东北大学鲁迅艺术文学院院长、鲁迅文化出版社社长等职务。

萧红和萧军分手后，萧红找到了新的丈夫——现代著名作家端木蕻良。1940 年初，身体衰弱的萧红为了躲避日本飞机在重庆的频繁轰炸，就和丈夫端木蕻良来到香港躲避，同时也在这里治疗肺病。当时在香港的玛丽医院里还住着一位明星级的人物，她就是戴爱莲。

戴爱莲是世界著名的舞蹈家、中国当代舞蹈艺术的先驱者和奠基人之一、中国的"舞蹈之母"。因为她和萧红俩人在玛丽医院住隔壁，于是她们成为了病友和后来的好朋友。

戴爱莲真的是很厉害。她 77 岁高龄时还能去云南学习少数民族舞蹈；到了 85 岁高龄时还能潇洒地骑自行车出行。如此精英的戴爱莲女士又会有一个什么样的男人站在她的前面呢？

戴爱莲的前丈夫叶浅予是著名画家。他和戴爱莲婚礼的主婚人是宋庆龄，但后来他们还是分手了。戴爱莲和叶浅予离婚后，著名表演艺术家吕恩又给叶浅予介绍了一个精英女士，她就是王人美。

王人美原名王庶熙，她是电影表演艺术家，当年上海著名的歌舞明星，明月歌舞团"四大天王"之首。她和黎莉莉、周璇都是朋友，也是黎锦晖的学生，而且和黎莉莉一样，她的名字也是黎锦晖亲自给改的。

天下知名的"淮南三吕"和她们的关系网

1901 年，在天津的街头发生了一个很小的交通事故，一个女人在去《大公报》的路上被电车碰伤了手腕。这事儿实在是太小了，不过身为警察厅长的段芝贵，却挨了直隶总督袁世凯的一顿训斥。

按理说这并不是什么大事，但是段芝贵为何被训斥呢？因为这个被电车碰伤手腕的女人不是一般人物，她叫吕美荪。她的父亲吕凤歧（字瑞田）是清进士及第，清末著名诗人，曾任过山西学政，他和江苏布政史樊增祥、东三省总督赵尔巽是同窗好友。

吕凤歧的家中有三位"千金"（实际应该是四位，小千金 27 岁就病逝了）。这三个"千金"绝对是无价之宝，她们以诗文闻名于世，号称是"淮南三吕，天下知名"。

吕美荪的大姐吕惠如是近代女词人，教育家。她 9 岁能诗，工书擅画，曾多年就任南京两江女子师范学校的校长。

吕美荪更是精英女士。她 5 岁读完《三字经》《千字文》，11 岁时能写《四书》命题文章，12 岁时开始写格律诗。曾任北洋女子公学教习兼北洋高等女学堂总教习，奉天女子学堂教务长，女子美术学校校长。

她被电车碰了手腕时正在天津北洋女子公学做教习，当时的直隶总督袁世凯训斥完巡警总办段芝贵，又马上派袁克文到医院去慰问。袁总督为什么要把此事看得如此严重呢？关键不只是因为"淮南三吕，天下知名"，更重要的是因为当时的光绪皇帝对吕美荪的才学很赏识，而且还专门召见了她。

　　吕美荪的三妹叫吕碧城，她是北洋女子公学的总教习。吕碧城是民国四大才女之首，风华绝代的大美女。章太炎的夫人汤国梨曾用这样的诗描绘过她："冰雪聪明绝世姿，红泥白雪耐人思。天花散尽尘缘绝，留得人间绝妙词。"当然，她也和鲁迅先生有着关系，因为她是许广平的老师。吕碧城原名吕贤锡，又名兰清，字循夫，号明因，后改为圣因，留学美国哥伦比亚大学，是严复的学生和忘年之交。甚至也有人说严复和她有"爱慕之情"。

　　吕碧城的关系网那是十分广阔的。她还担任过大总统袁世凯的机要秘书。据说她12岁时，诗词书画的造诣就已经达到了很高的水准。当时的江苏布政史樊增祥在读了她写的诗词后，不禁拍案叫绝。当有人告诉老樊这只是一位12岁少女的作品时，他惊讶得不能相信。

　　吕碧城还是中国新闻史上的第一个女编辑。她23岁就做了北洋女子公学监督（校长），也是当时中国最年轻的女校长。估计她这个"最年轻"的记录到现在也没人能打破。

　　吕碧城在北洋女子公学当监督时，还有一个学生，她叫周道如。周道如（原名周砥）是家道中落的小家碧玉。由于她学问渊博，举止端方，吕碧城对她十分欣赏，特别喜爱。所以当她在公学毕业后，就留在附属小学当了老师。不过吕碧城总觉得这样是大材小用。正好这时，任直隶总督的袁世凯想要聘请一位家庭教师，于是吕碧城便把周道如推荐给了袁世凯。袁家的儿女、媳妇、乃至于袁世凯的妙龄姬妾们都成了周道如的学生，周道如也成了袁家上上下下都尊敬的人物，尤其她和袁克文的关系，那更是非同一般。

十几年过去了，无情的岁月销蚀了周道如的锦绣年华，转眼她已经36岁了，依然守贞待字。客观地说，她的婚姻也确实是一个难题，因为人品地位与她不相当的人自然不敢去高攀；家里要有结发妻子，想叫周道如去屈居侧室的就更不可能了。可当时人品地位能与袁世凯的家庭教师相般配，而又没有成家的男人又有几个呢？

这时，江南王冯国璋出现了。他断弦已久，身边只有一个丫头收房的姨太太，于是在袁世凯的安排下，周道如就成为了后来的大总统的继夫人，冯国璋对此当然是喜出望外。你看这里是不是又和京东第一家的汀流河刘家接上了关系？

周道如的喜事让袁家众人都感到高兴，他们都对周道如有所馈赠，首饰、华服、精美器物等物品结结实实地装满了几十只大箱子，袁世凯更是拿出了五万大洋做陪嫁，但是只有袁克文没有送她任何东西。

在周道如成亲那天，袁克文站在香山的顶上，独自一人，望着周道如坐花车远去的方向，很久很久，一动不动。

周道如终于有了归宿，但是她的恩师吕碧城却仍然守贞待字。可以不夸张地说，吕碧城在当时的京津地区绝对是一道奇特的景观。在各种聚会上都常常会出现她的丽影芳踪，而且在外国的贵胄富商聚会上，她也同样是丽影频闪。但是她对于那些达官富贾根本就不屑一顾，只看上了大才子梁启超与美男子汪精卫。可是她又嫌梁启超比她大9岁，而汪精卫和她同岁，又有些小。同时她的老板——《大公报》主编英敛之也很敬慕她，因为此事英敛之还遭到夫人的误会。所以到后来她就决定终身不嫁了，并且说："生平可称许之男子不多。"袁克文一直暗恋着她，不过没有结果。但是他们的这一段"情网"却演义出了一场中国历史上美丽的人性篇章。

1904年5月，秋瑾从北京来到天津，慕名拜访吕碧城。两人此番相会虽然不足四天，却一见如故，情同姊妹。不久后，秋瑾与徐锡麟密谋起事，徐锡麟先在安徽刺杀巡抚恩铭，结果功败垂成而死。秋瑾也在绍兴被捕，当官府搜查秋瑾的住处时却发现了吕碧城的书信，于是当即派人赴北京抓吕碧城。可是他们没想到，这个知会公文恰巧落在了当时任法部员外郎的袁克文手上。袁克文立即把此事压下，于是，吕碧城就因而脱困。

虽然说吕碧城与袁克文没能结成姻缘，但是他们之间很有一种惺惺相惜、相见恨晚的感觉。多年之后，吕碧城给袁克文写过这样一首诗："夕阳无语送春去。鞓红谁续花谱？"你看，这是什么感情？

据说，吕碧城在精神上相伴终生的朋友费树蔚，还真给吕碧城与袁克文当过介绍人，但是吕碧城却回答说："袁属公子哥儿，只许在欢场中偎红依翠耳。"

"绛帷独拥人争羡"的绝代大美女到最后也没能找到"生平可称许之"的男子，于是她最后便皈依释教，法名"曼智"。

人影帘遮，香残灯地，雨细风斜。眼看桑田竟成尘，寂锁荒陬百感频。

吕碧城，你是被光阴之河埋没的一朵奇葩，也是一个永远不老的传奇。

先进的中国人与他家的男亲女眷

尽管本书不研究风月之事，但是作为吕碧城的老师和忘年之交的严复，还是必须要在这个关系网中出现，因为不说说他，这个姻缘网就要有"漏洞"了，况且他又已经在前面的网中出现过了。

严复初名体乾，又易名宗光，字又陵，后又字几道。他的父亲严振先是一个祖传的老中医，有"严半仙"之称。严复通过他父亲的关系就认识了一个常来他家看病的患者。这个患者叫黄宗彝，他是一个宿儒，于是严复就成了他的学生，学习成绩那是大有长进。

后来，严复以第一名的成绩被福建船政学堂录取，在这里他得到了船政大臣林则徐的外甥兼女婿沈葆桢的激赏。再后来曾担任北洋水师学堂校长、北京大学校长，成为了中国资产阶级启蒙思想家、翻译家和教育家。应该说他是培养近代中国第一批海军的领军人物，也是"先进的中国人"之一。他的学生有民国大总统黎元洪、南开大学校长张伯苓、北洋大学教务长直隶谘议局议长王劭廉、著名翻译家伍光建等。

严复的长子严璩（号伯玉）是英国留学生，任过全国盐务署署长、国民政府财政部部长等职。他的夫人吕韫清是开州知府吕增祥家的二小姐。他的小舅子是中国近代杰出的建筑师，31岁就担任了南京中山陵设计的吕彦直。而吕彦直的夫人就是严璩的二妹严璆。不过吕彦直很早就去世了。

吕韫清去世后，严璩又续的夫人便和前面的那些姻亲网有了联系。严璩的续夫人是林薇阁（林庆纶）的姐姐。因为林薇阁是盛宣怀的五小姐盛关颐的丈夫，所以严璩也就成了盛关颐的姐夫。这样一来，严家就和盛家有了关系；又由于林薇阁是陈宝琛的外甥，所以严家就又和陈宝琛家也有了关系。当然，林薇阁的关系网也没有完。

严璩的长女严倚云是著名的天体物理学家高叔哿的夫人，曾任过全美外国语荣誉学会第二副主席。

严璩的三女严倬云是社会活动家，是宋美龄的好朋友，她曾和蒋经国的儿媳妇、蒋孝文的夫人徐乃锦轮流担任过台湾基督教女青年会理事长。严倬云的丈夫叫辜振甫，他曾经做过蒋介石的翻译，也是台湾知名的大企业家，台湾五大家族之一。同时，他的叔叔就是辜鸿铭。

严复的三子严琥（号叔夏），任过福建协和大学校务委员会主任、福州大学教务长。他的夫人林慕兰是台湾望族"板桥林"林维源的后人，所以和林薇阁也是亲戚。而林慕兰的母亲陈芷芳则是陈宝琛的妹妹。因为林薇阁是陈宝琛的外甥，所以他和林慕兰也就是表兄妹关系。

陈宝琛是严复最好的朋友，同时他还是严璩的老师，郑孝胥进入朝廷的引荐人，严复病逝后也是由他撰写的墓志铭。

陈宝琛13岁中秀才，18岁中举人，21岁登进士，27岁任内阁学士兼礼部侍郎，后为溥仪皇上的老师。因为他兄弟6人中有3个进士、3个举人，所以人称他家"兄弟六科甲"。

陈宝琛的夫人，叫王眉寿。她不仅是有名的教育家，创办过福州女子师范学堂，而且也是闽中三才女之一谢冰心的老师。王眉寿的弟弟王仁堪不仅是光绪三年的状元，也是徐世昌和梁启超的老师。

动人心魄的侠女和她的兄弟姐妹们

吕碧城在天津《大公报》馆任副刊主编时，已经是名声大作的人物了。这时，在北京也有一个才女在文人圈内小有名气，更关键的是这个女人也常以"碧城"为号，写一些诗文在圈内流传。当吕碧城的诗、词、文不断在《大公报》推出的时候，这个女人很快就成为了吕碧城的"粉丝"。后来这个女人想要去日本留学，去天津办手续时，她就顺便到《大公报》馆拜访了偶像吕碧城。

她去时打扮得很是不同，头上梳了一个女人的发髻，身上却是一袭男人的打扮，穿着一袭长袍马褂，看起来风流倜傥。

见到吕碧城，她就报出了自己的大名，一个后来震动了全世界的名字——秋瑾。结果两人一见如故，情同姊妹。当晚，吕碧城邀请秋瑾留宿自己屋内，彻夜长谈，直至天明。而且秋瑾自知才华不如吕碧城，便将自己的名号"碧城"让出，并保证以后再也不用"碧城"这个名字了。

这个后来震动了全世界的女人秋瑾，又有着怎样的关系网呢？

秋瑾原名秋闺瑾，字璇卿，号旦吾，乳名玉姑，别号竞雄，自称

"鉴湖女侠"，笔名秋千，曾用笔名白萍。秋瑾出身于世代官家。她的父亲秋寿南做过湖南郴州直隶知州，母亲是萧山望族之后。秋瑾可不光是好文史，能诗词的闺阁，她也是"武艺高强"的侠女，15岁就会骑马击剑。

秋瑾的丈夫王廷钧任过户部郎中，他也是富豪家庭出身。他的父亲王黻臣是湘潭巨富，有着"百万富翁"之称。咱们这里仍然是不研究秋瑾的革命生涯，主要是看看她以及她和清末民国那些精英的关系网。秋瑾和王廷钧的儿子叫王沅德，上海正风大学毕业，后来任过湘潭电灯公司董事长、湘潭膏盐矿董事长，他和黄兴的儿子黄一欧是好朋友。

秋瑾和王廷钧的女儿叫王灿芝，她和母亲一样，别号"小侠"，又是一代侠女。

秋瑾来到日本留学后，就和鲁迅、许寿裳等人成了同学，但是他们之间的关系并不很好，和她最好的同学是徐锡麟和陈天华。在日本，秋瑾和冯自由等人组织过三合会，和陈撷芬发起过共爱会，和刘道一等人组织过十人会，创办过《白话报》，参加过洪门天地会，也就是后来的洪帮，并当上了军师，所以"鉴湖女侠"这称号不是随便叫的。

秋瑾除了有吕碧城这个"妹妹"之外，还有一个换过金兰帖子的姐姐吴芝瑛，她是和吕碧城一样精英的女中魁艳。

吴芝瑛字紫英，别号万柳夫人，出生于诗书之家。她博及群书，以诗、文、书"三绝"闻名京师，慈禧太后曾召她入宫对谈，对她的书法、文才甚为赞赏。吴芝瑛的父亲吴康之虽然不是太出名的人物，只当过一些知县级别的干部，但是他家的房子面积有5000多平方米，庄严气派。

吴康之有一个绝对是清末精英人物的堂哥，他叫吴汝纶。吴汝纶字挚甫，又字挚父，他是著名教育家，"桐城派"学者，也是曾国藩的入室弟子，曾任过京师大学堂的总教习（校长）。同时还是严复的老师，吕增祥和李鸿章的好朋友。

吴芝瑛的丈夫叫廉泉，字惠卿，号南湖，又号岫云、小万柳居士。他是精诗文、善书法、嗜书画、金石，性情豪侠，节操高尚，轻财重义，乐于助人的君子兼侠客，参加过康有为的"公车上书"，任过户部郎中，和秋瑾的丈夫王廷钧是同事，和徐锡麟、孙中山也都有着密切的交往。

廉泉和吴芝瑛的女儿叫廉砚华，后来是袁世凯最小的儿子袁克俊的未婚妻。你看他们这些精英男女的关系网，是不是总在亲姻师友中交织着？

再说吴芝瑛和秋瑾的关系，可以说她们绝对是真正的生死之交。

秋瑾去日本时的旅费多是吴芝瑛提供的。秋瑾牺牲后，吴芝瑛又和丈夫廉泉、徐自华（秋瑾的盟妹）收葬遗体于西湖，并在秋瑾就义的绍兴古轩亭口建造了"风雨亭"，以为纪念。她们当时冒险义葬秋瑾的壮举其实是很危险的。好在吴芝瑛的朋友很多，关系网也很广阔，所以清政府最后就未敢贸然加害于她和徐自华这二位女士。

再说吴芝瑛和秋瑾的盟妹徐自华。

徐自华字寄尘，号忏慧，这又是一个任侠好义的红颜，柳亚子说她写的词都可以与李清照媲美。她与秋瑾是真正的生死之交。她俩泛舟西湖时，曾相约要"埋骨西泠"。当年，秋瑾为策划浙江起义急需军饷，徐自华与妹妹当即就倾奁中饰物约值黄金 30 两相助，后来又有和吴芝瑛冒险义葬秋瑾的壮举。

任侠好义的徐自华还有一个大名鼎鼎的学生，他叫文怀沙。文怀沙，本名斋，字怀沙，以字行世，斋名燕堂，号燕叟，笔名王耳，司空无忌。是著名的国学大师、红学家、书画家、金石家、中医学家、吟咏大师、新中国楚辞研究第一人。文怀沙的前夫人叫青林，后来青林又成为了著名诗人卞之琳的夫人。

轩亭恨，痛惜丹心英魂一缕，谁辨今和古？蛾眉绝世，人间脂粉如土。

第十五章
另类女人和她们另类的关系

"诗妓"与她的名客

1897 年，上海。

这一年，上海的洋商举行了一次赛马会，在各地蜂拥而至的游客中有三个来自嘉兴的黄姓游客，其中 18 岁的女孩叫黄碧漪，另外两人一个是她的母亲，一个是她的异母哥哥。

这母子三人可能是第一次来上海，不免就贪玩了几天，大概也没在意大上海的物价会这么高，不知不觉就一下子用光了盘缠。等到发现囊空如洗时，这母子三人吓了一跳，因为住店的宿费还没结呢。更关键的是那时还没有银行卡，也没有电汇，向家里要钱是来不及了。

这时，一个住在他们隔壁的潘姓男人出现了。他 30 来岁，自称是黄碧漪的老乡。于是他就以老乡的名义表示愿意资助这母子三人。

有了潘的资助，这母子三人就又在上海继续玩了几天，当然这一切费用都是由他支付的。几天之后，潘某钱也花得差不多了，于是他就提出要娶黄碧漪为妻。这时，母女三人一下子傻了眼。在上天无路，入地无门的情况下，美貌的黄碧漪只好屈从母兄之命，跟这个相貌丑陋的潘某住到了一起……

当然，这段故事并不十分真实，因为这是黄碧漪自己后来的口述，她一定是在其中隐瞒了一些关键的内容，至于到底是什么内容，她又为什么要隐瞒这些内容，已经无法再说得清楚，不过她糊里糊涂地嫁给了这个潘姓男人，却绝对是真实的。

其实这个潘某本是流氓无赖，他的家中早有妻子儿女。他玩弄完如花似玉的黄碧漪之后，就把她卖到了上海的妓院里。于是，这才有了民国史上最凄美艳丽的传说，也就有了一段英男靓女的关系网。

黄碧漪也是出身于中等家庭，否则也没有去上海看赛马会的能力和兴致。黄姓本是徽州的望族之一，不过到了黄碧漪的父辈时，家道已经中落，黄碧漪的父亲只是一个小衙门里的书吏。不过望族之后还是有一定才华的。黄碧漪本名黄箴，字鬐因，又字梅宝。她的先祖黄钺是乾隆年间的进士，官至礼部尚书，绝对是部长级的大领导。他的父亲虽未做官，但也是禀贡生，有功名的人。黄碧漪自幼聪颖，爱好学习，8岁就开始作诗。据说当地一位名宿在一个偶然的机会看到她的诗作后，竟然拍案叫绝地说："此种警艳，当于古人遇之，至于今人，百年来无此手笔！"

你看，其实旧时那些有文化的父亲也知道女儿能有满腹诗书，同样是精英的资本。至于那些"女子无才便是德"的说法，全都是骗那些家里供不起孩子上学的家长的鬼话。

当然，名宿用这样的话来评价一个8岁孩子的诗作，显然是有些夸张了，不过这也正说明了黄碧漪确实有才华。于是到了她及笄之年，上门说亲者就踏破了门槛，不过这些媒人都遭到了黄家的拒绝。因为她的父母见女儿满腹诗书，就心想这个女婿的标准可不能低了，一定要好好地物色物色，可是没想到后来女儿竟然误入了风尘。所以说，黄碧漪自己后来的口述一定是在其中隐瞒了什么关键的内容，肯定不会是如此简单的过程。因为她的母亲程淑仪并不是无知的农妇，而是大家闺秀，是和黄碧漪一样的才女。

黄碧漪误入风尘后，做的是妓而不是娼，同时又改名为李苹香。因为李苹香本身就是著名的才女，写得一手好诗词，于是她的品位和身价就不一样了，很快成为了一名高等妓女。

高等妓女李苹香在文人的圈子里很有市场和影响。她的居室名叫"天韵阁"，她的好几部诗文集也是以居室名命名出版的，如《天韵阁诗选》《天韵阁尺牍选》等，于是她也就被文人们授以"诗妓"之誉，成为了海上名花，声名日盛。

在20世纪初的上海妓界，当时的"状元"就是大名鼎鼎的赛金花。她以"曹梦兰"之名在上海开"书寓"，不过到李苹香出名时，她已经离开上海去了京津，所以李苹香就自然成为了新的"状元"。

成为海上名花后，李苹香的关系网络自然就扩大了，当时的名人雅士都和她有了交往。其中就有李叔同。李叔同字息霜，别号漱筒，谱名文涛，幼名成蹊，学名广侯。他的父亲李世珍（字筱楼）是天津盐商中的巨富之一，被人称为"桐达李家"。

"桐达李家"的后代李叔同虽然不是巨富，但他是"二十文章惊海内"的大师，中国话剧的开拓者之一，中国油画、广告画和木刻的先驱之一，国际上声誉甚高的知名人士。在他剃度为僧后，又是中国近现代佛教史上最杰出的一位高僧，法名演音，号弘一，晚号晚晴老人。赵朴初先生对他的评价是："无尽奇珍供世眼，一轮圆月耀天心。"

1901年夏天，李叔同与母亲和妻子俞氏（天津卫茶商的五小姐）由天津迁往上海，这时他正因为赞同康梁变法而在此避祸。在上海，李叔同除了教课就和一班公子哥们经常出入于声色场所，与上海滩的名伶名妓们打得火热。

1902年，当李叔同第一次来到李苹香的天韵阁时，两人马上就一见倾心，均有相见恨晚之感，于是便互相引为知己。

李叔同以"惜霜仙史"之名，赠给了李苹香七绝三首，其中有一句是："如何十里章台路，只有花枝不解愁。"此后，他除了去南洋公学给学生上课外，空余的时间几乎都是和李苹香待在一起。

然而，天下没有不散的筵席。两年之后，李叔同由于母亲的病故深受刺激，就决意告别诗酒风流的上海洋场，远赴日本留学。他与李苹香是以诗相识，当然也是要以诗告别，于是又写下《和补园居士韵，又赠苹香》七绝四首作为离别赠礼。其中那句"梦醒扬州狂杜牧，风尘辜负女相如"，今天读来仍然让人泪落。

其实在和李叔同交往的同时，李苹香和另外一个精英人物也是交往密切，他就是章士钊。

当章士钊之前听到冒鹤亭等人在李苹香的天韵阁雅集，就对李苹香有了爱慕之心。这时，他正好来上海与黄兴共创"华兴会"，并商讨起义的事，可是没有想到竟被政府给逮捕了，幸亏审讯之后没发现大问题，政府就将他无罪释放了。

当李苹香听到章士钊出狱的消息后，就将他迎入自己的天韵阁中，因为章士钊的大名早已让李苹香仰慕不已。从监狱落入胭脂帐的章士钊自然是欢喜得无法形容，对李苹香更是万般爱恋，于是就特意化名"铄镂十一郎"，为李苹香作了传略一本，并请李叔同来写序。李叔同当仁不让，以"惜霜"的笔名写了一序。

但是身为革命党人的章士钊不能总待在香艳之地，他离开上海进行反清活动后，1909年在英国就与吴弱男结为了伴侣。不过他对李苹香仍然是念念不忘，就在他古稀之年时还写了一首《虞美人》，怀念曾经的李苹香："芙蓉不逐东风去，还认秋来路。似能结识过来人，往日金刚坡上意相亲。侯生曾被香君误，闲却寻花侣。可怜抵死忆吴门，除了观音八面不成春。"应该说章士钊曾经对李苹香有过刻骨铭心的爱。

在李叔同和章士钊离开之后，李苹香又结识了一个精英人物，她就是吕碧城的二姐吕美荪，而且她和吕美荪到了晚年还经常保持联系。

吕美荪听说天韵阁有一个才女擅写诗词，出口成句，便女扮男装同英敛之一起去青楼拜访李苹香。当然，一见之下，她们就由此成为了要好的诗友。

后来，李苹香又结识了名媛才女吴芝瑛。具有侠义之气、重视友情的吴芝瑛不想让李苹香总在这样的环境里待着，于是她就变卖了家中珍藏的董其昌手书的《史记》真迹，替李苹香赎了身。

当然，能写出"吟遍美人芳草句，归来采取伴香闺"这样美词的李苹香并不是天才，也不是自学成才，而是有过诗人老师的。当然，这里还是存在着关系网。

李苹香的老师叫曹元忠。他是翰林学士、充值内阁，遍览皇室藏书和翰林院藏书，精于三礼、医学、词章，功底极深。而给李苹香介绍这位老师的人叫冒鹤亭（名广生，字鹤亭，号疚翁，别署疚斋），早年就曾和李苹香的母亲程淑仪在诗歌方面有过交流。当然，冒鹤亭和李苹香的关系也不一般。他曾在一个月里三至天韵阁，并在她的阁府里大摆酒宴，雅会群贤，所以章士钊才得知了文化人在李苹香的天韵阁雅集一事。

冒鹤亭为什么能这么精英？因为他是元世祖忽必烈第九子脱欢（镇南王）的后裔，是明末清初四公子之一的冒辟疆后裔，是俞樾的学生。曾任过刑部和农工商部郎中，民国后担任农工商部全国经济调查会会长、财政部顾问，并继任温州海关、镇江海关和淮阴海关监督，中山大学教授。

你看，这师生的精英关系网也是不会断的。

"天之涯，地之角，知交半零落。一瓢浊酒尽余欢，今宵别梦寒。"现在，李叔同和李苹香已远去了。风花雪月，情深意长的梦也远去了……

另类的精英女士和她的关系网

1907 年 7 月 15 日，一代"女侠"秋瑾就义于绍兴轩亭口，但是她的姐妹们仍然在战斗。前面说了秋瑾有情同姊妹的吕碧城，有侠义重情的盟姐吴芝瑛和盟妹徐自华，不过她还有一个战友，也是绝对的精英女士，她叫陈璧君，她的姻亲关系网不能不说。

1891 年 11 月 5 日，在马来西亚的槟榔屿乔治市，南洋巨富陈耕基喜得一女，她就是陈璧君。陈璧君，字冰如。她 15 岁小学毕业后进入了当地的璧如女校。这一年，孙中山也由日本来到了马来西亚的槟城，并在槟城建立了同盟会分会，于是陈璧君就成为了同盟会中最年轻的会员。

陈璧君参加同盟会的事情，最后还是被她的母亲卫月朗发现了。不过卫月朗这个性格开朗、知书达理、深明大义的女性并没有过多地责备女儿，甚至还带着陈璧君来见孙中山。孙中山当然是很热情地接待了陈璧君母女俩，经过他的一番宣传后，结果母亲卫月朗也加入了同盟会。

在璧如女校里，16 岁的陈璧君经常在同盟会的机关报上看到一个笔名叫"精卫"的人写的文章，她非常佩服这个作者，于是就萌生了想见一见这个作者的念头，所以她就把这个想法告诉了同盟分会会长吴世荣。

有一天，吴先生急匆匆地找到她说："你想见的那个人到了槟城，现在就住在我家。"于是，陈璧君就随吴先生赶往他家。在吴先生家里，陈璧君第一次见到了"精卫"。面对这个著名美男子，陈璧君一见钟情。没过多久，她就鼓起勇气向"精卫"写了一封求爱信，但是遭到了"精卫"的婉拒。

"精卫"是谁？他就是袁克定的结拜兄弟汪精卫。你看，这里是不是又接上了前面的关系网？汪精卫和袁克定的结拜应该说是很认真的，并不是随便一说。

1911年10月7日下午5时，时任内阁总理大臣的袁世凯秘密会见了汪精卫，两人密谈后，袁世凯让汪精卫和袁克定结拜。汪精卫和袁克定先向袁世凯叩首，又相对叩首后，袁世凯说："你们两人今后是异姓兄弟，克定长，当以仲弟视兆铭（汪精卫）；兆铭年幼，应以兄长待克定。我老了，望你们以异姓兄弟之亲逾于骨肉。"汪精卫和袁克定都极诚敬地说："谨如大人命。"于是再向袁世凯叩首，整个仪式都由杨度作陪，所以说他们的这个结拜应该是算数的。

接着说汪精卫和陈璧君。汪精卫婉拒陈璧君的求爱，是因为他在家里已与一位刘姓女子订过婚。虽然他极力反对并宣布与家庭断绝关系，但这门亲事还是弄得他心力交瘁。他又考虑到参加革命后就要四处漂泊，居无定所，所以短期内也不想再议婚事。

可是看准了事情就一定要干到底的陈璧君并不死心，当她听说汪精卫受孙中山之命去了日本后，便以留学为名也一路追到了日本。来到日本后，陈璧君就和秋瑾、曾醒、方君瑛住在一个房间，于是她们就成为了好朋友。

应该说陈璧君是一个侠义而又另类的女子。说她侠义，当她得知同盟会正为活动经费发愁，她便慷慨解囊，把家里给她的钱全部拿出来捐给了同盟会作为活动经费。说她另类，她一辈子没涂过脂粉；不会唱歌，不会跳舞；喜欢听优美的音乐，但是还听不懂；喜欢看新、旧、中、外的画，但是自己一条直线都画不出来。

当时汪精卫正在组织暗杀团，陈璧君就坚决要求参加。开始汪精卫并不同意，后来看到陈璧君态度坚决，这才勉强答应吸收了她。在成为暗杀团成员后，她就四处拜师，请人教她柔道、剑术和枪法，还学习了如何制作炸药。

1910年元旦，北京琉璃厂马神庙胡同内，一家叫"守真照相馆"的店铺，在一阵"噼噼啪啪"的爆竹声中开张了。几个穿着时髦的年轻人跑前跑后，张罗着照相馆的生意。这个新开张的照相馆生意并不是很好，来照相的人也不多。不过这几个年轻人似乎并不在乎，原来，这个"守真照相馆"并不是真正的买卖，而是革命党人设在北京的一个秘密机构，这几个年轻人就是同盟会成员汪精卫、黄复生、罗世勋和陈璧君。他们秘密潜回北京以开照相馆为掩护，目的是要寻找行刺的机会。可是因为保密工作没做好，他们的行踪还是被清政府发现了，结果黄复生就在照相馆里被捕，汪精卫则在他的住地东北园被捕。

就是这次被捕才更让汪精卫名声大作，除了他的那首"慷慨歌燕市，从容作楚囚。引刀成一快，不负少年头"的诗词，他还得到了肃亲王的敬佩，两人之间的关系似乎不再是政敌而近似朋友了。

但是汪精卫被捕后，陈璧君还是忧心如焚。她四处奔波，设法营救。她买通了一个狱卒，带给汪精卫一封充满爱心和思念的信。汪精卫见信后也非常感动，就填了一阕《金缕曲》赠给了陈璧君，词中充满了对她的一片爱心和思念。然后又咬破手指在信纸背面写了五个字"勿留京贾祸"，意思是让陈璧君赶紧离开危险的北京。

几天后，汪精卫又收到了狱卒转来的一封信。陈璧君在信中说，要和他"在心中宣誓结为夫妇"，汪精卫知道自己是根本没有出狱的希望，也许他永远再也见不到陈璧君了。但是又有什么比这种心中的结婚更具有真正的爱情呢？于是汪精卫就咬破手指，用鲜血写下一个大字"诺"。

一年多后，武昌起义爆发，汪精卫被释放出狱了。陈璧君得知消息欣喜万分。当得知汪精卫出狱后已从北京经由武汉到了上海，她即刻赶往上海与汪精卫相会。经过这一番生死之恋后，他们终于在1912年初举行了婚礼。

其实汪精卫在和陈璧君结婚前，他还有过一个红颜知己，他的这个红颜知己也是陈璧君和秋瑾、曾醒的战友，就是和她们住在一个房间里的方君瑛。后来在汪精卫和陈璧君回国革命时，他们的儿子汪文婴、女儿汪文惺也都是由方君瑛和曾醒照顾的，汪文婴和汪文惺一直都称方君瑛为"七姑"。

应该说方君瑛和汪精卫、陈璧君都是好朋友，有人传说汪精卫和方君瑛搞"婚外恋"，这应该是不足信的，况且方君瑛在自杀前就是和陈璧君的母亲卫月朗住在一起的。

方君瑛是清末民初的女革命家，曾留学日本和法国。辛亥革命后任福建女子师范校长和广州朱执信纪念学校校长。她是谢冰心的老师，也是在法国第一位获得数学硕士的华人。在清末时，她主张暴力革命并负责组织刺杀行动，素有"同盟会女杰"之称。后来汪精卫入狱，她还准备去劫狱，但是因故未成。

当然，方君瑛的关系网也是很广阔的，她的伯父方家澍是翰林兼山水画家。她的弟弟方声涛是日本振武学校毕业生，后来任过孙中山大元帅府卫戍总司令、广州大本营参谋长、福建省政府主席。她的另一个弟弟方声洞和汪精卫、林觉民都是好朋友，也是著名的黄花岗七十二烈士之一，而且烈士之碑位列第一。她的寡嫂就是和她同室的曾醒。

曾醒也是日本和法国留学生，还是在中国第一个提出小学六年，初、高中各三年新学制的人物。曾醒的弟弟曾仲鸣是留学法国的文学博士，也是蔡元培的学生，后来是汪精卫的秘书。曾仲鸣的夫人叫方君璧，就是方君瑛的妹妹。他们的关系你看明白没？

一花经九秋，未肯便憔悴；残英在枝头，抱香终于坠。

京剧女老生和她的老公们

1930 年夏，汪精卫带着曾仲鸣来北平参加所谓的"扩大会议"。

在北平期间，曾仲鸣由于是汪精卫的第一号心腹，也就成为了新贵中最令人瞩目的要人，应酬的场合众多。

这时北平有一位坤伶正风光无限，她就是新艳秋。据说在曾仲鸣见到她的当天夜里，便有人撮合他去造访新艳秋的香闺。曾仲鸣久居法国，他的审美标准很高，但是他无论从任何角度看，都觉得新艳秋是一件有灵魂的艺术品。由此看来，他的这个举动也并不算龌龊。但是曾仲鸣和新艳秋的缠绵并没有多长时间。9月下旬，曾仲鸣就离开北平和她告别了。

1931年"九一八"事变后，曾仲鸣当上了汪精卫的行政院长副秘书长。这时，他又想起了新艳秋，于是他就派人将新艳秋从北平接到了上海，而他每星期五夜车到上海，星期日夜车再回南京。这时的方君璧对此事完全知情，但她也是有着法国浪漫情怀的留学生，觉得丈夫有个情妇是无足为奇的事情，所以她不但容忍曾仲鸣与新艳秋双宿双飞，而且有时候还会陪着丈夫去上海捧新艳秋的场，和他们常在一起的还有潘有声、胡蝶夫妇。后来，曾仲鸣就直接把新艳秋接到了南京，让她在大戏院演出。那么，这个新艳秋又是什么精英人物呢？

新艳秋原名王玉华，她是梅兰芳的第一个女弟子，曾与雪艳琴、章遏云、杜丽云合称为"四大坤旦"，同时又是坤伶主席。新艳秋的身体素来虚弱，她在南京大戏院演出不久后即以生病为由又回到了北平。

回到北平后，她又被另一个人追逐，他叫缪斌，当时是冀察政务委员会委员，有名的大汉奸。有一天，缪斌到东安市场的吉祥戏院看新艳秋演戏，被军统人员跟踪。由于他临时发现了老婆也从外面进来，便连忙拔腿溜走。于是军统人员就误将一个和他相貌差不多的医生给干掉了。他自己当然明白谁是军统人员想要暗杀的对象，于是便迁怒于新艳秋，说是她串通了军统，就将新艳秋逮捕入狱。曾仲鸣知道这个事情后，辗转说情下，新艳秋才获释。

1938 年曾仲鸣在河内身亡。新艳秋心碎绝望之余，便匆匆嫁给了烟台市市长邵中枢，不过婚后他们的感情颇笃。可是抗战胜利后，邵中枢又因汉奸案入狱，新艳秋又成了孤雁。

2008 年 9 月 2 日，这个缠头似锦，貌美如花，同时又红颜多苦的一代名伶终于走完了她的百年生涯（98 周岁）。

千秋功罪，无人能与评说。因为戏非人生，人生也不如戏。

第十六章

戏剧与历史里的姻缘纠结

悲剧才女背后的关系群

人生确实不如戏，尤其是红颜才女的命运，因为它无法改变。

前面说过，鲁迅除了有萧红这个女学生之外，他还有一个有着"北京著名女诗人"之誉的"准学生"石评梅。后来石评梅又和一个叫高君宇的人，弄出了一曲震撼人心的爱情悲剧。

在石评梅和高君宇爱情缠绵期间，其实还有一个同样精英的小男人暗恋着她，或者说是崇拜着她。这个小男人叫焦菊隐，当时是燕京大学的学生，也是著名的文学青年。用他自己的话说那就是："我崇拜梅姐简直到了爱她的地步。"虽然后来他们没有爱的形式，但是他们却成为了终身的知己。

焦菊隐是李叔同家的亲戚，原名焦承志，艺名菊影，后自改为菊隐。他是中国导演艺术家、戏剧理论家、翻译家、北京人民艺术剧院的奠基者之一，曾担任过北京师范大学文学院院长、北京人民艺术剧院副院长、总导演。

焦菊隐的祖父叫焦佑瀛，你如果看过电影《火烧圆明园》就能知道这个人。焦佑瀛曾是咸丰皇帝托孤的顾命八大臣之一，和李鸿藻的关系很好，焦佑流被杀后，焦菊隐的父亲焦曾宪曾去一个大户人家做财务部的员工。

焦曾宪去做员工的这个大户人家姓姚，是天津的"盐商八大家"之一。姚家有一个小姐叫姚同宜，她的丈夫李石曾就是李鸿藻的三子，同时也是焦菊隐的三舅（这只是因为焦佑瀛的夫人也是姚家的女儿，其实李石曾和焦菊隐并没有血缘关系）。李石曾原名李煜瀛，字石曾，晚年自号扩武。他是故宫博物院的创建人之一，曾任过国立北京大学校长、北京师范大学校长、国立北京研究院院长、中法大学董事长等职务。他和蔡元培、吴稚晖、张静江都是挚友，也曾经是汪精卫的战友和挚友。1902年，他22岁时就作为清政府驻法公使孙宝琦的随员前往法国任职，并先入巴斯德学院、巴黎大学深造。1915年，他又和蔡元培、吴稚晖等人在巴黎发起成立了"留法勤工俭学会"，伍豪、钱三强、李健吾、潘玉良等人都是勤工俭学的响应者。

李石曾既是学者、教育家（现在故宫神武门上的三个大字就是他的手书）；同时他又是同盟会中热衷于暗杀和爆炸的工作者，被称为革命党中的"暗杀部长"。你见过世界上还有另外一个这样的"教育家"和"暗杀部长"吗？

前面也说过许多人的婚礼，那姚家嫁女儿又应该是什么样子呢？在大喜前，李家派出了两艘大船去天津迎亲，先将全副妆奁、衣服、家具以及工匠、轿夫等运到北京，第二天新人和眷属、陪房丫鬟、婆子、跟班等人乘船进京，那队伍是浩浩荡荡，轰动一时。不过又是红颜薄命。1940年，姚同宜在法国病逝。李石曾又续的夫人是老外，犹太妇女活动家茹素。他的第三任夫人就是焦菊隐的前夫人林素珊。

林素珊是石评梅的同学和密友，也是焦菊隐的第一任夫人。焦菊隐当年在燕京大学上学时就和林素珊同学。后来林素珊先去了燕大，又转学到了北京女高师后，就和石评梅成了同学。

焦菊隐和林素珊恋爱后不久，也许是因为有石评梅的原因，他又想去法国留学，就去找李石曾帮忙。可是林素珊觉得焦菊隐出国留学就是想和自己分手，所以她很着急，就四处找人劝阻焦菊隐出国。于是也去走李石曾的路数，找到李石曾的夫人姚同宜帮忙。

当李石曾了解到这些原因后，他就转而帮助林素珊，让焦菊隐无法留学。同时，林素珊就这样和李石曾熟悉了，但是当时他们谁也没想到以后还会有一场姻缘。

在李石曾的安排下，北京市长何其巩就推荐焦菊隐做了市立二中的校长，林素珊任副校长。焦菊隐没有办法，于是在1928年冬与林素珊在北京饭店举行了婚礼。

他们的婚礼场面也很盛大，宾客有几百人，证婚人是国民党元老吴稚晖。婚后，李石曾又让焦菊隐在北京筹办中华戏曲专科学校，李石曾任董事长，焦菊隐任校长，林素珊任副校长。可是由于种种原因，到了1935年，中华戏曲专科学校出现了经营管理困难，焦菊隐被迫辞职。李石曾为了安抚焦菊隐就拿出费用送他到法国巴黎大学留学，并同意让林素珊同行。

1937年抗战爆发前夕，林素珊先回到了香港，第二年焦菊隐毕业后也来到了香港，但两人却在香港因感情破裂分手了，他们的两个孩子也先后夭折。他们分手后，焦菊隐先后来到了广西大学和国立戏剧专科学校当教授，在这里他遇到了22岁的女学生秦瑾。

1947年2月2日，林素珊和李石曾在上海举行了婚礼，证婚人仍然是吴稚晖。婚后两人来到了乌拉圭。1954年，林素珊病逝。

1956年，李石曾从乌拉圭返回台北，经过旧友齐如山的介绍，他结识了前"飞虎队"飞行员的遗孀田宝田女士。一年后，李石曾与这位前辅仁大学社会科学系毕业的田女士结婚。这一年李石曾78岁，田宝田42岁。李石曾和田宝田生活了十多年后，1973年9月的最后一天李石曾在台北病逝，享年93岁。

1949年7月14日，焦菊隐与秦瑾恋爱9年后，也在上海举行了婚礼。但是他们的婚姻生活却很短，1961年冬，他和秦瑾离婚了。

1964年，焦菊隐和潘小丽结婚，但是两年后他们又离婚了。1975年2月的最后一天，一代大师焦菊隐在北京终于走完了跌宕坎坷的70年。

焦菊隐去世后，人们在他的遗物中发现了一个小小的信封，上面工工整整地写着："评梅唯一的笔迹。"信封里珍藏的则是50年前石评梅寄给他的一张圣诞卡，上面写着：

菊隐：

　　在这里上帝赐给你聪颖的智慧，和美满的幸福。评梅。

　　这人生，不过是一缕青烟梦，风来时，旋转成圈，或者烟消雾散。梦里人要超乎梦境，看花朵万千，都是偶然一现。唯其如此，梦才有了乐趣。不然，那平静的人生，如水车的旋转，再也转不出新的花样，再也转不出新的声音。（焦菊隐写给石评梅的诗《慰波微》，波微是石评梅的笔名）

也许后人们能从这首小诗中读出自己的感悟吧。

故宫博物院里结出的网络

李石曾的侄子李宗侗曾任过北京大学法文系主任、故宫博物院秘书长。他的夫人是易培基的女儿，他的外祖父是张之洞的大哥张之万，祖父是李鸿藻。

易培基是日本留学生，同盟会会员，参加过武昌起义，曾任过湖南省立第一师范学校校长，故宫博物院首任院长，黎元洪副总统的秘书，孙中山驻北京的全权代表。

黎元洪（字宋卿）是武昌起义时的革命军湖北军政府都督，后来又三任民国副总统和两任民国大总统。他的老师叫吴佑孙。

吴佑孙字殿英，他和张之洞也有关系，因为他是张之洞的幕僚，还是打响武昌起义的湖北新军创建人之一，当年是黎元洪的首长。

吴佑孙的儿子叫吴琳，字稚英，他也是张之洞幕府的重要幕僚。吴琳的儿子叫吴瀛。吴瀛曾做过京都市政府的秘书长，27岁就参与创建了故宫博物院，并任《故宫书画集》《故宫周刊》的首任主编，他和李大钊、陈老总、董必武都是好朋友。他尤其和李大钊要好，李大钊的女儿李星华和吴瀛的女儿吴珊还是好朋友。所以在李大钊牺牲后，吴瀛就收留了李星华。吴瀛的舅舅叫庄蕴宽，他是黄兴的挚友，也是李宗仁、李济琛、白崇禧的老师。庄蕴宽的姐姐也就是吴琳的夫人、吴瀛的母亲，叫庄还。庄还还有一个妹妹叫庄曜孚。庄曜孚有一个女儿，也就是吴瀛的表妹，这个小红颜将会是本书整个关系网中最重要的人物之一，所以这里咱们先不说破。

吴瀛的长子叫吴祖光。吴祖光又名吴召石、吴韶，他是现代著名剧作家、导演、书法家、社会活动家，也是当代中国影响最大、最著名、最具传奇色彩的文化老人之一。

吴祖光的夫人叫新凤霞。新凤霞不仅是评剧大家，而且还是国画大家，同时也是齐白石的亲传弟子，她培养出的精英评剧大家有谷文月、刘秀荣、王曼玲等。

新凤霞和吴祖光的女儿叫吴霜，她是当代著名的花腔女高音歌唱家、剧作家、画家和作家。吴霜的丈夫虽然名字叫查理，但他却是中国人。因为他的原名叫彭长征，是彭加伦的儿子。彭加伦又是什么人物？他是西安事变时我党的陕西省省委秘书长，新中国的江西省省委宣传部部长、中央教育部工农教育局局长。。

吴瀛的次子叫吴祖强。他是著名的作曲家，曾任过中央音乐学院院长。吴祖强如此著名，他的老师吴伯超更著名。他是音乐天才、一代宗师刘天华的学生，也是担任前"国立音乐院"院长时间最长的人。

和吴伯超一样精英的还有一个人，她就是刘天华的学生、吴伯超的师妹韩权华。韩权华可是一个有着宏大关系网的小淑女，她19岁考入北京大学后就成为了当时北大的校花，后来又留学美国，回国后嫁给了卫立煌。看过电影《大决战》的同学都能知道一些。卫立煌是抗战时期同盟国中国战区陆军副总司令，也是被日军华北最高司令香月清司视为虎将的人物。

卫立煌的前两任夫人都是因父母之命、媒妁之言而娶进门的，去世很早。他的第三个夫人是精英女士朱韵珩。

朱韵珩是美国卡罗瑞州丹佛大学硕士，回国后担任了母校镇江崇实女子学校校长。她是宋美龄的同学兼密友，据说她去官邸拜访宋美龄时，可以直接登堂入室，没人敢挡。后来朱韵珩也病逝了，卫立煌这才与韩权华有了鸾凤齐鸣。他们婚礼的主婚人是何应钦，证婚人是龙云。

韩权华的五姐叫韩咏华，他的丈夫是清华大学的"终身校长"梅贻琦。梅贻琦的弟弟梅贻瑞是北师大的教授，他和焦菊隐的红颜知己石评梅是同事，而韩咏华的小外甥女李惠年则是石评梅最喜欢的学生，再后来她们就情同手足，亲如家人了。李惠年后来也成为了著名的歌唱家和声乐教育家，她的丈夫汪德昭是著名的物理学家、中国水声事业奠基人、中国科学院资深院士。

汪德昭和李惠年的嫂子，也就是汪德昭哥哥汪德耀的夫人叫王文铮，她是王颖的侄女。王颖是谁？她就是方君瑛的弟妹、黄花岗七十二烈士位列第一的方声洞的夫人。

依稀是风飘落花，依稀是柳絮天涯；问燕子离开旧巢，含泪飞向谁家？

俗话说"花谢花再开"，虽然红颜丽质的北大校花远去了，但是新的北大校花还是可能出现的。

第十七章
银幕、梨园、科研场：光环下的纷杂交往

一个名女与两个名男的姻缘

叶浅予和戴爱莲离婚后，著名表演艺术家吕恩又给叶浅予介绍了王人美。

他们的红娘吕恩（本名俞晨）是著名的戏剧表演艺术家，毕业于国立剧专。她是于伶、张骏祥和陈白尘的学生，也是王人美的好朋友。

吕恩的先丈夫叫张定和（字锷还），他虽然是著名作曲家，但他的名字好像还是不太惹人注目。但张定和有四个很精英的姐姐。他们是"张家四姐妹"——元和、允和、兆和、充和。

吕恩和张定和分手后就来到了国立剧专读书。在这里，她便认识了吴祖光先生。于是在夏衍和叶圣陶的证婚下，就成为了吴祖光的夫人。再后来，吕恩和吴祖光也和平分手了。吴祖光有了新夫人新凤霞，而吕恩的新丈夫则是陈纳德"飞虎队"的飞行员胡业祥。

胡业祥这个名字你可能没听说过，但是他的堂姐却太有名了，因为她就是和戴老板有过关系的大明星胡蝶。

吕恩有一个干爹，名叫夏衍（原名沈乃熙，字端先），是中国

新文化运动的先驱者之一，中国的电影家协会主席。夏老确实是太了不起的人物，这不是单指他的才华，也包括他的人品。据说在他临逝世前，他的秘书说"我去叫医生"，他立即叫秘书回来，告诉他说："不是叫，是请！"这就是他一生中说的最后一句话。

夏衍的母亲徐绣笙是德清巨绅徐士骏的妹妹。夏衍的童年就是在这个舅舅家度过的，然后在县立高小读书。这时，他的新关系网出现了，因为他得到了校长许馨生的赏识，然后许馨生就公费保送他进入了省立甲种工业学校进修。

夏衍的夫人叫蔡淑馨，她是著名画家，她的父亲蔡仁甫则是当时杭州最大的丝绸厂老板。蔡淑馨是胡愈之夫人沈兹九的闺中密友，而且夏衍与沈兹九的弟弟沈西苓又是同窗好友。除了沈兹九，蔡淑馨还有一个结拜姐妹陈宣昭，她是蚕业专家，也是当代"茶圣"吴觉农的夫人，和费孝通的姐姐费达生是好朋友。

陈宣昭有三个闺中密友。一个叫顾淑型，她后来是社会科学院世界历史研究所名誉所长陈翰笙的夫人，任过中苏友协总干事，和宋庆龄、何香凝都是好朋友。一个是无话不谈的好友吴先清，她是15岁就投身于五四运动的"老革命家"，也是浙江学生领袖宣中华的夫人。在宣中华牺牲后，她又与中国兵工工业的主要奠基人之一刘鼎结婚。再有一个就是和陈宣昭有过"生死"之交的王竞白。王竞白的义父就是郁达夫和王映霞的儿子郁飞的抚养人陈仪，她的丈夫是汤恩伯。

说完了夏衍夫人的关系网，再说夏衍自己的关系网。

夏衍还有一个知己，他叫黄苗子（本名黄祖耀），是当代知名的作家。夏衍不仅影响了黄苗子的人生走向，而且还给他介绍了一个精英的夫人郁风。她是著名画家，也是徐悲鸿的学生。

郁风的父亲郁华（郁达夫的哥哥）曾是民国最高法院东北分院刑庭庭长、江苏省高等法院第二分院刑庭庭长，也是田汉、廖承志、柳亚子等人的好朋友。

"三大美女"的关系纠缠

关于王人美，前面已经说过了很多她的关系网，但是这里还要再说一些。

王人美原名王庶熙，是当年明月歌舞团的"四大天王"（王人美、黎莉莉、薛玲仙、胡笳）之首，是红透民国的大明星，是后来的电影表演艺术家。她绝对是上海滩上风情万种、让人心惊肉跳的女人。

王人美的父亲王正枢（号立庵）是长沙第一师范学校的数学教师，他不但精通数学而且博学多识，对诗词歌赋、书画医道等也都很有研究，所以是当时的湖南名师。

王人美的大哥王人旋是德国留学生，他和伍豪、朱德都是好朋友，曾是农工民主党第七届中央委员会主席团成员。不过他去世得很早，所以还没能来得及出名，否则后来一定是大精英人物。王人旋留学德国，回国后就成为黎锦晖的二妹夫、黎家二小姐黎锦皇的丈夫。所以说王人美不仅是黎锦晖的学生，同时也是黎锦晖的亲戚。

早在1921年，黎锦晖当时还在上海中华书局当编辑时，有一天他在公共汽车上遇到了一个来自长沙的会画画的青年，于是黎锦晖就约小青年到中华书局跟着自己作画、编书，这个小青年就是王人美的二哥王人路。

1927年大革命失败后，王人路就带着弟弟人艺、妹妹庶熙到上海找恩人黎锦晖。这时黎锦晖正开办"美美女校"，于是王人路、王人艺、王庶熙就都成了这里的员工。王人路负责做舞台布景；王人艺在乐队演奏钢琴、小提琴，同时也是后来的国歌作者聂耳的老师；王庶熙则学习歌舞。这时黎锦晖就对王庶熙说，你的名字虽然好听但是太雅，不如与哥哥们一样按照"人"字辈排。既然王人艺是"艺人王"，那你就是"美人王"，所以就叫王人美吧。从此，王人美这个名字就留在了中国现代史上。

1934年，"美人王"王人美和当时有着"电影皇帝"之称的大帅哥金焰结成了连理，这在当时绝对是娱乐界的大新闻。

金焰原名金德麟，他是韩国人，后加入了中国国籍。1928年，18岁的金焰在著名电影导演、摄影师卜万苍的介绍下，进入了演艺界。1930年，他和阮玲玉共同主演了电影《野草闲花》。凭借这部电影，他在一夜之间就成为了万众瞩目的明星。1933年，23岁的金焰又被评为中国十大电影明星，排名第三（第一是胡蝶，第二是阮玲玉），同时也是男演员的第一名，所以就成为了"电影皇帝"。成为了"电影皇帝"的金焰，自然就有了众多美女的追求，但是在他的心中已经有了自己的爱慕对象，她就是王人美。

1934年1月1日新年钟声敲响的时候，在联华公司的新年晚会上，相恋三年的金焰和王人美正式宣布结婚，他们从银幕上的默契情侣终于发展成为了生活中的恩爱夫妻。但是爱情永远存在着变数。1944年底，这对曾经在银幕上的默契情侣，在生活中恩爱了10年的夫妻离婚了。

然后，金焰就成为了另一个大明星秦怡的丈夫，而王人美则成为了大画家叶浅予的夫人。1983年73岁的"电影皇帝"金焰病逝在上海，而73岁的"美人王"则病逝于北京。

从戴爱莲到王人美再到秦怡，这民国的姻亲关系网是不是很有意思？

怀旧不如追新人，文艺青年欲销魂。哪惧牡丹花下死，只愿埋骨倚红唇。

程月如与"广西王"和"云南王"

除了吕恩，王人美还有一个密友叫严斐。严斐和王人美、黎莉莉这些大明星一样，都是明月歌舞团的红人。

年轻的王人美找到了自己的"白马王子"——金焰，而她的密友严斐则成了金焰的铁哥们儿、著名电影演员和导演刘琼的夫人。他们的红娘就是金焰。不过后来刘琼也为金焰当了一次红娘，所以才有了金焰与秦怡的姻缘。但是和王人美与金焰的姻缘一样，刘琼与严斐这对曾经在银幕上的默契情侣、在生活中恩爱的夫妻，后来也离婚了。

不过他们虽然离婚了，但是感情并未破裂。2002年，刘琼逝世后，作为亲友的严斐送去了一个硕大的花篮。她说："刘琼是个好人……失去他是我一生的损失。"

再说严斐的哥哥——"桃花王子"严华。严华（原名严文新）是著名作曲家、演员、歌星，同时也是"明月歌舞团"的"男台柱"，被誉为是"桃花王子"。严华作为"王子"当然也要有"灰姑娘"，他曾经的"灰姑娘"就是一代歌后、号称"金嗓子"的周璇。

话说严斐和严华兄妹不仅在电影圈里有关系网，他们在电影圈外也曾经有过很大的关系网。因为严斐和严华有一个侄子叫严俊（原名严宗琦），他是号称"千面小生"的著名演员。这个"千面小生"在和著名话剧演员梅村分手后，就与他的学生——著名女演员林黛相恋了。

1957年，在香港上映了一部很著名的电影叫《情场如战场》，合作拍摄这个电影的有三个大名人，分别是编剧张爱玲，原著秦羽，主演林黛。张爱玲就不说了，那么这个秦羽又是谁呢？秦羽原名朱萱，她的父亲就是张学良的贴身秘书朱光沐，而母亲则是著名的"朱五小姐"朱湄筠。

林黛原名程月如，她不仅是著名女演员，同时也是程思远的女儿，是白崇禧儿子白先勇的童年好友。

程思远出生在广西，他是罗马大学的政治学博士，中国的政治活动家。程思远在18岁那年，得到了一次进入关系网的机会。因为李宗仁的部队要招考文书，于是他就背着一袋米赶去应考，结果以文笔优美考取了第一名。于是他就当上了"广西王"李宗仁的亲信秘书，逐步成为了桂系的全国核心人物。再后来，他又和伍豪先生成为了好朋友，同时还担任了全国人大常务会副委员长等职务。

程月如是美国哥伦比亚大学戏剧系留学生，也是当年中国最火的女明星之一，程月如在和老师严俊的关系结束后，她又找到了新的丈夫龙绳勋（龙五公子）。龙绳勋这个名字对今天的人们来说好像有些陌生，但是他父亲的名字应该还是如雷贯耳，因为他叫龙云，是继蔡锷、唐继尧之后的第三代"云南王"。

龙云（字志舟）是彝族人，他的祖父是部落酋长，后封土司。龙云和袁大总统一样，学习成绩虽然不佳，对《三字经》《百家姓》这些没有兴趣，可他对武术却非常喜爱，于是就成了江湖术士马得胜的徒弟，而且学得了一手好拳法，并且他还颇有侠义心肠，与卢汉、邹若衡并称为"昭通三剑客"。

机会永远都是存在的，关键是看你有没有实力。

龙云在考进云南陆军讲武堂之后，无意中得到了一个机会。当时云南省要开运动会，其中有国术表演的项目。在表演中，有一个拳术很好的老外在领事的陪同下，在擂台上向中国人挑战，而且一连几天都没有遇见对手。这时，年轻气盛的龙云看不下去了。他先在"打死勿论"的生死约上签字画押，然后就跳上了擂台。结果赢了对方。这场面正好让一个大人物看到了，于是龙"剑客"就赢得了这个大人物的青睐，成为了他的侍卫队长。此后龙云就开始飞黄腾达了，从侍卫队长一直做到了国民党滇军高级将领，先后主政云南17年。

那这个青睐龙"剑客"的大人物又是谁呢？他叫唐继尧，当时是云南都督，后来的第二代"云南王"。当然，过去的年代有些太久了，唐继尧的风采已经走出了我们的视线。但是他的关系网并没有断，今天仍然有名人出现。

今天的香港有一个著名的女导演叫唐书璇，现在大导演王家卫都要称呼她为老师。唐书璇的堂妹唐书琛是香港著名的填词人，她就是唐继尧的孙女。她的丈夫卢冠廷（原名卢国富，这是唐书琛给他改的）则是香港著名的电影作曲家。

插播完香港的事儿，还得接着说龙"剑客"。龙云不仅得到了飞黄腾达的机会，而且还抱得美人归。这个美人就是他的第二任夫人李培莲，李美人是宾川名医李灿亭的女儿，是著名的书画家。不过红颜薄命，名医也没办法，李美人33岁就因病去世了。于是龙云就又有了第三位夫人——滇军将领颜小齐的女儿颜映秋。

龙云还有一个姻缘关系，那就是后来的第四代"云南王"卢汉。因为卢汉的夫人龙泽清就是龙云的胞妹，当然龙云同时也是他的表哥。

纵观一线边城小，眼底浮名未足争。

梨园里的那些纷杂交往

严俊和林黛（程月如）的关系结束后，林黛嫁给了龙五公子，那严俊又娶到的夫人是谁呢？她叫李丽华，不仅是"影坛常青树"，而且还是中国电影明星打入美国好莱坞和世界影坛的第一人。

李丽华的父亲李桂芳是威震南北的京剧小生，母亲张少泉是著名的京剧老旦，老师穆铁芬则是程砚秋的琴师。如果说程砚秋是大红花，那么把这朵大红花衬托得艳丽无比的绿叶就是穆铁芬。程砚秋不仅和穆铁芬有关系，他和曾仲鸣的情人新艳秋也有关系。

新艳秋虽然是梅兰芳的学生，但她却是程派传人，属程砚秋的弟子。虽然程砚秋和梅兰芳都是京剧大家，但是他们之间却有不同。

梅兰芳的先祖就是唱京剧的，他的祖父梅巧玲是清末著名旦角演员，伯父梅雨田是京剧胡琴演奏家，父亲梅明瑞（竹芬）是著名花旦演员，母亲杨长玉是著名皮黄戏武生演员杨隆寿的女儿，师傅朱小霞是著名小生朱素云的哥哥；夫人孟小冬则是有着"老生皇帝"之誉的著名京剧女老生。而程砚秋的先祖却不是唱京剧的，他们是满族的正黄旗，地道的马上挥刀出身，祖上曾有人当过清朝中期的相国。他的父亲荣寿，是八旗子弟，不过到了程砚秋幼年时，因为辛亥革命，他的家道已经中落了。

程砚秋原名承麟，又名程菊侬，后改艳秋，又后改艺名砚秋，字玉霜。程砚秋进入梨园的关系网应该说是来自于他的义父。

程砚秋的义父罗瘿公绝对是梨园里最精英的人物之一。同时有意思的是，程砚秋还有两个老师，他们就是梅兰芳和京剧表演艺术家、教育家，在梨园界被尊奉为"通天教主"的王瑶卿。所以从这个角度说，程砚秋和他的私淑弟子新艳秋又是师兄妹关系。

罗瘿公是著名的诗人，京剧剧作家，康有为的大弟子。当然，他做过邮传部郎中、西南交通大学办公室主任、袁大总统的秘书、国务院参议等职，应该是政治与艺术结合的人物。

其实，梅兰芳不仅是程砚秋的老师，同时还是他的红娘，梅兰芳给程砚秋介绍的夫人叫果素瑛。

果素瑛也是京剧名伶，她的父亲果湘林和"通天教主"王瑶卿是同学，同时也是京剧名旦。她的母亲余素霞则是梅兰芳的祖父梅巧玲的弟子余紫云的女儿。

余素霞在"梨园"里的关系网可了不得。她的弟弟余紫云的儿子余叔岩是余派老生的创始人。余叔岩有三个弟子，第一个便是梅兰芳的前夫人孟小冬；另外两个叫谭富英和李少春。

李少春就是最早在现代京剧《红灯记》里演李玉和的那个人物，"60后"应该能知道。李少春的夫人侯玉兰也是程砚秋的弟子。你看，梨园里的关系网编织得是不是密不透风啊？

"凝碧旧池头，一听管弦凄切。多少梨园声在，总不堪华发"，这其中千丝万缕的事儿实在是太复杂了，所以也就不去再仔细研究这些了。

名门两秀女与戏剧一豪杰

李玉和是现代京剧《红灯记》里的人物，演李玉和的演员就是余叔岩的三大高徒之一李少春。

李少春的夫人叫侯玉兰，她是程砚秋的弟子。侯玉兰还有一个小师妹叫李玉茹，她与侯玉兰、白玉薇、李玉芝并称为中华戏曲专科学校的"四块玉"，后来是上海京剧院的艺术顾问。

李玉茹（原名李淑贞、李雪莹）不仅是程砚秋的弟子，而且也是程砚秋的老师王瑶卿的学生。李玉茹后来的姻缘网已经走出"梨园"进入了文学领域，因为她的丈夫叫万家宝。

万家宝这个名字你可能不知道，但曹禺这个名字却被很多人熟知。万家宝又名曹禺，是中国现代杰出的戏剧家。

曹禺的父亲万德尊是杰出的军人。万德尊曾经是张之洞的学生，他15岁中秀才，也是有"神童"之誉的精英人物，在留学日本振武学校和日本陆军士官学校时，和阎锡山是同学。回国后在陆军军官学校任教官时，蒋介石又成了他的学生。后来，他又任过大总统黎元洪的秘书、北洋将军府藩威将军、北京国民政府陆军中将等职务。

曹禺最早的启蒙老师是袁克文的亲家方地山。因为袁克文也算方地山的学生，所以曹禺也就和袁克文是师兄弟了。

曹禺能成为方地山的学生，当然是因为万德尊和方地山本身就是好朋友。万德尊虽身为武官却爱好舞文弄墨，既能写诗，也能写对联，所以后来曹禺成为了杰出的戏剧家并不意外。方地山是和万德尊一起饮酒赋诗的好朋友，所以他也就顺理成章地成为了曹禺的蒙师。

当年，大总统黎元洪在北京南苑举行盛大的阅兵式后，还特地将中南海对民众开放，并且邀文武官员以及各界人士一同前来游览。黎大总统的秘书万德尊就带着曹禺前来光顾。他们父子正在花园里观赏花卉时，黎大总统悄然来到他们身边。他一时兴起，便指着花园里养的一只海豹对曹禺说："你这小精灵，我今天要拿它来考考你，你会对句吗？""回大总统的话，犬子倒是喜欢对句……"万德尊连忙答道。"很好，我先出上句'海豹'，你对下句吧。"黎元洪指着一头海豹对曹禺说。曹禺思忖片刻便答道："水獭。""不错，我奖励你两碟豆，并以'两碟豆'为上联，看你还能对出下联不？"刚开始，曹禺装作一副胸有成竹的样子，认为这样的三字联太简单。但他回头一想，不对啊，这"两碟豆"又与"两蝶逗"谐音。于是，他根据平时地山先生教给他的谐音之句，又想了想说道："一瓯油。"黎元洪笑了，他说："呵呵，恐怕你这次理解错了吧！我出的不是'两碟豆'，而是'百花园里两蝶逗'。"曹禺也得意地笑了，他说："大总统啊，孩儿对的不错啊，我讲的不是'一瓯油'，而是'中南海上一鸥游'。"听到他这样说，黎元洪连声称赞："对得好！对得妙！"于是就把怀中的一块金表取出来赠给了曹禺。

曹禺的第一个夫人郑秀出身于官僚家庭，她的父亲郑烈（字晓生，号天啸生）和林觉民、方声洞都是挚友，先后任过公立福建法政专门学校校长、福建高等审判厅厅长、国民政府最高法院检察署检察长等职务。

曹禺和郑秀分手后，又和自己的学生方瑞成为了夫妻。可是她红颜薄命。于是曹禺后来就又有了新夫人（当然也是老恋人）李玉茹。

话说"宛若一片明静的秋水"般可人的方瑞还是一个名门秀女，她（又名邓绎生）是清代著名书法艺术家邓石如的后代，祖父邓艺孙是安徽学界颇有名气的教育家，曾任过安徽教育司长。

邓绎生的父亲邓仲纯是日本帝国大学毕业的著名医生，他和陈独秀是好朋友。母亲则是清代文学家方苞的后代。

邓仲纯的弟弟邓以蛰是著名的美学家,他和杨武之是至交,同时也是曹禺的老师,所以曹禺才和老师的侄女有了关系。

邓以蛰的儿子,也就是邓绎生的堂弟是物理学大师,中国核武器理论研究的奠基人、中国核武器研究院院长邓稼先。

邓稼先17岁考入国立西南联合大学,26岁获得美国普渡大学研究生院博士学位,被人称为"娃娃博士"。邓稼先的伯父如此精英,邓稼先的父亲如此精英,邓稼先自己更是精英,那他的夫人又是什么人物呢?

他的夫人许鹿希是北京大学博士生导师,著名的医学家。许鹿希的父亲则是现代中国史上鼎鼎大名的人物许德珩。

许德珩(字楚生)是居里夫人的学生,因为他的曾叔祖许振兴当过太平天国的军帅(应该是中将级别的领导),后来全家受到株连,所以后人们就不再敢进取功名,而以行医为业了。再后来,他的父亲许鸿目被人推荐到浙江绍兴府当文案,结果又因为徐锡麟、秋瑾的事儿被株连罢职。

不久以后,许德珩考了北京大学,成为了蔡元培的学生,而且在这里他还结识了李大钊、邓中夏等人,成为了著名的学生领袖之一,先后担任过武汉中央政治学校政治教官、黄埔军校政治教官、国民革命军总政治部秘书长和代主任、九三学社创始人、全国政协副主席、全国人大常委会副委员长等职务。

许鹿希的母亲劳君展(原名劳启荣)是巴黎大学留学生,是居里夫人唯一的中国籍女学生和亲密助手。

回头再说许鹿希和邓稼先的爱情。当年,邓稼先接受国家研制原子弹的最高机密任务,然后便人间蒸发,隐姓埋名地进入了与世隔绝的西北戈壁。他这一去就是28年。

这真是:梳洗罢,独倚望江楼。过尽千帆皆不是,斜晖脉脉水悠悠。肠断白蘋洲!

两大文豪的关系链接

从 1940 年夏天的那个傍晚开始，曹禺便和花容月貌的方瑞相识了。11 年后，已经出任中央戏剧学院副院长的曹禺终于与相恋了 10 年的方瑞举行了婚礼。

在时间又流过了 23 年后，花容月貌的方瑞离开了人世。但是历史的记忆还是可以再回到 30 年前。

那是 1947 年的春天，当时被婚姻困扰着的曹禺正在构思一部剧本，他认识了中华戏曲专科学校的"四块玉"之一李玉茹。

可是李玉茹的母亲却很不喜欢曹禺这个穷书生，于是他们的关系便只停留在师生和朋友的阶段。他们在上海分手时，李玉茹望着他和方瑞远去，很是惆怅。

30 年的时间终于过去了。在方瑞去世后，他们又一次相见了，而这一次的见面让这两颗受过重创的心灵再也不愿意分开了。

六月将尽七月来，荷花开满玉心开。梦断江南风光好，伴月偕影共徘徊。1979 年，曹禺和李玉茹正式结婚，30 年的姻缘终于有了结果。

曹禺除了姻亲网还有他的朋友网，当然他的朋友也和前面那些人物有着密切关系。

曹禺的结拜兄弟叫靳以（著名作家），靳以的夫人陶肃琼有一个闺密叫萧珊（原名陈蕴珍）。陶肃琼和萧珊是从高中时代开始的好朋友，而且陶肃琼还给萧珊介绍了一个精英的丈夫——中国当代文坛巨匠巴金。

萧珊还有一个密友，同时也是巴金的好朋友，她叫杨苡。杨苡和巴金之间有过 60 多年的交情，同时杨苡还是巴金的三哥李尧林曾经的恋人。

杨苡（原名杨静如）是著名的翻译家，她的祖父曾经是淮安知府，兄弟中有四位翰林；她的父亲是日本留学生，担任过民国时期天津的中国银行行长；她的哥哥杨宪益是中国的"译界泰斗"。据说杨宪益在 24 岁那年因为出于好玩，就一口气把《离骚》给翻译成了英文。

杨苡的姐姐杨敏如是古典文学研究专家。她的丈夫罗沛霖是中国电子科学技术的奠基人之一。当然，如果从姻亲网的角度讲，罗沛霖也是很有背景的人物，因为他的父亲罗朝汉就是袁世凯的十二子袁克度的老岳父。

此夜曲中闻折柳，何人不起故园情？这关系网又一次地转回来了。

英总编的前身后世

红桃绿柳垂檐向，城中相识尽繁华。

曹禺曾经有一个女秘书叫吴世良，她是国立上海交通大学校长吴保丰的女儿，后来她又成为了伍豪先生的翻译。吴世良的丈夫——著名的表演艺术家英若诚，既是曹禺的学生，也是曹禺的好朋友。

英若诚的父亲叫英骥良（又名英千里），他毕业于英国伦敦大学，曾做过北京辅仁大学秘书长，蒋介石的英文翻译，国党的北平市委书记，教育部社会教育司司长。马英九、余光中等都是他的学生，而做过山东巡抚、北洋大学校长、北洋政府教育总长的蔡儒楷则是他的岳父。

英骥良的妹妹英洁卿（又名英茵），则是一个曾经轰动于民国时代的女杰。英茵曾是明月歌舞团的明星，她和王人美、黎莉莉、徐来这些明星一起同台，但是她还有着和她们不一样的身份，她是我党第二战线的工作者。

英骥良和英茵的父亲叫英敛之。

话说 1895 年，曾任山西学政的吕凤岐过世了。两年后，14 岁的吕碧城在母亲严士瑜的带领下，从安徽来到了天津塘沽，投奔舅舅——时任盐课司大使的严朗轩，以便能在这里得到更好的学习环境。时间转眼就过去了 7 年。1904 年 5 月的一天，已经 21 岁的吕碧城打算与盐课司公署秘书方小洲的夫人一同前往天津市区探访女学，但是临行时却遭到了舅舅严朗轩的斥骂阻止。吕碧城一气之下，在第二天就乘坐火车出走。但是她没想到就是因为这次离家出走却成就了她的英名，也为民国的关系网增添了艳美的色彩。因为吕碧城的这次离家出走，竟让她无意中进入了清末的精英人物圈。所以她在 46 岁时这样写道："予之激成自立以迄今日者，皆舅氏一骂之功也。"

离家出走的吕碧城来到了天津城，但是此时她已经陷入困境，身无分文。她忽然想起在《大公报》社有一位家里的熟人，于是她便投书报馆，讲述经历，寻求帮助。她的这封来信却意外地被《大公报》总经理兼总编辑英敛之看到了。英敛之一下子就被吕碧城的才华深深打动，于是便亲自登门拜访，并当场决定吸纳吕碧城为报社的见习编辑，并为她提供了食宿。

就是这样的阴错阳差成就了吕碧城，也造就了中国新闻史上的第一位女编辑。

1904 年 5 月 8 日的晚上，英敛之把吕碧城接到了自己的家里，让她和夫人同住。两天后，英敛之便把吕碧城写的词发表在《大公报》上，而且又亲自写了一篇词评。之后，吕碧城便在《大公报》上接连发表了一系列关于女权与女学方面的文章诗词，在社会上引起了强烈的反响，也因此让她在文坛上开始崭露头角。文人雅士们开始纷纷给《大公报》投诗相和，他们不仅对吕碧城的文学才华表示倾倒，更对她张扬女权的精神风骨表示支持。一时间竟出现了"到处咸推吕碧城"的盛况。吕碧城则以女儿之身大方地与男人们交游，唱和诗词，自由出入男性社交场所，成为了清末社会里的一道奇景。

在英敛之和一些名人的支持与帮助下，1904 年 11 月 17 日，中国近代教育史上第一所公立女子学校——天津公立女学堂在河北二马路正式成立了，吕碧城任总教习。1905 年初，天津公立女学堂改名为北洋女子公学，吕碧城任监督（即校长）。1906 年春，在清政府女学事务总理傅增湘"学术兼顾新旧，分为文理两科，训练要求严格"的办学方针指导下，北洋女子公学又改为北洋女子师范学堂。由傅增湘提名，吕碧城又出任了中国近代教育史上第一所女子师范学堂的校长。

1916 年 1 月，北洋女子师范学堂又改名为直隶第一女子师范学校。在这里，吕碧城培养出了中国众多女权运动史上的风云人物，其中就有沈亦云、凌叔华、许广平、董洁如、刘清扬、邓颖超、郭隆真等。

这时的吕碧城自己也已经有了庞大的关系网，她和袁克文、张謇、叶恭绰、著名外交家陆宗舆、丝绸大亨庞竹卿这些政商巨头或帮会大佬都成为了好朋友。

不过吕碧城的恩师还应该是英敛之。而且据《吕碧城年谱》一文中介绍："英敛之对碧城极为倾倒，爱慕之心油然而生，因而引起英夫人不快。"英敛之是满族正黄旗人，原名英华（"英"姓是慈禧御赐），字敛之，号安蹇斋主、万松野人。英敛之虽然是满族正黄旗人，可并没有太大的关系网。但是他真的有才华，自学法文后成为了一名虔诚的天主教徒，而且还发表了不少文章，于是就在天津紫竹林天主堂总管柴天宠的提议集资下，创办了《大公报》，他兼任总经理和编撰工作，最终成为了中国近代报刊出版家，当时名满民国的大记者，比如张季鸾、王芸生、范长江、彭子冈等等，统统都给他打过工。

英敛之虽然没有大的背景，但是他的夫人却是绝对的皇亲国戚，因为她叫爱新觉罗·淑仲，是皇族的"格格"。如果从这个角度说，英敛之还是有着关系网的，而且他的姻亲关系网延续了100年。

英若诚的儿子叫英达，他是著名演员和导演。

100年的时间过去了，但是这些精英人物的姻亲关系网却仍然和100年前的那些人牵扯不断。

心路行踪今折射，雪痕回首一征鸿。下面，清末民国的姻亲关系网，又将接到何处呢？

第十八章
一张结中有结的姻缘关系网

"民国第一外交家"的姻缘网络

雪痕回首，姻网无限。

1904 年，吕碧城在英敛之和一些名人的支持下，成立了中国近代教育史上第一所公立女子学校——天津公立女学堂，但是在经济上给她最大支持的却是当时的天津道尹唐绍仪。

唐绍仪是民国第一任内阁总理。唐绍仪的长女唐宝珠是民国政府驻瑞典公使诸昌年的夫人，八女是清政府两广总督岑春煊儿子岑德广的夫人，而五女唐宝玥后来又成为了姐夫诸昌年的顶头上司顾维钧的第二任夫人。

那么，顾维钧到底有多精英呢？他是中国近现代史上最卓越的外交家之一，被誉为"民国第一外交家"。他的父亲顾晴川则是晚清交通银行的第一任总裁。因为父亲给上海道尹袁观澜当过师爷，所以顾维钧就成了与父亲同在袁观澜幕府的张衡山的学生。接着，张衡山又成了顾维钧的岳父。

但是顾维钧很不满意这门父母包办的姻缘。他在美国留学期间，有一次唐绍仪作为清朝政府的特使访问美国，在大使馆里接见了 40

位中国留学生，顾维钧作为学生代表致辞，唐绍仪马上就非常欣赏这个年轻的留学生，对他留有深刻的印象。

1911年清政府被推翻后，唐绍仪出任了袁世凯的内阁总理，于是他立刻向袁世凯举荐了顾维钧，邀请他回国担任总统府英文秘书。一个偶然的机会，顾维钧邂逅了唐绍仪的女儿唐宝玥，当然这里有没有唐绍仪的刻意安排不得而知，而在1913年，顾维钧与唐宝玥在北京饭店举行了规模宏大的婚礼。

但是红颜薄命，宝玥女士在生下女儿顾菊珍不久后就离开了人世。接着顾维钧又找到了一个好女人，这个女人叫黄蕙兰，是"亚洲糖业大王"黄仲涵的女儿。她十分疼爱和呵护顾菊珍，所以菊珍小姐自然也有着自己美好而幸福的童年。

不过后来，顾维钧和黄蕙兰离婚了，他接着又找到的夫人更是神通广大，而且背景更加深厚。

1947年，29岁的顾菊珍进入了联合国工作，不久就成为了联合国秘书处政治托管非殖民部非洲司司长。后来，她也和丈夫创造出了更新的姻缘网。

春风一度花千树，姻缘相连路万条。

宁波帮"开山鼻祖"的豪门联姻

顾维钧在和黄蕙兰离婚后，又找到的夫人是复旦大学曾经的校花严幼韵。严幼韵绝对是豪门闺秀，她在20世纪20年代就自己开着轿车上学，是当年上海交际场中的名流。

严幼韵的祖父叫严信厚，字筱舫，祖籍宁波。因为他在胡雪岩开设的信源银楼当过文书，所以通过胡雪岩的关系成为了李鸿章的幕僚和部下，担任了天津盐务帮办，逐渐变成了著名的大富商。后来他又在上海参与创办过中国第一家银行——中国通商银行，并出任第一任总裁，同时还创办了上海总商会及众多官私企业，被誉为宁波帮的"开山鼻祖"。

严幼韵的父亲严子均是上海总商会会董，他与当时的上海道（市长）蔡乃煌往来密切。

严幼韵在嫁给顾维钧之前的丈夫叫杨光泩，他是湖州大丝绸商的儿子，美国普林斯顿大学国际法博士。他们的婚礼是由外交部部长王正廷主持的，出席婚礼的有千余人，当时惊动了整个上海滩。这个爱好体育的外交家很是喜欢隆重的婚礼，后来"杭州第一美人"王映霞那轰动山城的婚礼就是他主持的。

杨光泩曾任过清华大学教授兼外交部顾问，曾经是顾维钧的同事，后来在驻马尼拉总领事期间不幸为国壮烈捐躯了。不过也正是由于有了这种关系，所以才有了后来顾维钧和严幼韵的姻缘。

要说起来，这严家的姻亲师生关系就又和前面的精英人物联系到一起了，当然这里并不包括严幼韵和顾维钧的姻缘网。

严幼韵的大姐严彩韵是营养学家。她的丈夫吴宪是世界著名的生物化学家，也是中国生物化学科学的主要奠基人。严幼韵的二姐严莲韵是金陵女大校长吴贻芳的密友。她们三姐妹的长兄叫严智多，而她们的大嫂就是湖州南浔"四象"之首刘安泩的女儿刘承毅。刘安泩是刘镛的三子，刘安江的弟弟。

盛宣怀的六小姐盛静颐是刘安江的儿媳妇，而严智多却是刘安泩的女婿，同时交通银行总裁的儿子顾维钧又是严智多的妹夫，所以，这盛、刘、严、顾四豪门就成为了姻亲。

在民国期间，上海滩曾有过两个很出名的七小姐，一个是张爱玲的继母孙用蕃，另外一个就是孙用蕃的七小姑子、盛静颐的妹妹盛爱颐。但是不久后，上海滩上又出现了一个民国名媛，也是大美女，她就是严智多和刘承毅的女儿，也就是三姐妹的侄女严仁美。

严仁美的妹妹叫严仁芸，是杜维翰的夫人，而杜维翰则是杜月笙的儿子。

严仁美的丈夫又是谁呢？她的丈夫叫李祖敏，也就是大美女唐瑛的前丈夫李祖法的堂弟。所以大美女严仁美曾经是唐瑛的妯娌、杜维翰的姨姐。这民国的豪门真是无处没姻缘啊。

当然，严家不会只有这些姻缘网，毕竟这还不算天罗地网。

严子均的小妹妹叫严毓珊，她是海盐官宦之后朱培卿家的媳妇。严子均的大妹妹叫严淑英，她是天津军工企业老板吴熙元的夫人。

吴熙元同样是豪门子弟，他的父亲吴调卿是李鸿章的好友，也是天津汇丰银行的首任买办，银行界买办在天津的开山鼻祖。

吴熙元和严淑英的长女叫吴佩球，她的丈夫金显宅是美国纽约州立大学医学博士，绝对是精英的肿瘤专家，被称作"中国肿瘤医学之父"，曾任过天津市人民医院名誉院长、天津市肿瘤研究所名誉所长。

吴熙元和严淑英的次女叫吴佩琳，这个名字你可能不熟悉，但是要说她还有另外一个名字叫吴靖，你就应该能听到过。吴靖绝对是精英的女士，她是清华大学的第一届女生，上海滩的名门闺秀。

你就看吴靖的同学和朋友都是哪些精英人物吧。她们是朱启钤的女儿朱五小姐、交通银行总理陆宗舆的女儿陆静嫣、财政部长李思浩的女儿李兰云、赵庆华的女儿赵四小姐……还算是精英吧？

当然，吴靖的关系网可不只这些，因为后来她成为了张学良的六舅嫂——因为她是赵庆华的儿媳妇，赵一荻六哥赵燕生的夫人。

你看，既然吴靖是严幼韵的表妹，所以这严家就和少帅又有了关系。

天不老，情难绝。缘似双丝网，中有千千结。

从淮安漕运总督府里延伸出来的伟人

1947 年，顾维钧和唐宝玥的女儿顾菊珍，与曾在联合国国际原子能总署工作过的美籍华人放射物理学家钱家其，在重庆喜结连理。作为科学家，钱家其在物理学领域里确实很著名，但是在民国史上并不是名声显赫的人物。不过，你千万不要以为他就没有什么关系网，因为那是不可能的。

钱家其的祖父叫钱明训，他是当年的津海关道，地方实力派。钱明训的四弟叫钱能训，曾任过北洋政府时期的国务总理和内务总长，应该和顾菊珍的外祖父唐绍仪平级。钱明训和钱能训的妹妹叫钱馥兰。她的丈夫周济渠不太出名，但是周济渠有一个侄子的名字却震动世界，因为他曾经叫"伍豪"。

因为钱馥兰是伍豪先生的三伯母，所以伍豪也就称钱明训和钱能训为舅舅了。当然，钱家其和顾菊珍也就称伍豪先生为叔叔了。这姻缘关系网是不是很有意思？

其实，周济渠本身也是有着关系网的人物。

周济渠的舅舅郑仁寿是清朝淮安漕运总督府的总文案。在他的关系网联结下，周济渠的二哥周龢鼐就成了原漕运总督陈夔龙的幕僚，周济渠的六弟周嵩尧就接替了舅舅郑仁寿的职务，当上了漕运总督府总文案；之后通过郑仁寿，周嵩尧就和袁世凯的北洋亲信王士珍有了关系。于是，当王士珍来到淮安不久，便保荐周嵩尧前往北京参加殿试。而考官正是袁世凯和王士珍的好友时任学部尚书的严修。周嵩尧又通过他的好朋友——江西督军李纯，成为了大总统袁世凯办事处的秘书。

周嵩尧在北京参加殿试时的考官严修正是严幼韵的族叔、袁克文的老师，一个绝对精英的大人物。

严修（字范孙）是中国近代著名的教育家、学者，也是革新封建教育、推进教育现代化的先驱，出任过贵州学政、学部左侍郎等职。他不仅通经史、习数算，还研究泰西之学，而且琴棋书画样样通晓，其书法秀逸浑雄，颇有功力，为当时津门四大书家之一，并且还擅诗歌，与赵幼梅、王守恂同被誉为"近代天津诗坛三杰"。

严修最精英的事儿就是筹建天津南开学校，并聘用张伯苓做校长，所以他又被称为是"南开校父"。

要说起来，严修可不是只帮助了伍豪的六伯父周嵩尧，他同时也是伍豪的老师和好朋友，这应该就是两代人的交情了。当年伍豪在南开中学读二年级时，就曾到严修家请他为自己主编的《敬业》杂志题写封面。三年级时，学校举行全校性作文比赛，260余人参赛，试卷姓名密封，严修亲自参加评定，结果选定伍豪为全校第一名，并亲自为伍豪同学所在班级书写了奖旗，又称伍豪有宰相之才。这严修真是火眼金睛啊！

南开大学成立后，经严修、张伯苓批准，伍豪免试进入了南开大学文科学习。在开学的前4天，严修特在私宅设宴欢迎伍豪，作陪的有黄郛、范源濂、张伯苓及直隶教育厅厅长等，由此可见严修对伍豪同学的器重。

关于黄郛这个精英人物的关系网，咱们放到后面再说，因为他和前面这些人物也都有着密切的联系。

后来在五四运动期间，伍豪成了天津学生运动的领导人，他被天津当局逮捕出狱后，严修即与张伯苓商议，以他在南开所设的"严范孙奖学金"资助伍豪出国。同时他还给顾菊珍的父亲顾维钧（当时驻英公使）写信，介绍伍豪去英国留学。等伍豪到达欧洲后，严修又特地在严家的账目上为伍豪立了户头，除第一年的用款是用支票交伍豪带走的，以后三年的用款都是让人汇寄的，每半年一次，绝对准时不误。

后来伍豪的侄女又把姻缘网牵进了名士沈钧儒家，又和徐志摩成为了亲戚，同时沈钧儒的女儿沈谱当年在重庆时，又是邓颖超的部下，于是这张网也就愈加密集了。

莫愁前路无知己，天下谁人不识君。

一代名门：王氏夫人的家族谱

要说严家的关系网实在是太庞大了，不用说前面的"五朵金花"，就说伍豪的恩师严修，从他这里延伸出来的关系网，那也绝对是不可小觑的。

严修的长子叫严智崇，不幸的是他英年早逝；不过幸运的是，他的女儿却仍然是绝对的精英。这个绝对精英的女士叫严仁英，她是大美女严仁美的堂姐。

严仁英是清华生物系毕业生，后考入北平协和医学院，成为了著名妇产科专家林巧稚教授的学生，北京医科大学终身教授。曾任过世界卫生组织妇儿保健研究培训合作中心主任，中国疾病控制中心名誉主任，北大医院名誉院长等。

严仁英的丈夫是中国著名的皮肤科专家，他叫王光超，所以他们夫妇又被称为是"杏林双彦"。

王光超的父亲王治昌（字槐青）是廖仲恺的同学和结拜兄弟，天津北洋大学法律系毕业生，日本早稻田大学留学生。曾做过段祺瑞政府的代理农商总长，并以公使的身份参加过巴黎和会和华盛顿九国会议。

王光超的母亲董洁如是天津著名盐商的千金，也是王治昌的学生（同时也是吕碧城的学生），北洋女师第一期毕业生。

董洁如的叔叔董季皋是陈独秀儿子陈乔年的好朋友，陈乔年介绍他加入我党后，他就进入了奉系军阀张作霖的大帅府任秘书，并在大帅府里建立了地下党支部，并任支部书记，这也应该算是我党第二战场的谍报战士了。后来他和李大钊一起牺牲了。

董洁如的堂姐，也就是董季皋的女儿叫董恂如，她的丈夫安幸生是李大钊的学生，担任过顺直省委组织部长兼北京市委组织部长，后来也和李大钊一起牺牲了。

王光超的二哥叫王光琦，清华大学和美国宾西法尼亚大学毕业，给李宗仁副总统做过经济顾问，他的夫人胡珉是四川船王家的大家闺秀。

王光超的四弟王光杰是著名的电子专家。抗战时，他也是我党第二战场的谍报战士。他的上级兼好友叫姚依林，在姚依林的介绍下，王光杰和另外一位女谍报战士假扮夫妻，开展革命工作，结果弄假成真，这位女谍报战士王新真就成了王光杰的夫人。谍报女战士王新的真名叫王兰芬，她是东北军将领、锦州省省长王端华的女儿。

王光杰曾经被称为"走资派"，在秦城监狱关了8年。在狱中他无事可做就索性写起书来。在监狱他写满了密密麻麻的70万字，足足钉了39本。结果在出狱后，他一口气出版了12本有关无线电和雷达方面的专业书，再次显出了谍报战士的传奇色彩。

王光超的五弟叫王光复，他是抗战的空军英雄，著名的"飞虎队"飞行员，就是许崇清与廖承麓的外甥女陈香梅的丈夫陈纳德的部下，曾任过国民党空军总部作战处长。

尔之命促数且奇，一生富贵何可期。胡不及时以行乐，备罹万难欲何为。

革命者惊心动魄的姻亲关系网

1906年春，吕碧城就任北洋女子师范学堂校长。她在这里培养出了众多中国女权运动史上的风云人物，其中就有董洁如、沈亦云、凌叔华、许广平、刘清扬、邓颖超、郭隆真等人。

这其中，董洁如和精英女士刘清扬是好朋友。刘清扬是同盟会会员，也是我党的早期党员，曾担任过全国妇联领导、中国红十字会副会长等职。

刘清扬的丈夫张崧年（字申府）是我党三个主要创始人之一，也是20世纪中国最伟大的哲学家之一，中国罗素研究的第一人，中国第一个推介爱因斯坦的人。

张崧年还是黄埔军校筹建工作的重要参与者，并且担任过校长蒋介石的德文翻译，后来又是黄埔军校政治部副主任，负责黄埔第一期学生的口试、笔试监考和阅卷工作。可以说黄埔一期的学生都是他考出来的。同时，他又是伍豪的革命引路人，正是他一手将伍豪推上了黄埔军校政治部主任的位置，这才使他从此登上了中国的政治舞台。

张崧年的父亲张濂是清进士，授职翰林院编修。张崧年的弟弟张岱年是中国现代哲学家、哲学史家，曾任过中国哲学史学会会长。

有意思的是，张岱年的夫人冯让兰就是冯友兰叔叔的女儿，所以也就是宗璞的表姑。因为孙维世是宗璞的表姐妹，所以冯让兰同时也就是孙维世的表姑，你看，这张家就又与孙家有了关系。同时，孙维世还是伍豪的养女，而张崧年又是伍豪的革命引路人，所以这张家就又与伍豪有了关系。

民国初期是中国历史上最大的变革时代。在这样的大变革时代，风云一时的精英刘清扬就自然成为了众多精英人物的追求对象。所以在张崧年追求她的同时，还有一个精英人物也是对她念念不忘。不过刘清扬却没有答应他，这让他很伤自尊。这个人叫张国焘。

张国焘是我党的创始人之一，五四学生领袖之一，曾担任过红军总政委。张国焘被刘清扬伤了自尊之后找到的夫人叫杨子烈，她是陈潭秋的学生，曾经是我党早期妇女运动的活跃人物之一。

再说张崧年。在他没和刘清扬结婚之前也有一个情人，就是当时的北平市第一女子中学校长孙荪荃。不过，后来他有了刘清扬，孙荪荃便成了谭平山的夫人。

谭平山是五四运动的主要领导人之一，与伍豪、朱德、贺龙、恽代英等人一起领导发动过南昌起义。谭平山曾经是邵飘萍夫人汤修慧的"学生"，因为汤修慧在和邵飘萍创办的"北大新闻学研究会"里负责讲授新闻学基础知识和采集方法，谭平山、高君宇等人都是这里的学员。

这个邵飘萍又是何等精英的人物呢？邵飘萍是著名记者，也是新闻教育的开拓者、奠基人，五四运动的实际发起人之一。他和董恂如的丈夫、董洁如的堂姐夫安幸生是最好的文友。

邵飘萍不仅有拿笔的文友，而且有拿枪的挚友，这个拿枪的挚友还指挥着千军万马，他就是冯玉祥。冯玉祥曾经说过这样的话："飘萍一支笔，抵过十万军。"看来冯玉祥和邵飘萍可以说是好兄弟。

在抗战时期，身为民国军事委员会副委员长的冯玉祥居住在重庆市郊的歌乐山。因为当地多是高级军政长官的住宅，所以普通老百姓不敢担任保长。于是，冯玉祥就毛遂自荐当了保长。有一天，某部队的一连士兵进驻该地。一个连长就来找保长办官差，要借用民房和桌椅用具。连长有些不满意就对保长横加指责。保长冯玉祥当时是身穿蓝粗布裤褂，头上还缠一块白毛巾，一副农民的标准装束。他见连长发火了，便弯腰深深鞠了一躬说："大人辛苦了！这个地方住了许多当官的，差事实在是不好办，临时驻防，你们将就一点就是了。"连长一听就大怒道："要你来教训我！你这个保长架子可不小啊！"冯玉祥还是微笑回答说："不敢，我从前也当过兵，从来不愿打扰老百姓。"连长一听，哦，原来是曾经的战友啊，于是就又问："那你还干过什么？"冯玉祥说："排长、连长也干过，营长、团长也干过。"那位连长不觉就起立，略显客气地说："那你还干过什么？""师长、军长也干过，还干过几天总司令。"这时，这个傻乎乎的连长再仔细一看，这才如梦初醒，马上双脚一并："您是冯副委员长？部下该死，请副委员长处分！"

冯玉祥不仅没处分这个连长,而是还再一鞠躬说:"大人请坐!在军委会里我是副委员长,可在这里我只是保长,理应侍候大人。"

当然,这只是传说,信不信就由你了。

"林花谢了春红,太匆匆,无奈朝来寒雨晚来风。胭脂泪,相留醉,几时重,自是人生长恨水长东。"从董洁如到刘清扬,再到张崧年、谭平山……这些革命者的姻亲关系网同样是让人惊心动魄啊。

又一个大美人和她的追求者

1911年,震惊世界的辛亥革命爆发。

吕碧城的学生——毕业于北洋女子师范学堂的沈亦云和葛敬诚等人在上海组织了女子北伐敢死队,沈亦云任队长,葛敬诚任副队长。11月18日,女子北伐敢死队在《申报》上发表了《女子军事团警告》,号召妇女参军参战。

11月29日,沪军都督陈其美在《申报》发表文章称赞她们:"女子之身,有慷慨兴师之志。军歌齐唱,居然巾帼从戎;敌忾同仇,足使裙钗生色。"经过短期的训练后,1912年1月24日,上海女子北伐敢死队驰赴金陵助战。此队女子勇猛异常,一洗柔弱之习,以攻取金陵为目的,故又称为"荡宁队"。

应该说,沈亦云的此次北伐收获颇多,她不仅成为了名震一时的女中豪杰,而且还找到了自己的"白马王子"——黄郛。黄郛当时是沪军都督府参谋长、沪军第三师师长,也是沪军都督陈其美和沪军团长蒋介石的结拜兄弟。因为黄郛排在第二,所以沈亦云就自然成为了蒋介石的"二嫂",同时也就成为了陈立夫的"二婶"。应该说黄郛不仅和蒋介石有关系,他同时也和伍豪有关系。

南开大学成立后,经严修、张伯苓批准,伍豪就免试进入了南开大学文科。在开学的前4天,严修特地在自己的私宅里设宴欢迎伍豪，当时作陪的就有黄郛。

黄郛原名绍麟，字膺白，号昭甫，别字天生，笔名以太。他是日本留学生，在民国成立后担任过第一任外交部长、教育部长、上海市市长等要职。1936 年，具有古代士人江湖义气的黄郛，面对无力回天的形势，在郁郁寡欢中病逝于上海。35 年后，女中豪杰沈亦云也在美国去世。

沈亦云原名沈性真，她在投考北洋女师范学堂时，自己改名为景英。到女师毕业时，傅增湘先生又给她取了"亦云"二字，此后她便以字行世，不再用名了。

沈亦云的大妹妹也同样是民国时期的一代名媛，绝对和大美女严仁美有一拼。沈亦云的大妹妹沈性仁早年留学欧美，在五四时期翻译的戏剧作品《遗扇记》曾搬上舞台演出，这是外国话剧最早的白话语体翻译剧本之一，也是中国白话文运动的源头。正是在这一探索性成果的基础上，才产生了后来波澜壮阔、影响深远的白话文运动。

沈性仁是徐志摩的好朋友，她和徐志摩共同翻译过《玛丽玛丽》等作品，结果这就引起了另一个大才女林徽因的激赏。沈性仁是大美女，她能美到让林徽因羡慕，让追求林徽因一辈子的金岳霖，大为倾心动情。据说本来不会作诗的金岳霖还为她写过这样两句诗："性如竹影疏中日，仁是兰香静处风。"这不仅是藏头诗，而且还以婆娑的竹影与兰花之香来比喻"性仁"的风采丽姿，同时他的倾慕艳羡之情也溢于表里。

但是如此有才的金岳霖还是没追到这个大美女，沈性仁后来成为了陈独秀和胡适的好朋友陶孟和的夫人。

陶孟和（原名履恭）是著名社会学家，严修和张伯苓的学生，后来他又成了发现李四光和丁燮林的伯乐，曾任过北京大学文学院院长和北京大学教务长、中国科学院副院长，也是中国科学院图书馆的创始人。

陶孟和27岁时就和好朋友梁宇皋用英文合作编写了一本《中国乡村与城镇生活》，这是中国研究社会学的最早的一部著作。这本书一出版就让他成为了学贯中西、卓有识见的学者。

和陶孟和一起写书的梁宇皋，是陈璧君的表哥，而且还和陈璧君订有婚约，但由于后来陈璧君爱上了汪精卫，所以他就只能"升级"为大舅哥了。

秾丽今何在，飘零事已空。沉沉无问处，千载谢东风。清末民国的姻缘关系网就是如此的神奇，总之一句话，不管是哪行哪业，只要是精英人物，在民国就都会有"结"在一起的姻缘师生关系网。所以说你懂得了这个姻缘关系网，也就基本懂得了中国的社会发展史。

第十九章
红色的姻缘，浪漫的情调

冯大公主的精英关系网

虽然"飘零事已空，千载谢东风"，但是关系网依旧，亲姻结无穷。不信你就再往下看。

1925年11月，一艘货轮从上海港驶进了东海，然后又驶向了苏联方向，到达了莫斯科。这艘货轮上不只是货物，同时还有90名青年学生。在这些学生中，有不少人后来成为了震动世界的精英人物，比如陈绍禹，不过那时他已经改名叫王明了。

在这其中还有一个叫冯弗能的14岁小姑娘，后来她和一个叫蒋经国的少年坠入了初恋的爱河。冯弗能是谁家的大公主呢？原来她的父亲就是冯玉祥。

冯玉祥（原名冯基善，字焕章）是民国时期的著名军阀、军事家、爱国将领、国民革命军陆军一级上将，冯玉祥的父亲不是名人，但是他的前夫人，也就是冯弗能的母亲刘德贞却有着庞大的亲戚网。

刘德贞的姑父叫陆建章，他是陆毓秀的父亲，袁世凯十子袁克坚的老岳父。所以刘德贞和陆毓秀就是表姐妹，冯玉祥就和袁克坚成了连襟。

同时刘德贞的表姐夫阎相文也不是一般人物。

1941年，胡子昂任总经理的中国兴业公司里来了一个24岁的机械工程师，他是胡子昂的好朋友。你别看他很年轻，却是德国柏林工业大学和美国加州大学研究院的留学生，才华横溢。所以后来就成为了国际著名的核子物理学家，材料力学和机械工业专家。这个年轻的机械工程师叫冯洪志，他就是冯弗能的弟弟、冯玉祥的次子。

1922年，河南青年基督教会在开封举办了一场夏令营。活动邀请了各界的名人演讲，最后一个上台的是一位名不见经传的青年牧师，他叫余心清。

余心清毕业于南京金陵大学神学院，是司徒雷登的学生。他的演讲声情并茂，大获台下听众嘉许。结果这事就传到了河南督军冯玉祥的耳朵里。于是冯玉祥就特邀他到督军府大礼堂给官兵们布道，结果仍然是大受官兵们的欢迎，冯玉祥发现这个人才后十分高兴，就亲自邀请余心清做了自己部队的随军牧师。从此名不见经传的余心清就步入了军界、教育界及政界，成为了冯玉祥的智囊。

1924年，余心清被冯玉祥派往美国哥伦比亚大学行政系修习。在一次哥大的校友联谊会上，余心清偶然碰上了落落大方、一派女学者风度的留美哲学博士刘兰华女士。结果他们是一见倾心，3年后便携手回国，在太原举行了婚礼。

刘兰华的父亲是山西当地的名绅，他和孔祥熙的五叔孔繁杏是至交。于是他们二人就结为了儿女亲家，刘兰华就成了孔祥熙堂弟孔祥珍的准夫人。

1910年孔祥珍赴美国哥伦比亚大学留学。在1911年暑假回国期间，他又受同盟会之托，在保定青年军校密谋组织革命青年团，但是因为有人泄密，结果在起事前突遭暗枪身亡，年仅20岁。孔祥珍意外身亡后，刘兰华悲恸欲绝，曾立誓终身不嫁。但是命运的安排永远无法预料。如果孔祥珍没有突遭暗枪身亡，刘兰华就可能成为"四大家族"里的成员；如果孔祥珍没能去美国哥伦比亚大学留学，刘兰华后来就不会继承其遗志去美国留学，那么她就不可能和余心清一结情缘，也就没有了后来和冯家的姻缘。

1934年，余心清和刘兰华有了女儿余华心。24年后，毕业于复旦大学的余华心又和冯家结上了姻缘，她成为了冯玉祥三子冯洪达的夫人。

你看，这冯家和袁、蒋、孔三家的姻亲网也很有趣吧？当年，冯弗能和蒋经国经常一起在结冰的莫斯科河滨散步时，这对丽影双双的翩翩少年如何会想到几十年后的物是人非呢？

染不透香愁雪！映不出山和月！圆不了古梦，沿着掌纹烙着宿命，今宵梦醒无酒，沿着宿命走入迷思……

亲缘网不只是儿女情长，其实更关联着整个社会历史与未来的走向……

风流才俊身后的好大一片"网"

1927年，因为民国的政治局势发生了变化，在莫斯科中山大学读书的蒋经国与冯弗能分手了。接着，17岁的蒋经国就来到西伯利亚成为了军人。8年后，他和苏联的一名女工芬娜相爱了，芬娜也改成了中国名字叫蒋方良。

1916年，蒋经国有了一个弟弟蒋纬国，不过他却出生在日本，而且还有一个义父叫戴季陶。

戴季陶原名良弼，字选堂，号天仇，后改名传贤，字季陶。他是"中华民国"和中国国民党的早期干部与理论家，为中共的创建做了不少前期准备工作，给孙中山做过贴身秘书。戴季陶14岁赴日本大学留学时和蒋介石同寝，后来他们又结拜了兄弟，两人一起干了不少事儿。他20岁加入同盟会，后来就成了国民党的"笔杆子"。戴季陶作为风流才俊，又是国民党的"文胆"，所以自然会惹得小美女们的青睐。

1909 年，戴季陶在日本大学法科读二年级时，就受到了一位朝鲜皇族公主的垂青。这位李公主很快就和 18 岁的戴才子坠入了爱河。可是这桩异国情缘却惊动了日本、朝鲜、中国三国的官方。特别是日本鲸吞朝鲜后，由于朝鲜人民的不断反抗，所以对所有朝鲜留学生进行了严密的监视和防范，对他们的活动也有着严格的限制。李公主作为朝鲜皇族的女儿影响很大，所以日本当局对她的限制也更严。可这是戴季陶的第一次恋爱，炽烈似火的时候哪里还管得了那么多；同时李公主对戴季陶也爱得热烈、执着。于是两人就把自己的亲朋好友约到一起，举行了一次宴会，公开宣布正式缔结婚约。

婚宴几天后，李公主就突然去向不明。戴季陶痛哭失声，到处寻访，可是人海茫茫，又到哪里去寻觅她的芳踪呢？就这样，戴季陶铭心刻骨的初恋便在不明不白中宣告结束。而且一直到死，他也不知道李公主的下落，也弄不清到底是谁拆散了他们的姻缘。但有一点可以肯定，那就是日本人在中间起了极坏的作用。

失去了李公主，戴季陶又得到了一个大家闺秀的青睐。这个大家闺秀叫钮有恒，她是清状元钮保福的侄孙女，湖州名士钮承聪的女儿。气质高雅、丽质天生的钮有恒是吴兴女子学校首屈一指的高才生，也是秋瑾的学生和密友。1911 年，钮有恒与戴季陶结婚。同年她也参加了同盟会，而且还得到了孙中山的器重，所以常为孙中山料理杂务，并在上海与东京之间从事联络工作。

不过钮美女也没能同戴才俊美满到底。他们婚后，戴季陶又去了日本。在异国他乡，耐不住寂寞的戴才俊就又和一位日本女护士重松金子有了关系，而且还育有一子。

1942 年，钮有恒患病去世了。戴季陶又续弦的夫人叫赵文淑。赵文淑是钮有恒的外甥女，也是他家里原来的"侍女"，已经在他身边待了 22 年，可以说把自己的青春年华全部献给了戴季陶。

这戴和钮家的关系网真的很紧密。此外，戴季陶还有一个小妾——赵令仪。她是戴季陶老朋友张静江的义女。

钮家也不只有戴家这一个姻亲关系。钮有恒的二姐钮丽珍是晚清名士赵炳麟的儿子赵燮彦的夫人。他们的儿子赵九章实在是太精英了。赵九章是竺可桢的事业继承人，德国柏林大学博士，世界著名的科学家、气象学家、地球物理学家和空间物理学家，中国人造卫星事业的倡导者和奠基人之一。由于钮丽珍和赵燮彦都英年早逝，所以赵九章是由姨夫戴季陶抚养照顾大，曾担任过戴季陶的侍从秘书，后来就和蒋纬国一起去德国留学，回国后担任了中央研究院的干事长。赵九章的老师是蒋恩钿的徒弟吴有训。

你看，这亲姻师承的关系网还是没转出去吧？当然这并没有转完，戴季陶的关系网还有新的网结。

秋之白华：革命者的传奇姻缘

1919 年 6 月 8 日，在上海创刊了一份新闻周刊叫《星期评论》，后来这份周刊又转成了中国国民党主办的刊物。它的主办人就是戴季陶和他的密友沈玄庐，还有沈玄庐最喜爱的学生俞秀松。

前面说过，当年章太炎与汤国梨在哈同花园举行婚礼时，他的男傧相就是当时的浙江省参议会议长沈玄庐。

沈玄庐，原名宗传，字叔言，后改名定一，字剑侯，号玄庐，别署子丞。他是诗人也是官人，还是地主加革命者，1920 年参与创立了中共上海党小组。

沈玄庐的儿子叫沈剑龙，因为沈家与富绅杨家是世交，所以沈剑龙在年幼时，就和杨家的小姐杨之华定了娃娃亲。在他们正式结婚后，沈剑龙去了上海，这样就与杨之华关系疏远了。于是沈玄庐就让杨之华也去了上海，而且还安排她进入了上海大学读书（杨之华毕业于浙江女子师范学校），在这里杨之华认识了老师瞿秋白（此时瞿秋白的妻子王剑虹已经因病去世）。

瞿秋白风度翩翩、知识渊博，在师生中声望很高，所以杨之华第一次听瞿秋白的课时就对他留下了难以忘怀的印象。当然，瞿秋白也对这个美女加才女印象深刻，于是就做了她加入组织的介绍人。随着长期交往，他们彼此就渐渐产生了爱慕之情。然而，当杨之华感觉到两人互有好感时内心却充满矛盾，于是她又选择了回避，跑回了萧山母亲家。同样，面对人生的重大抉择，瞿秋白也在苦苦地思索：既然沈剑龙已经背叛了杨之华，为什么我不能去爱？既然我真心地爱她，为什么不敢表示？于是趁放暑假的机会，瞿秋白就大胆地来到了萧山杨家。

杨之华的哥哥看出了问题，于是他就把沈剑龙请来作陪。瞿秋白和沈剑龙一见面，两人竟然一见如故，沈剑龙对瞿秋白的人品与才华十分尊敬、仰慕。于是面对这复杂的感情问题，他们三人便开始了一场奇特的"谈判"。

他们先在杨家谈了两天，然后沈剑龙又把瞿秋白、杨之华接到他家去谈，各自推心置腹，互诉衷肠，又谈了两天。最后，瞿秋白又把沈剑龙和杨之华接到常州再谈。当时瞿家早已破落，家徒四壁，连把椅子都没有，三个人就坐在一条破棉絮上谈心。最后的谈判结果就是在上海《民国日报》上同时刊登三条启事：一是沈剑龙与杨之华离婚启事；二是瞿秋白与杨之华结婚启事；三是瞿秋白与沈剑龙结为好友启事。

11月7日，杨之华与瞿秋白在上海举行了结婚仪式，沈剑龙亲临祝贺。更有意思的是，沈剑龙还送给瞿秋白一张六寸照片。照片上，沈剑龙剃着光头，身穿袈裟，手捧一束鲜花。在照片的后面写着"鲜花献佛"四个字，意即他不配杨之华，所以他把她献给了瞿秋白。后来他和杨之华的女儿沈晓光也交给了瞿秋白抚养，又改名叫瞿独伊。

后来沈剑龙和瞿秋白又经常书信来往，写诗唱和。

杨之华后来又成为了什么样的精英女士呢？她参加过上海三次工人武装起义，后来她又接替向警予担任过中央妇女部长和上海各界妇女联合会主任。

那么，让杨之华爱慕不已的瞿秋白到底又是什么精英人物呢？他的叔祖父瞿赓甫曾任湖北按察使、布政使，是张之洞的助手，也是清末新政的显要人物。在他去世时，张之洞写给他的挽联是："人琴怀旧三千里，风浪同舟十五年。"你看他们这关系很密切吧？当然，瞿秋白的祖父瞿酉同和清末关系网中的人物也有姻亲，后面再告诉你。

瞿秋白是中共的建党人之一。他给陈独秀当过翻译，曾两度担任中共最高领导人，同时他还是中国革命文学事业的重要奠基者之一，和鲁迅是好朋友，并且在莫斯科东方大学给刘少奇、任弼时、肖劲光当过老师。

瞿秋白和杨之华结成连理之前的夫人叫王剑虹，她是中国现代妇女运动的早期政治人物，也是杨之华的革命前辈和引路人。上海大学毕业的王剑虹原名王淑璠，她是李达、陈独秀、沈雁冰、刘少奇、田汉的学生，更是丁玲的挚友，不过引领她走上精英道路的却是她的师母——李达的夫人王会悟。

当年，王剑虹通过她父亲的关系，在国民党元老谢持的介绍下，进入了上海中华女界联合会。在这里她就结识了王会悟，然后又通过王会悟，结识了陈独秀、李达等大人物，于是从此便跻身于早期妇女运动的行列。

对于王会悟这个名字，一般人可能不太熟悉。但是在早期革命者的姻亲关系网里，她却是很重要的一条经线。王会悟是丁玲的老师、沈雁冰的表姑，给黄兴的夫人徐宗汉当过秘书，也是被称为"开天辟地一女杰"的人物。

湖海栖迟芳草梦，江城辜负落花风。革命者的姻缘真的很传奇。

女文学家和她的亲友团

1922年，王会悟参与创办了中共领导下的第一所新型学校——上海平民女子学校，并且担任了该校的工作部主任。

这年夏天，王剑虹从上海回到老家长沙，在这里她见到了自己在湖南省第二女子师范学校预科班的密友蒋伟，于是她就带着蒋伟来到了上海，帮助蒋伟进入了上海平民女校，也成为了王会悟的学生，并且改名为丁玲。

但是丁玲和这些清末的人物并没有什么关系，造就她成长的关系网还是来自密友王剑虹。因为她是通过王剑虹才结识了王会悟、瞿秋白、李达、邓中夏、沈雁冰、向警予等民国大人物的。后来她就和毛泽东、彭德怀、胡也频、冯雪峰、鲁迅、周扬、沈从文、邵洵美、徐志摩等现代史上的英豪巨匠们有了各种不同的关系。

1923年，丁玲与王剑虹又一起进入了上海大学中文系做旁听生。在这里，王剑虹与老师瞿秋白相爱了。1924年7月王剑虹病逝了，于是孤独的丁玲就只身来到了北京，想进北京大学学习，但是没能实现。这时，她就通过好友曹孟君的男友左恭认识了《京报》副刊的编辑，后来的著名"左联"烈士、鲁迅的好朋友胡也频。

1925年，她与胡也频在北京同居。这时，又有一个叫冯雪峰的精英男士闯进了丁玲的心中，他是胡也频、鲁迅、瞿秋白的好朋友。丁玲和冯雪峰来到了上海。三年后胡也频也来到了上海，于是当年沈剑龙、瞿秋白、杨之华"谈判"的一幕又重现了——丁玲、冯雪峰、胡也频三人也来到杭州举行谈判，结果是冯雪峰退出。

1929年，胡也频和丁玲来到了济南，结果胡也频因为受到通缉，只好又回到了上海。1931年初，胡也频被捕了。于是胡也频的好友沈从文就托自己的好友邵洵美帮忙打探消息，邵洵美便通过结拜兄弟张道藩找到了上海警备处，但还是迟了——因为在 1931 年 2 月 8 日，胡也频已经在上海龙华就义了。

其实在胡也频被捕期间，还有一个人也在为他奔波忙碌，他就是徐志摩。徐志摩应该算是胡也频的文学老师，此时他联系到了立法院宪法草案起草委员会副委员长、大法学家吴经熊和蔡元培，但是也没能等到有结果，胡也频便……

胡也频就义后，丁玲又结识了翻译冯达。但是他们的结合很纠结，于是在 1934 年 9 月丁玲就与他分手了。后来在沈从文的护送下，丁玲母子回到了湖南老家，邵洵美又慷慨解囊，送给丁玲 1000 元作为路费。同时徐志摩也积极帮她筹措生活费，而且他还向邵洵美借款后再转送给丁玲。

1936 年，丁玲在几经辗转后来到了陕北。在这里，她先后担任了苏区"中国文艺协会"主任、中央警卫团政治部副主任、西北战地服务团团长、《解放日报》文艺副刊主编、陕甘宁边区文协副主任等职。

这时，她的婚姻又成了重要问题。有人把她介绍给了彭德怀，但是她不喜欢做官太太，于是就成为了英俊帅气、比她小 13 岁的抗大学员陈明的夫人。

当然，除了密友王剑虹这个关系外，丁玲还有一个亲缘关系网，那就是她的表舅吴稚晖。但是吴稚晖不仅是丁玲的表舅，而且他还是陈源的表舅。

陈源是谁？他是竺可桢的大舅哥，当年陈源在上海南洋公学附小毕业后，就是在表舅吴稚晖的鼓励与资助下，才前往英国留学。所以丁玲就是陈源的表妹，于是徐志摩的红颜知己凌叔华也就是她的表嫂了。看来，徐志摩看不得丁玲落难也就有了理由。

丁玲和陈源的表舅吴稚晖又有多精英呢？吴稚晖幼名纪灵，后名敬恒，字稚晖。他虽然不是豪门之后却十分有才，33岁就成为了上海交通大学的教授。1901年留学日本时结识了蔡元培、李石曾、孙鸿哲……和他们成为了好朋友。1905年春，经过孙鸿哲（他的父亲是冯国璋的老师）的介绍，吴稚晖在伦敦与孙中山先生会面后加入了同盟会。后来他就和李石曾组织了勤工俭学会，创办了里昂中法大学，并发起了留法勤工俭学活动。在这第一批抵达法国的学生中就有伍豪、李立三、聂元帅、陈老总等人。后来，他就成为了蒋介石的亲信，蒋经国的老师。不过他一生追随国民党革命却一生不入官门。

当年在国民政府主席林森病逝后，蒋介石力邀吴稚晖为新主席，但他却说："我平常的衣服穿得很随便简单，做元首要穿燕尾服、打领带打领结，我觉得不自在；我脸长得很丑，不像一个大人物；我这个人爱笑，看到什么会不自主地笑起来，不要哪天外国使节来递国书，会不由地笑起来，不雅。"

除了密友王剑虹和表舅吴稚晖，丁玲早年在长沙就读周南女中时还有一个志趣相同、说话投机的好朋友，同时也是好姐姐，她就是杨开慧。同时，丁玲的母亲余曼贞（后改名蒋胜眉）在常德女子速成师范学校念书时，又和向警予是同学和密友，所以丁玲一直称向警予为"九姨"（当时她们母女同在常德女师求学，余曼贞在师范班，6岁的丁玲在幼稚班）。

"纤笔一枝谁与似……昨天文小姐，今日武将军。"就是毛泽东赠给丁玲的词作。

杨大玉女的"未婚夫"

1936年，发生了一件轰动一时并且留名青史的大事——以伍豪的姻亲沈钧儒为首的"七君子"被逮捕。

这时，一个大律师出现了。他以"抗日爱国有功"驳斥了政府的"爱国有罪"，同时还揭露了政府当局捏造事实、陷害爱国人士的险恶用心。他的辩护为社会各界营救"七君子"营造了声势，于是在 1937 年 7 月，政府不得不释放了"七君子"。这个大律师叫陈霆锐。

陈霆锐在民国史上并不是著名人物，但是他的姻亲关系网却和那些著名的人物有着密切联系。陈霆锐是清进士陈希濂的儿子，美国密歇根大学法学博士，上海著名大律师，曾经和杨绛的父亲杨荫杭是同事。陈霆锐的弟弟陈章当过民国中央大学工学院的院长。

陈霆锐的妹妹叫陈景湘，她的丈夫茅以新是美国普度大学留学生，曾做过铁道部的副局长。茅以新的祖父茅谦是清末的名人，曾经创办过《南洋官报》，参加过康有为的"公车上书"，而且还拟订了"公车上书"的初稿。

茅以新的大哥茅以升，字唐臣，他 15 岁考上唐山交通大学，后来是美国卡内基梅隆大学的博士，世界著名的桥梁专家、工程教育家。他主持设计并组织修建的钱塘江公路铁路两用大桥是中国铁路桥梁史上的里程碑。同时他也是在天上有"星星"的人物，他的星星编号是 18550。

茅以升有一个学生叫林同炎，虽然他后来也很精英，是第一位获得美国国家科学奖的华裔科学家，但是他并没有"星星"。他的大哥林同济是著名的学者，是学贯中西的大师级人物，28 岁就获得了美国加州大学的政治学博士。

1929 年，24 岁的林同济担任了米尔斯学院的讲师，在这里他和自己的美国学生 Adeline Gray 相爱了。5 年后，他们在日本东京成婚后又回中国举行了婚礼。但是他们的婚姻因为战争的关系并没长久，1941 年，Adeline Gray 要回美国治病，因为考虑到以后两人相见的机会十分渺茫，于是他们不得不离婚。

要说中国的姻亲网就是神奇，你永远也扯不断它们联结的"红线"。后来，林同济来到复旦大学外文系当了教授，这时他的好朋友贾植芳就给他介绍了著名的"复旦玉女"教授——钱锺书的小姨子杨必。

钱锺书也很是欣赏林同济，他说中国真正精通英文的仅有一人半，他本人算一个，剩下的半个就是长江以南的林同济。不过后来因为一些原因，林同济和"复旦玉女"并没能结成姻缘。

终爱祁门浓似血，残阳色里吊虫沙。呜呼，可怜一代绝美风华的"玉女"，最后竟然真的是"一抔黄土掩风流"了。

"林黛玉"和她的姐妹之网

说到"一抔黄土掩风流"，也许读者就会想起林妹妹。而作为大学者的林同济也还真就和一个"林妹妹"有间接的"关系"。1922年，林同济考入了北京崇德中学。在这个著名的教会学校里，他和梁思成、孙道临（原名孙以亮）成为了挚友。

梁思成的关系网前面说过了，那么孙道临又是什么精英人物，他和前面那些人物又有着什么联系呢？

在银幕上孙道临绝对是表演艺术家，但是孙道临并不是科班出身，如果说唐薇红是中国最后的名媛，那么孙道临就是中国最后的贵族，因为他能让我们唤起那些曾经存在过的高贵。

据说他在青年时因为生活太枯燥，就想跟一个猎人去学习打猎。可是当他第一次目睹一只小兔子被打死后，却说什么也不肯再拿枪了。他说："一个小动物静静地倒挂着，垂着无用的前腿。一颗鲜明的血珠从淡黄色的胸毛上，慢慢滚下来——他（猎人）对生命的漠视，我有一点莫名的不快——辛酸袭着我的眼睛，我的双腿软弱地举着步，因为它加上了猎人给予我的沉重的悲哀。"

要说起来，孙道临后来进入演艺界是因为另外一个精英人物——黄宗江。孙道临在燕京大学上学时，有一次被人"盯梢"了。但是"盯梢"的人并不是特务，而是一个艺术家，他就是黄宗江。黄宗江当时正准备排演独幕话剧《窗外》，他越看越觉得孙道临像他剧中的男主角，于是就和孙道临讲起了剧情，并力邀他出演男主角。结果艺术家就打动了哲学家，孙道临答应试试看，可是没想到他的演出竟然一举成功，于是他便一发不可收，又接连演了《雷雨》《镀金》《生死恋》等话剧，成为名扬全校的明星人物。从此他也就进入了艺术界，和半师半友的黄宗江一起开始了从艺生涯。

据说，孙道临35岁时，有一天，他忽然来找黄宗江说自己想要结婚了，要他帮忙给找一个媳妇。于是黄宗江就和妹妹黄宗英立刻帮着张罗。可是那些有可能的姑娘们早都嫁出去了，只有王文娟小姐还待字闺中。于是，后来这对有情人就终成眷属了。

王文娟是著名的越剧表演艺术家、越剧王派的创始人，也是中国越剧舞台上最著名的"林黛玉"。她的老师竺素娥是曾经的"越剧皇帝"，同时也是她的表姐黄宗英的好姐妹。

要说孙道临的好朋友黄宗江和竺素娥的好姐妹黄宗英，他们的姻亲关系网就又和前面那些说过的姻亲关系网有了联系。

黄宗江10岁时就在《世界日报》上发表独幕剧，他比孙道临15岁写小说还厉害。他最得意的大弟子就是现在的第四代导演领军人物翟俊杰，导演过著名电影《血战台儿庄》。

其实黄宗江开始也不是学演电影的，他是孙道临的校友和学长，燕京大学外文系的毕业生。黄宗江出身名门，他的曾祖父黄体芳是进士出身，曾做过内阁学士、江苏学政、兵部左侍郎、左都御史，与张佩纶、张之洞、宝廷一同有着"翰林四谏"的美称。他的祖父黄绍第也是进士出身，是"后清流"的著名人物，曾做过川盐局总办、武昌盐法道等职。黄绍第的大哥黄绍箕还是进士出身，曾做过四川乡试考官、武英殿纂修、京师大学堂总办。他的姻亲网很牛，因为他既是张之洞的学生也是张之洞的侄女婿、张之洞三哥张之渊的女婿。

因为李鸿章的孙子李国杰是张之洞大哥张之万的孙女婿，黄绍箕自然就是李国杰的姑父，所以黄家和李家也是有着姻亲网的。呵呵，民国这关系网神奇吧？

黄绍箕和康有为还是好朋友，而且在"戊戌政变"失败时，就是他预先向康有为通报了消息，所以康有为才从山东水道赴日躲避。

黄宗江的父亲黄曾铭16岁留学日本，辛亥革命时任浙江省革命军政府实习厅技正（总工程师），但不幸的是他逝世过早，否则肯定也是大精英人物。

黄宗江的妹妹黄宗英17岁时与音乐指挥郭元彤结婚，但是18天后，郭元彤就不幸病逝了。后来，黄宗英就和黄宗江的同学程述尧结婚了。

程述尧也是燕京大学学生，与黄宗江、孙道临都是同学，同时他也是学校文艺舞台上的活跃分子。毕业后，他组建了南北剧社并自己担任社长，黄宗江、孙道临、于是之、黄宗英等都是这个剧社的成员。再后来，他就成为了上海"兰心大戏院"的经理。但是他和黄宗英的婚姻后来又破裂了，因为这时又出现了一个精英人物，他叫赵丹。

赵丹不是学演戏出身的，他的老师是中国画大师黄宝虹和潘天寿，可是他没能成为大画家，却成为了中国著名的电影表演艺术家。赵丹的先夫人叫叶露茜，是上海高级商业学校的校花。不过他们这对"金童玉女"却命运多舛。后来赵丹在新疆被捕，叶露茜等来的是"赵丹已死"的传闻，而且重庆文艺界还专门为赵丹开了追悼会。于是她只好改嫁到了昆明，和巴金的好朋友杜宣结婚了。

可赵丹却又"死而复生"，平安地归来了，但是他和叶露茜的感情已经无法再挽回了。这时黄宗英出现了。于是在黄宗江的斡旋下，黄宗英就和程述尧离婚，又成为了赵丹夫人。

而这时，又一个精英女士出现了，她叫上官云珠。上官云珠原名韦均荦，又名韦亚君，"上官云珠"这个艺名是大导演卜万苍给取的。1951年，程述尧与上官云珠在上海"兰心大戏院"举行了婚礼，他成为了上官云珠的第四任丈夫。

上官云珠的第三任丈夫叫蓝马（原名董世雄），是上官云珠的艺术指导老师。上官云珠的第二任丈夫姚克曾经是上海"兰心大戏院"的经理，同时也是上海文坛的才子，他和鲁迅是密友，鲁迅去世后，姚克就是10位抬棺者之一。

上官云珠和程述尧结婚后，日子没过多久，1952年，上官云珠与程述尧正式离婚。后来，上官云珠与导演贺路又有了一段感情，而程述尧则和上海社交界的名女吴嫣（上海地下组织成员）结婚。

1980年，与黄宗英同甘共苦的赵丹去世了，后来黄宗英又成了著名作家冯亦代的夫人。

再接着说孙道临。在崇德中学读书时，孙道临和一个文学功底极厚的同学成为了知己。这个同学叫朱迈先，他是文学大师朱自清的儿子。

中学毕业后，朱迈先考进了清华，孙道临进入了燕大，但是他们仍然交往密切。暑假里，朱迈先从几十里外乘车到西山来看他，两人在山里一玩就是几天，他们"夜里到静静的山沟里，枕着大石，望着枝叶间的星座，谈文学，谈理想……"朱迈先走后要不了几天，孙道临就会不辞辛苦地再跑到同样几十里外的清华园去看望他，同时也就能见到文学大师朱自清了。

朱自清也是出身书香门第，他的父亲朱鸿钧（字小坡）曾经做过徐州的"烟酒公卖局局长"，后来回到扬州赋闲了。

那么，朱自清又和前面哪些说过的姻亲关系网有联系呢？原来朱自清的母亲周氏就是鲁迅的族亲，而鲁迅的先夫人朱安就是朱自清的姑母。你看，民国这精英的姻亲网神奇吧？

朱自清的先夫人武仲谦是扬州名医武威三家的小红颜。不过还是红颜薄命，武仲谦31岁就去世了。后来"四大公子"之一的溥侗和清华大教授叶公超又给朱自清介绍了一个后夫人。

朱自清的后夫人叫陈竹隐，她是画家，也是齐白石的弟子，同时也是昆曲大师溥西园的弟子。恋爱两年后，朱自清与陈竹隐于1932年在上海杏花村酒楼举行了婚礼。

"枫叶罗裙一色裁，芙蓉向脸两边开。乱入林中看不见，闻诗始觉有人来。"这是朱自清曾经在京郊西山上写给陈竹隐的情诗。如今，京郊西山上的红叶也许再也没有了这种神韵，它们迎接的只是一帮把"旅游"当时髦的富贵，他们或者附庸风雅，或者随帮唱影……

第二十章
这片没完没了的大网

清华女院士的身家亲缘

京郊西山上的红叶虽然再也没有了那种"枫叶罗裙一色裁，芙蓉向脸两边开"的神韵，但是它曾经的神韵仍然犹存。

1905 年，音乐天才、一代宗师刘天华的大哥刘半农，以全江阴考生第一名的成绩考入了常州府中学堂。当时和他一起参加考试的还有两个同学，一个是和杨之华有过浪漫爱情的瞿秋白，他后来成为了革命家；还有一个叫钱穆，后来成为了蜚声海内外的国学大师。你看，精英人物的关系网是不是总联结在一起呢？

现在，如果在北京西北郊的清华大学找一个工程院院士，应该不难，但是要想找女工程院院士那就只有两个，一个叫陈丙珍，还有一个叫钱易。钱易就是国学大师钱穆的女儿。

钱穆是中国现代历史学家、国学大师，中国学术界的"一代宗师"，也是中国最后一位士大夫。他一生写了 1700 多万字的史学和文化学著作。

在考入常州府中学堂时，刘半农 14 岁，钱穆只有 12 岁。钱穆虽然年纪小，却和大同学们一起闹了一次"学潮"——当时，他和刘半农、瞿秋白还有一个后来创办过《国故》月刊的张寿昆一起作为学生代表，和学校谈课程改动问题，接着又以集体退学相要挟，但均被校方拒绝。可是钱穆不服，他作为学生代表拒绝考试又自动退学。

不过校长屠元博还是没把他们几个小学生赶尽杀绝，并且他也很欣赏钱穆，于是他就推荐钱穆到了南京私立钟英中学读书。钱穆来到南京私立钟英中学不久辛亥革命就爆发，学校停办了。钱穆便矢志自学，同时又辗转于乡村当"民办教师"，用以谋生。

1929年，钱穆终于写出了大作《先秦诸子系年》。这时已是中国学术界大名鼎鼎的人物顾颉刚发现了这个才子，他对钱穆的史学功底和才华大加赞赏，并说："君似不宜长在中学教国文，宜去大学教历史。"后来在顾颉刚的鼎力相荐下，只有中学文凭的钱穆，却当上了燕京大学的国文系讲师。

不过钱穆还真的有才，后来他又进入了北京大学任教。而且在北大，与时任北大文学院院长的胡适都因以演讲的方式上课而驰名学校，成为了北大最叫座的教授之一，在学生中传有"北胡南钱"之说。

其实1929年顾颉刚发现他时，他还有一个机会。当时顾颉刚受中山大学副校长朱家骅的嘱托代为物色新人，所以他准备推荐钱穆去中山大学。不久后，中山大学也果然给钱穆发来了聘电，但是因为钱穆所在的苏州中学校长诚恳地挽留钱穆，所以钱穆便推掉了中山大学的邀请。但是中山大学副校长朱家骅并没有忘记钱穆，后来他们成为了好朋友。

朱家骅也是精英人物吗？他和前面那些说过的姻亲关系网也有关系吗？

朱家骅（字骝先、湘麟）是中国教育界、学术界的泰斗，外交界的耆宿，中国近代地质学的奠基人，中国现代化的先驱。曾担当过民国教育、学术、政府、政党等多项重要职务，是民国政局变化的重要成员。可以说他影响了整个近代中国的历史。

因为朱家骅的大哥朱家麟后来在张静江的两浙盐务公司当账房先生，所以朱家骅在少年时就和张静江相识。有了张静江的关系以后，朱家骅便一步步走向了精英。

朱家骅24岁就做了北京大学教授，是清华大学首任校长罗家伦的老师。其实他早在18岁那年就已经成名了，因为他受到汪精卫谋刺摄政王的鼓舞后，就准备去南京谋刺张爱玲的叔叔——当时的两江总督张人骏。当然此事并没有成功，后来他就又与同学邵骥和《民主报》主编徐霁生组织了一个多达千人的中国敢死团，他被公推为团长。

1952年4月，朱家骅邀请钱穆去台湾演讲，结果却出了一场大祸——讲台前的屋顶突然掉下来一大块水泥，钱穆头部遭到了石块的重击。不过他却"因祸得福"，竟然和当年的蒋百里一样，找到了一个夫人。

钱穆的第二个夫人（原配夫人早逝），也就是钱易的母亲张一贯是一个知识女性，毕业于苏州女子师范学校，曾做过苏州北街第二中心小学的校长。后来因为战乱，她和钱穆被迫分开了。

单身的钱穆在住院期间，得到了江西省教育厅长、他的老相识胡家凤的女儿，时任台中师范学院图书馆员胡美琦的精心照料，一来二去，他们就喜结了连理。1956年，27岁的胡美琦与61岁的钱穆结婚，然后他们又共同走过了34年的岁月。

劲草不为风偃去，枯桐欣有凤来仪。一代大师钱穆虽然已经远去了，但是他留下的关系网却没有因此而中断，而是愈结愈长，愈结愈远……

南浔后代，关系庞大的"五姐妹"

虽然当年朱家骅的大哥朱家麟在张静江的两浙盐务公司当过账房先生，但是朱家骅和张静江更有着另样的关系。

前面说过"斜桥盛府"的六小姐叫盛静颐，她的丈夫刘俨庭是"南浔四象"之首，是家产曾经达到中央政府年财政收入三分之一的刘安江的公子。朱家麟的"老板"张静江也和他一样厉害，因为张家就是"南浔二象"，而且张家的姻亲关系网更加庞大。

当然真正的"二象"叫张颂贤，他的次子叫张宝善，也就是张静江的父亲。

张静江谱名增澄，字静江，又名人杰，号印光，晚年信佛后，又名卧禅，佛名智杰。张静江被孙中山称为"革命圣人"，又被蒋委员长称为"革命导师"。先后担任过中央政治会议主席、浙江省政府主席的张静江，曾经是清政府驻法公使孙宝琦的商务参赞。

1900年，张静江随岳父前往北京，在清政府商部尚书载振的头等顾问黄思永家举办的筵席上，结识了军机大臣李鸿藻的儿子李石曾，然后他们就成了好朋友。1902年当张静江听说李石曾要随同清政府驻法公使孙宝琦出使法国的消息后，就让李石曾向孙宝琦说情，于是就也获得了一等商务参赞的随员身份。

在去法国的船上，张静江认识了孙中山，再后来他们成为了铁哥们儿，和吴稚晖、蔡元培、李石曾、汪精卫、褚民谊成了战友。当年在旅法华人中，他和吴稚晖、李石曾（这俩人物前面应该说过他们的关系网）被称为著名的"三剑客"。

蒋介石以前是张静江族侄张秉三的同学，蒋介石的父亲给张秉三家的盐栈做过经理。这样一来，蒋介石就通过张秉三的介绍结识了张石铭的儿子张乃骅，接着张乃骅又把他介绍给了张静江，后来张静江就结识了孙中山，同时张静江又作为监誓人介绍蒋介石加入了中华革命党。

你也许还没忘，当年的上海滩上有一个"满腹诗书气自华"的名媛——唐薇江，她的丈夫叫庞维谨，他是张静江的表弟；庞维谨的父亲是康有为的亲家庞青城，庞青城是张静江的三舅；而庞青城的父亲也就是张静江的外祖父，则是"南浔三象"庞云鏳。

庞云鏳从小善于经商，于是他就和著名的"红顶商人"胡雪岩成了莫逆之交。庞云鏳的三儿子就是庞青城。庞青城原名元澄，原字清臣，后改字青城，号渊知。他不仅是 20 世纪初中国的著名政治活动家，也是后来中国教育界、学术界的泰斗，还是朱家骅的老师。他和孙中山是至交，孙中山病逝后，他担任主祭。

张静江除了有孙中山这个铁哥们儿以外，他和陈其美也是结拜弟兄。如此一来，后来的中统老大陈果夫和陈立夫兄弟就成了张静江的"晚辈"，所以庞青城的学生朱家骅就在中统里占上了"大将"的位置。不过这里有意思的是，陈其美同时还是蒋介石的大哥，而且再后来张静江又和蒋介石以及许崇智、戴季陶结拜了兄弟。

那么张静江又会有怎样的精英夫人呢？张静江的原配夫人叫姚蕙，她是前清翰林、山东学台姚菊岐的女儿。同时，姚菊岐又是李石曾的父亲李鸿藻的得意门生，所以张静江才能在清政府商部尚书载振的头等顾问黄思永家举办的筵席上，结识军机大臣李鸿藻的儿子李石曾。你看，张静江和李石曾、吴稚晖的关系网密切吧？

苏州城里有名的大家闺秀姚蕙，能诗会画，有很深的中国古典文学和美学根基。当年张静江在出版大型彩色画报《世界》杂志的时候，姚蕙就是编辑之一。但是红颜薄命，姚闺秀给张静江留下了"五朵金花"之后便驾鹤西去了。

她留下的这"五朵金花"可了不得，她们结出的姻亲关系网又是繁花一片。

大金花张蕊英是宋庆龄的好朋友，这也许是因为她父亲和孙中山是铁哥们儿的原因吧。她的丈夫瞿濂甫是川沙巨富瞿谷卿的儿子，美国哥伦比亚大学法律系留学生。不过后来他们又分手了。

二金花张芷英，她的丈夫周君梅是美国麻省理工学院留学生，后来是著名的实业家，曾任过江南铁路公司的总经理。

三金花张芸英是上海滩有名的才女、钢琴家，同时她也是宋庆龄的好朋友。她的先丈夫就是中国的第一代电影导演——大明星胡蝶的老师陈寿荫。不过后来，张芸英和陈大导演也分手了。

四金花张荔英是一个会骑马、会打猎的画家，因为她后来定居新加坡，所以也是新加坡六大先驱画家之一。她的丈夫是宋庆龄给介绍的，这个人物叫陈友仁，他是英国留学生，著名的外交家，也是孙中山的英文秘书和外事顾问，参加过凡尔赛和会，担任过国民政府的外交部长。

五金花张菁英是张静江的心肝宝贝，所以她就成了绝对的豪门小姐。在20世纪30年代，她每月开汽车兜风的汽油费就是100多大洋。因为她和中国的第一位女飞行员李霞卿是好朋友，所以学习了不少开飞机的知识，然后她就自己开直升机上天。张菁英的丈夫叫林可胜，他是中国近代最杰出的科学家之一，曾经当过国民政府的卫生部部长，是中国生理学会的创办人。

林可胜的父亲叫林文庆，他既是一代名医，也是社会改革家和教育家，还是"南洋橡胶之父"。他和孙中山是绝对的铁哥们儿，给孙中山当过秘书和医生，后来又任临时政府内务部卫生总长和外交部顾问。林可胜的母亲是黄端琼。她的父亲黄乃裳是谢銮恩（谢冰心祖父）的学生。

你看，这"五朵金花"的关系网确实了不得吧？其实要说起来，在她们后面还有"小五朵金花"，不过她们的关系网可就不比姐姐们了。

这"小五朵金花"分别叫乃琪、乃恒、乃理、乃琛、乃珣，她们是张静江的续弦朱逸民培养出来的，其中乃理后来过继给了朱家骅做女儿，改名叫朱国英。所以说朱家骅和张静江可并不只是好朋友的关系，他们也是有着亲缘的。

1912 年，张静江去上海的一个大富商家做客，无意中见到了一个楚楚动人的小女孩，她是大富商家一个佣人的亲戚朱逸民。张静江见到朱逸民后，就对她情有独钟。于是，他就把朱逸民接了出来，又专门请了家庭教师教她学习文化。而且每当上课时，张静江不管公务多忙总要亲临视教，对外概不接见。天资聪慧、勤奋好学的朱逸民在 5 年后竟然能说英语，能开汽车，而且举止娴雅，穿着时髦，俨然已是一个上流社会的小姐了。

这时，张静江的原配妻子姚蕙在美国纽约的一次意外事故中不幸身亡，于是朱逸民就成了张静江的续弦。

如果说朱逸民是一个很普通的农家女那没有错，但是说她和前面的精英人物没有关系那可就大错特错了。

在朱逸民被张静江接出来学习时，她家隔壁有一个比她小 6 岁的 13 岁小女孩叫陈阿凤，于是比较孤独的朱逸民就和她成为了密友。后来，朱逸民嫁给了张静江，这也让阿凤很失落。她说过："后来逸民嫁给了张静江先生续弦，一连几个星期，我一直无精打采，暗自啜泣，自以为失去了这位好友……逸民向我保证，她丈夫是一位极其和蔼的人，她欢迎我经常去她家串门。我抓住这个邀约，从此经常去看望逸民。"

于是，阿凤就经常去朱逸民那里聊天。一天，阿凤正和朱逸民在她家里读书，突然孙中山带着戴季陶和蒋介石前来拜访张静江，于是张静江就把新娶的夫人朱逸民和她的密友阿凤向这些精英人物做了介绍。

可是没想到蒋介石对阿凤是一见钟情，从此蒋介石便对阿凤开始了追求。1921 年 12 月 5 日，蒋介石与阿凤终于举行了婚礼，证婚人是张静江。后来蒋介石又将阿凤改名为洁如。

虽然后来蒋介石和陈洁如分手了，但是朱逸民和陈洁如的友情却保持了一生。

"满堂花醉三千客，一剑霜寒四十州。"1950年9月3日，丹心侠骨的张静江病逝于美国纽约。

"力学之父"与"一代宗师"的亲缘

1906年，钱穆的父亲钱承沛在积劳成疾中去世，这个曾经"五世同堂""贡士及第"的家族走向了没落。在这以后，钱穆17岁的大哥钱挚便撑起家业。

在义庄的资助下，钱挚从常州中学的师范科毕业了。这时他的关系网出现了，这个人物就是钱穆后来的老师屠文博。

在屠文博的推荐下，品学兼优的钱挚被南京高等师范学堂录取了。可是此时钱家因家庭经济困难，而且他还要抚养三个弟弟，所以无法继续在南京高等师范读书，便返回家乡创立了又新小学，并自任校长。如果说钱挚能继续在南京高等师范学堂读书，那么他应该也会成为大师级的人物。不过，虽然他没能成为大师级的人物，但是他的儿子却成为了大师级的人物。

1912年10月9日，一个男婴降生到了钱家大宅。饱受打击的钱家对这个男婴寄予了莫大的希望，因此钱挚为他取名叫伟长。但是不幸又一次降临到了钱家，1928年10月钱挚病逝了，这一年钱伟长只有17岁。

钱挚病逝后，钱穆便把17岁的侄子钱伟长带在了身边供其读书，先后进入了苏州中学和清华大学。在清华大学，钱伟长以上海高考"文科状元"的身份成为了中国文学系大教授朱自清的学生。

但是此时发生了"九一八"事变，忧国忧民的钱伟长决心要用科学技术救国，于是要求转读物理系。可是他入学时的物理卷只考了5分，数学、化学共考了20分，英文因为从没学过所以就是0分。物理成绩只考了5分，就想去清华大学物理系读书，这岂不是开玩笑？

老师一定会把他当精神病吧？

当时的物理系主任吴有训先生竟然答应钱伟长可以试读一年。毕业时，这个入学时物理成绩只考了5分的学生竟然成为了清华大学物理系中成绩最好的学生之一。

1940年，27岁的钱伟长在加拿大多伦多大学发表了博士论文《弹性板壳的内禀理论》，爱因斯坦看到后竟然感叹说：这位中国青年解决了困扰我多年的问题。

1935年，身在清华大学物理系的钱伟长爱上了清华大学中文系才女孔祥瑛。1939年在昆明西南联大，他们终成眷属，主婚人就是吴有训。

才女孔祥瑛是孔子的第75代孙，正宗的孔子后人。她的父亲孔繁霨是日本陆军士官学校留学生，同盟会会员，曾任过晋绥军训练总监、山东省参议长，并且还是民国著名大人物孔祥熙的堂叔。

孔祥瑛在天津南开女中毕业后，又进入了清华大学文学院国文系。毕业后便担任了清华附中的校长，而钱伟长则成为了中国近代力学之父、应用数学之父，世界著名的科学家、教育家，杰出的社会活动家。

一旦长天沉宝婺，千秋钜业耀名山。在落英缤纷中，一代英才逝去了，但是他们散发出的芬芳，却在天地间沉香弥久……

文学与艺术的姻缘链接

1925年，钱伟长进入清华大学后的国文老师——朱自清，终于结束了大学毕业后5年时间里的飘荡生活，担任了清华大学国文系教授，后来又成为了文学系主任。

3年后，文学系里又来了一个结束飘荡生活的人物，他就是暗恋过大美女俞珊的闻一多。但是那时他和朱自清根本就不会想到在20

年后，他们的名字竟然会那么紧密地联结在一起。

作为文学系主任的朱自清对闻一多的才华很是赞赏。朱自清称赞闻一多"盛有佳见"，尤其是在讨论诗歌时，闻一多的见解更是很受朱自清的好评。而且在生活上朱自清对闻一多也很关心，不仅帮他住进了清华园最好的教授宿舍，在工作上更是处处帮他排忧解难。

那么，这个闻一多又是什么精英人物呢？闻一多原名闻家骅，美国芝加哥大学（后转入科罗拉多大学）留学生，曾任武汉大学文学院院长、山东大学文学院院长，也做过民盟的早期领导人。他是诗人型学者，也是学者型诗人，他写的那首《七子之歌》，在15年前的中国大地上很是流行了一阵子。

闻一多其实是文天祥的旁系家族成员，后来为了隐姓埋名才改"文"为"闻"，延续到他这里应该是第20代的后人了。

1925年，闻一多从美国留学归国，和他一同回来的还有他的好朋友赵太侔和馀上沅。

馀上沅在五四期间以武昌文华学院学生会负责人的身份，在老师恽代英的联系下，去北京邀请陈独秀和胡适来武汉演讲，于是从这时开始，他就有了自己更大的关系网。在他的邀请下，陈独秀来到了武汉。结果被军阀发现后，下令让他离开，于是陈独秀便把馀上沅带回北京，转入了北京大学英文系主攻文学和戏曲。同时在陈独秀的介绍下，馀上沅就和蔡元培及校长胡适都有了关系。北大毕业后，他来到了清华学堂任教，3年后他又得到了清华学堂半公费补助留学美国的机会。

不过那另外一半费用还是要由馀上沅自己出，就在他囊中羞涩时，他父亲的一个朋友慷慨解囊。但是这个朋友却有一个条件，那就是：馀上沅必须要学政治。

可是馀上沅到美国后选择了艺术，进入了匹茨堡卡内基大学戏剧系和哥伦比亚大学，专攻西洋戏剧文学和剧场艺术。在这里他就和张嘉铸（徐志摩前舅哥）、赵太侔（俞珊的丈夫）、闻一多等爱好艺术的同学成了好朋友。不过这样一来，他就失去了资助，所以到后来他不得不提前回国。

回国后，徐上沅就和赵太侔、闻一多三个人一起在北京艺术专门学校开办了戏剧系，这也是中国第一次在正式学校里开设戏剧系，徐上沅也是从这里开始为中国戏剧教育事业努力了毕生。

后来闻一多去了清华大学，而徐上沅 1935 年筹建了南京国立戏剧学校，并担任校长。1940 年剧校又改为国立戏剧专科学校，成为了中国第一所戏剧专业的大专院校，徐上沅继续任校长，曹禺任教务长。

再接着说朱自清和闻一多。1946 年初，朱自清和闻一多都在昆明。有一次朱自清因为写文章需要参考闻一多的稿子，便一早赶到了闻家。但是闻一多没在，朱自清征得闻夫人的同意后，将闻一多的手稿翻出来查寻，花了好几个小时将闻一多的许多手稿都看了一遍。这些手稿给朱自清留下了很深印象："闻先生的稿子却总是百分之九十九的工楷，差不多一笔不苟，无论整篇整段，或一句两句。不说别的，看了就悦目。他常说钞稿子同时也练了字，他的字有些进步，就靠了钞稿子。"

但是，就在这次翻阅手稿不过半年后，闻一多就牺牲了。当他再一次阅读这些稿子，已是替闻一多编辑遗稿《闻一多全集》的时候了。更可惜的是，当《闻一多全集》出版时，朱自清也逝世了，但是他们的名字却从此永远联结在了一起。

我追问青天，逼迫八面的风，我问，拳头擂着大地的赤胸。总问不出消息，我哭着叫你……但是大师们却永去了。

收"网"的女强人

中国现代话剧的奠基者馀上沅如此精英，那么他的夫人又如何呢？

馀上沅的夫人叫陈衡粹，她是毕业于北京女师大国文系的散文作家。不过她不只会写散文，而且更有理财的本事，曾经当过徐志摩创办的新月书店的财务经理。更重要的是，她的姻亲网那可是广阔到无边。陈衡粹的祖父陈钟英（字槐庭）是清进士，做过翰林院庶吉士。如果按照学历来说，这应该相当于现在社会科学院的博导；如果按照官职看，这就是皇帝的秘书，负责帮皇帝起草诏书和讲解经史书籍。陈衡粹的堂伯父陈嘉言是清末官场中著名的清廉之士。

1928 年 3 月 20 日清晨，在汉口余记里刑场，一个 28 岁的年轻革命者在就义前，曾经留下了一首著名的就义诗："砍头不要紧，只要主义真；杀了夏明翰，还有后来人。"

夏明翰的父亲曾做过三品衔的知州，后又去日本考察政务，但是他去世得很早。夏明翰的母亲叫陈云凤，她就是陈嘉言的大女儿，所以说，陈衡粹就是夏明翰的表姨，而夏明翰跟吴祖光则是姨表兄弟。

陈衡粹的父亲陈韬（字季略）是精于书画的知府。虽然这个地市级领导的官职并不太大，但是他夫人的关系网实在是大得不得了。陈衡粹的母亲叫庄曜孚，字莔史，号六梅室主人。庄曜孚是与齐白石、吴昌硕齐名的著名画家和书法家，而且还兴办过女子师范学堂，所以又是一代教育家。

庄曜孚的哥哥庄蕴宽（字思缄）是吴瀛的舅舅——因为吴瀛的母亲庄还就是庄曜孚的姐姐。所以吴祖光既是馀上沅的秘书，也是馀上沅的内侄。

庄蕴宽的关系网实在是太广阔了。他是晚清至民国期间著名的政治活动家、国学大师，曾开办过广西陆军干部学堂，民国时担任过审计院院长。他是孙中山最为尊重的枢密顾问，他是黄兴的挚友，他是蔡锷的上司，也是李宗仁、李济琛、白崇禧等人的老师。同时瞿秋白的祖母还是庄蕴宽的表姐。

清末民国这姻亲关系网实在是太纠结了。

1914年夏，清华学堂（当时是留美预备学校）在上海招生，录取的学生将由民国政府用美国归还的庚子赔款保送赴美深造，这也是清华第一次允许女生参加考试。这时，一个22岁的女孩终于实现了赴美留学的愿望，进入了瓦沙女子大学历史系，主修西洋历史和西洋文学。她当时用的英文名字叫Sophia Hung-Che Chen（莎菲·陈衡哲），她就是陈衡粹的姐姐。

陈衡哲是中国现代史上最著名的女性之一，也是中国历史上第一位女教授、第一位白话文女作家、中国新文化运动的第一位女战士。陈衡哲确实是才子佳人兼于一身的杰出女士，以至于让美国瓦沙女子大学的校长做出了这样的承诺：只要是她的直系后人，子女均可以免费、免试进入该校。

1915年夏，喜欢写作的陈衡哲写了一篇《莱茵女士传》，稿子寄到了《留美学生季报》，结果这篇稿子就被报纸的主编——康奈尔大学学生任鸿隽看到了。因为这篇稿子，任鸿隽便与陈衡哲开始了约稿和通信。

任鸿隽（字叔永）是辛亥革命的元老级人物，也是中国近代科学的奠基人之一，著名的化学家和教育家。曾任过孙中山的秘书、四川大学校长、教育部专门教育司长、中华文化教育基金会干事长、中央研究院总干事等职；创办过中国最早的科学杂志和中国最早的科学组织——中国科学社。

1916 年暑假期间，任鸿隽邀请杨杏佛等几个老朋友去伊萨卡郊游，不过这次他还约上了一个新朋友，她就是陈衡哲。这是他们的第一次见面，任鸿隽后来在《五十自述》中回忆说："遂一见如故，爱慕之情与日俱深，四年后乃订终身之约焉。"

任鸿隽从康奈尔大学毕业后又进入哥伦比亚大学读研究生。哥伦比亚大学与陈衡哲就读的瓦沙女子大学很近，所以在春假期间，任鸿隽就约上了最亲密的朋友胡适，专程前往瓦沙女子大学去拜访陈衡哲，结果从这一次开始，他们三人就成了一生的朋友，几乎每天都有书信往来。

1920 年，陈衡哲回国后被北京大学校长蔡元培聘任为历史系教授，任鸿隽为化学系教授。同年 9 月，任鸿隽和陈衡哲终于结成连理。

1925 年，胡适的女儿素斐因病夭折。任鸿隽和陈衡哲为了安慰密友胡适，便把女儿任以书给了胡适做了干女儿。于是，他们又从密友变成了亲戚，而且在以后的漫长岁月中，他们情同手足的挚友关系也被传为了民国文坛上的佳话。

1976 年 1 月 7 日，陈衡哲女士在上海病逝，从此便"莫向湘沅觅彼偶，似此孤芳岂多有"。

应该说在中国的历史上，没有任何一个朝代会有民国这样的姻亲师生关系网，它简直可以说是神奇得出神入化。

陈衡哲和任鸿隽的二女儿、也就是胡适的干女儿任以书的丈夫叫程述铭，他是上海天文台的天文学家。而他的大哥就是大明星黄宗英的先丈夫、大明星上官云珠的第四任丈夫程述尧。

1937 年，清华大学校长梅贻琦亲自主持了一场婚礼。新郎就是陈衡哲的弟弟、陈衡粹的哥哥陈谦受。陈谦受与自己的爱人是在清华园里相识的，他们经过了 8 年的相知相爱才等来了今天这样的幸福时刻。

当然，此时此刻，他的新娘更是激动万分。这个新娘此刻一定会想起她的恩师王季玉，想起她的密友袁震，想起她的好同学万家宝、吴晗，想起太仓城厢镇新华西路的那栋老宅……

你能猜到这个精英的新娘子到底是谁了吗？还是告诉你吧，她就是清末民国姻亲关系网的"网头"、著名的"月季夫人"蒋恩钿女士。

跋

　　从"月季夫人"开篇又到"月季夫人"结尾的清末民国姻亲关系
网，经过1000多个日夜的敲打，总算是在这个炎热的夏季打上了最
后的"结"。

　　写完这20多万字我想说：其实写本文的动机，只是缘于曾经听
到的一个小故事。

　　那个小故事说：有一个中国的少女留学生，她独自一人去美国纽
约读书。可是她家里的父母都很不放心，于是她父亲就打电话问她：
"女儿，你那边的情况怎么样？"你猜这个小女孩是怎么回答的？她
回答说："老爸，你就放心吧，这里到处都是我们的人！"

　　是的，可以说她告诉父亲的绝对是事实，因为在曼哈顿的大街
上，讲中国话的华人确实是随处可见，有时你甚至会恍惚觉得自己又
回到了家乡的菜市场。

　　"到处都是我们的人。"这句话可以说是中国生存哲学中，
最为经典的总结性语言。我们都应该知道，中国人是特别讲究姻
亲和关系网的。著名学者周大伟先生就曾经这样说过："几千年
的中国文明史，给我们培育并留下了一个近乎难以放弃的遗产：
一个超级人情世故的关系社会。我们的古代先贤们曾经一直在小

心翼翼地寻找着一条既不伤害中国人传统的人情世故，又能恪守法律道德原则的和美并蓄的途径。在几千年专制皇权政体的巨大阴影中，这种努力成为儒家礼教治国的重要组成部分。在漫长的自给自足的农耕文明时代，人们依赖乡村熟人关系社会中的若明若暗的规则，足以维系社会结构和秩序，尽管这类秩序常常与公平正义无关。"

是的，正因为有了这样的认识，我才决定把最能代表中国上下五千年历史的清末民国姻亲关系网梳理一下。当然，在本书中"关系网"一词也和英文中的"Network"一样是中性词，它并没有任何的褒贬之意。

所以，本人要再一次地严正声明：本书中所涉及的人物，他们的"姻亲关系网"都是已经公开的"关系网"，并没有隐私可言。希望有关的人物不要因此而状告作者犯了"某某罪"。当然，其中可能会有一些到目前为止仍然有争论的"关系"，不过既然本书不是学术考证，所以读者就不要太严苛了。

章太炎大师的孙子章念驰先生曾经这样说过，看中国近代史是一件痛苦的事情，因为那"简直不像历史"。

是的，现在很多的所谓"历史"已经变成了戏说，而它真正的本来面目却越来越模糊，甚至歪曲了。所以本书的另一层意思，那就是想让越来越模糊甚至歪曲的清末民国精英人物们的姻亲师生关系史能够越来越清晰一些，当然真正要做到这一点，很难。因为这是"一个陌生人研究另一个陌生人"的工作，所以难免出现遗漏或者偏差。

在严正声明的同时，本人也在此感谢家人和众多各地朋友与知名人士的亲属、后代给予的大力支持，也要感谢省、市图书馆有关人员的热情协助，还要感谢发电厂和互联网所提供的帮助，同时感谢出版社和编辑们的辛勤劳动，更要感谢国家和谐稳定的大好形势，才得以让本书出笼。

最后，我想再一次感叹："写这段历史，不容易，很难。"

2011 年 6 月 29 日零点完毕于篱悠园

2013 年 8 月 21 日凌晨一改于篱悠园

2015 年 3 月 11 日午夜再改于抚顺煤都宾馆